TODA la RABIA

Madres, padres y el mito
de la crianza paritaria

DARCY LOCKMAN

TODA la RABIA

Madres, padres y el mito
de la crianza paritaria

DARCY LOCKMAN

Traducción de

Isadora Carolina Prieto y
Beatriz Velázquez Dávila

Capitán Swing

Título original:
All the Rage: Mothers, Fathers, and the Myth of Equal Partnership (2020)

Corrección ortotipográfica:
Carlos Vidania

ISBN: 978-84-127798-2-0
Depósito Legal: M-34038-2023
Código BIC: FV

Impreso en España / *Printed in Spain*
Artes Gráficas Cofás, Móstoles (Madrid)

ÍNDICE

TODA la RABIA

Madres, padres y el mito de la crianza paritaria

Para Liv y Tess

Los nombres y datos identificativos de las personas de las que se habla en este libro han sido modificados para proteger su intimidad.

TODA la RABIA

Introducción

Un problema sin nombre

Casada con hijos

¿Estoy siendo injusta con mi marido?

Es un sábado gris de primavera de 2016, víspera del Día de la Madre. Ha llovido durante los últimos diez días, y he pasado la mitad de ellos en Michigan con mis hijas, sin mi marido, visitando a mis padres. Me encanta llevar a mis hijas a Detroit, pero criar sola a Liv y Tess es agotador, sobre todo porque soy la única persona disponible para dar y hacer cumplir las tristes órdenes de la primera infancia, esas que empiezan al despertar y no cesan hasta la noche, cuando el peso de sus párpados, suaves como pétalos, se vuelve finalmente demasiado pesado para resistirlo. Ve al baño. Lávate los dientes. Ponte los calcetines. Ponte los zapatos. No pegues a tu hermana. Limpia la habitación. Quítate los zapatos. Ponte los zapatos. No pegues a tu hermana. Quítate los zapatos.

Al regresar a Nueva York, decido que lo que más me apetece con motivo de este Día de la Madre es tiempo para mí misma. Le pido a George que lleve a nuestras hijas, de 6 y 3 años, a pasar la noche con su madre en la residencia de ancianos en Pensilvania. Ruth estará encantada. George se sentirá bien pasando el día de fiesta con su madre. Las niñas tomarán helados, jugarán en Chuck E. Cheese y nadarán en la piscina cubierta del hotel. Todos saldremos ganando.

Cuando esa mañana George se va al gimnasio antes del viaje, se detiene, eligiendo sus palabras con el cuidado de los casados, y me dice: «Voy a hacer la maleta para las niñas, pero si se te ocurre algo que pueda olvidar, ¿podrías dejarlo sobre la cama?».

Si eres madre o padre, o has estado en compañía de una persona que es madre o padre, probablemente no te sorprenderá saber que George nunca ha hecho las maletas para nuestras hijas. En los seis años y medio que han transcurrido desde que nos convertimos en padres, yo he hecho todas las maletas y todas las demás cosas parecidas a hacerlas, y mi marido sabe —porque se lo he dicho insistentemente en los últimos años y porque he considerado este hecho nada menos que el punto de partida de un libro— que ya no me complace ocuparme de ello en su lugar. Los estudios en ciencias sociales subrayan que estamos dentro de la norma en dos aspectos. Nuestra transición a la paternidad no ha sido fácil para nuestra relación, y nuestra división del trabajo ha sido el centro de ese malestar, un polvorín siempre a punto de estallar.

Soy igual de cuidadosa que mi marido a la hora de responder. Quiero ser amable sin perder mi compromiso de rechazar la responsabilidad de cada detalle y reforzar este enloquecedor sistema que hemos construido en el que yo soy la encargada de todas las cosas. Le pregunto: «¿Qué es lo que crees que puedes olvidar?». Piensa. «Sus trajes de baño», dice. «Pues mira, ahora te has acordado», digo, sonando a mi oído como la madre tejón ecuánime de los libros infantiles de Frances. Me encanta. Asiente y sale por la puerta.

Una parte de mí se siente bien por el intercambio. Me he defendido, lo he hecho con buen humor y George se acordará de los bañadores con los que las niñas dormirán alegremente cuando al final se olvide de sus pijamas. Pero el diablo que tengo sobre el hombro, ese que he interiorizado durante décadas de ruido blanco sobre las mujeres y sus responsabilidades y su lugar relativo, me asalta: no estás siendo justa con él. Al fin y al cabo, se las está llevando. Prepara algunas cosas. Es solo un viaje de una noche. Te llevará treinta segundos. ¿Cuál es el maldito problema? Recojo el iPad y algunos juguetes y los meto en una bolsa, una ofrenda al diablo, y a mi marido, que deseo por encima de todo que sea justo.

No lo vi venir

En 2003, cuando yo tenía 30 años, mi amiga Tanya dio a luz a su primer hijo. Era unos años mayor que yo y, como estábamos en Nueva York (la ciudad de la edad materna avanzada), también era la primera de mis compañeras locales en tener un bebé. Unos meses más tarde, se convirtió en la primera de mi grupo en ser madre trabajadora a tiempo completo, y luego la primera con la que perdí el contacto debido a las nuevas exigencias que atravesaba. Intentábamos reunirnos cada seis semanas, pero nunca lo conseguíamos. Por fin, una tarde, Tanya me explicó por teléfono, como si todo aquello tuviera sentido, que no iba a poder quedar nunca para cenar porque su marido no podía quedarse solo con el bebé toda la noche. El trabajo de John consistía en entretener a los clientes, así que sabía que Tanya solía quedarse sola con su hijo después del trabajo. Si ella podía hacerlo, ¿por qué él no?, me pregunté. Ella dudó antes de responder: «No podría». Le pregunté por qué. Seguimos hablando durante un rato. Colgué desconcertada y desdeñosa por lo que parecía estar permitiéndole a su marido, que renunciase a tantas responsabilidades. Ambos trabajaban. ¿Por qué iban a ser menos que compañeros a partes iguales en casa? Desafiaba toda explicación razonable.

Los golpes graciosos de esta historia no son pocos ni están demasiado espaciados en el tiempo. Baste decir que seis años después también yo me encontré en la situación de compartir la crianza con un marido. Fue un acontecimiento afortunado, muy bien planeado y llevado a cabo sin problemas. Pero no tuvo que pasar mucho tiempo desde el nacimiento de nuestra primera hija para que me acordara de la difícil situación de Tanya, ya que ahora era la mía, y si era la mía, también era la de la mayoría de las madres trabajadoras con las que me encontraba en mi vecindario de familias con dos sueldos en un frondoso barrio de Queens. Al igual que yo, las mujeres que conocí en las idas y venidas al preescolar y al parque infantil trabajaban a jornada completa, y, al igual que yo, después del parto se habían encontrado con que tenían que soportar en casa la mayor parte de las cargas domésticas, hasta entonces inimaginables. Fue algo que vi no solo entre mis amigos del barrio, sino también entre mis pacientes, puesto que soy terapeuta.

En mi consulta, en la frontera entre Chelsea y Midtown, vi cómo esto empezaba ya durante el embarazo. De veintiocho semanas y en ropa de trabajo premamá, una mujer observó con cierta sorpresa y una incipiente exasperación: «Jason parece muy interesado en el tipo de cochecito que vamos a comprar, pero también da por sentado que yo voy a hacer toda la tarea de búsqueda». Me mordí la lengua porque mi primera reacción me pareció poco amable y demasiado cínica. Pero no pude evitar pensar: así empieza todo.

Así fue como empezó para mí. La primera pelea que tuve con mi marido sobre las responsabilidades compartidas de la paternidad ocurrió cuando nuestra hija Liv aún no tenía un mes. Yo estaba en lo que viene a considerarse una baja por maternidad: me había tomado ocho semanas libres sin sueldo en la clínica donde estaba terminando mis horas de posdoctorado. George, a quien había conocido en la escuela de posgrado, trabajaba como psicólogo para la Policía de Nueva York, un trabajo en la ciudad con buenas prestaciones y un horario de nueve a cinco. Disfrutaba de mi tiempo en casa con el bebé tanto como puede hacerlo cualquiera con un horario de sueño infantil y los pechos congestionados. Incapaz de descansar durante el día, hacía pruebas prácticas por ordenador para mi examen de grado mientras Liv dormía la siesta, y en algunas hermosas tardes de otoño ella y yo nos reuníamos con amigos que disfrutaban de su hora del almuerzo en el césped de Bryant Park. Todo aquello le parecía francamente hedonista a mi marido, cansado y atrapado en una pequeña oficina sin ventanas de Lefrak City Plaza, entrevistando a candidatos a agentes de policía siete horas y media al día.

George estaba acostumbrado a ir al gimnasio la mayoría de las noches después del trabajo, y un par de semanas después del nacimiento de nuestra hija quiso retomarlo. Era una petición bastante inocua desde su punto de vista, que entonces era muy distinto del mío y, en realidad, lo sigue siendo también hoy en día. Él pasaba largas jornadas en la oficina y quería hacer ejercicio. Yo pasaba largas jornadas en casa con nuestro recién nacido y quería un poco de alivio. Aunque ya no recuerdo con claridad qué era lo más difícil de estar sola con un bebé —pregúntale a cualquier madre de dos o más hijos y seguramente te dirá lo mismo—, sí recuerdo los nervios crispados por los lamentos ininterrumpidos de Liv cada tarde, entre las cuatro y las siete, aquellos primeros meses. Se llama la hora bruja. Búscalo en Google junto con la palabra *bebé* y accederás a una serie de páginas web que aconsejan a las madres cómo gestionar este periodo diario de inquietud extrema. Las páginas están dirigidas a las mujeres: «Recuerda, no has hecho nada malo, no eres una madre terrible, y esto es normal». Si George venía directamente a casa después del trabajo, llegaba a las cinco cuarenta y cinco; luego del gimnasio, llegaba a las siete en el mejor de los casos.

Cuando le hablé de esto a mi marido, no se mostró inmediatamente de acuerdo con mi postura. George creía que yo no comprendía su necesidad de desahogarse. Se equivocaba: mi consideración hacia él no llegaba al extremo de anular mis propias necesidades para satisfacer las suyas. Pasamos unos días de hostilidad mutua hasta que conseguimos ponernos de acuerdo en que iría al gimnasio antes del trabajo. Su concesión resolvió el problema material, pero generó cierto disgusto. A pesar de haber llegado a una solución que nos tenía en cuenta a los dos, George parecía aferrarse a la idea de que yo estaba equivocada, además de ser floja —claramente— y caprichosamente impositiva. En mi mente, nuestra decisión mutua y bien meditada de formar una familia ponía ahora límites a su libertad, al igual que a la mía. En su mente, o eso daba a entender su actitud, él no tenía por qué soportar esos límites. Llevábamos seis años juntos y yo había aprendido a leer sus miradas antes de Liv, llenas de amor o de buen humor o del deseo de tener tiempo para él. Cuando nació nuestra hija, apareció una nueva categoría de mirada: ¿cuál era mi puto problema?, ¿por qué me había vuelto tan exigente? Con gran esfuerzo, me lo tomé muy en serio. Quizá debería aceptar mi papel de progenitor principal con naturalidad. Al fin y al cabo, tampoco es que él no hiciera nada en casa.

Seguí luchando contra esta mirada —internamente y con él— a medida que pasaban los años y criábamos un segundo hijo. Mis peticiones de ayuda eran atendidas esporádicamente, pero solo después de algunas peleas y algún que otro recordatorio tenso, cada uno de los cuales servía para reforzar el mismo fondo implícito: las necesidades de nuestros hijos eran mi responsabilidad. «Mi resentimiento» se convirtió en tema de conversación en nuestra eventual terapia de pareja, sin que George se diera cuenta del puñetazo que me daba en las tripas cada vez que se refería a mi enfado de ese modo, como si fuera un sarpullido en la espalda que me había salido espontáneamente y que no tenía nada que ver con él. Hablando desde la experiencia, nuestro paternal y amable terapeuta nos dijo lo siguiente: «La forma en que vivimos en los hechos parece no haber alcanzado nuestros relativamente nuevos ideales». ¿Por qué nadie me lo había dicho antes?

Tanya me lo había dicho seis años atrás, pero en ese momento pensé que era su experiencia, y no algo común a todas las mujeres. La dinámica de género había cambiado mucho desde mi infancia, al menos esa era la impresión que tenía antes de ser madre. Y, sin embargo, George y yo seguíamos esos guiones domésticos que ya habían caducado. Cuando Liv cumplió un año, me di cuenta de que cualquier historia que pudiera haber contado sobre la asombrosa capacidad de mi marido para abdicar de las cargas domésticas —para no saber siquiera de su existencia— podría haber sido contada por cualquier madre que conociera. Había niños pequeños vestidos con la ropa de la estación equivocada, permisos que permanecían sin firmar en las carpetas, el constante fracaso a la hora de empaquetar cualquier tipo de provisión. («¿Te has acordado de los pañales?», me preguntaba George en un tono ligeramente acusador cada vez que subíamos al coche). Había un mensaje tácito pero claro: no es mi trabajo.

Los maridos que conocía, incluido el mío, estaban comprometidos de mil maneras con sus hijos, nada que ver con el estereotipo retro del tipo que rara vez salía de la oficina y se negaba a limpiar un culito sucio. Pero una vez que superaban a Don Draper en los anales de la paternidad, estos hombres parecían contentos de retirarse a sus camas con sus teléfonos. Todos, hombres y mujeres, vivíamos con la conciencia de un pasado reciente en el que no se esperaba gran cosa de los padres en casa. Entonces, ¿quiénes éramos las madres para enfadarnos, para no celebrar cada participación de nuestras parejas con al menos una docena de rosas y aplausos?

En cuanto a estos hombres, por lo demás decentes, su conciencia de que estaban más implicados que los padres de antaño también les llevó a mucha confusión, a su incapacidad para asimilar y responder a las sensatas réplicas de sus esposas de que ese *más* no era suficiente. Me convertí en mi peor enemiga: siempre en conflicto con mi derecho a preguntar, cohibida por mi creciente enfado y, con demasiada frecuencia, atrapada en la disyuntiva entre luchar u ocuparme yo sola de lo que fuera. Era desalentador. A mi alrededor, las mujeres expresaban sus frustraciones antes de minimizarlas hasta el olvido. «Al menos ayuda», oía decir a esas mujeres, avergonzadas por su propia furia y protectoras de las mejores intenciones de sus parejas. El hecho de que ningún hombre en la historia hubiera estado en condiciones de pronunciar esa frase —«Al menos ella ayuda»— era un pensamiento que no nos entusiasmaba. Con una madre, por el mandato de su género, podían compartir las alegrías de la paternidad, pero no sus cargas recalcitrantes: la compra de pañales, los regalos, la planificación de las comidas, la búsqueda de guarderías, la clasificación y el almacenamiento de ropa usada. Nosotras podíamos cuestionar la rectitud moral de esta verdad, pero no esperar que algún día cambiara. En los primeros años de la paternidad, algunas dificultades tardan tiempo en hacerse evidentes, y no recuerdo en qué momento la desazón se convirtió en profunda discordia para mí, en qué momento ver a mi marido empezar a comer mientras yo volvía a cortar la comida de nuestro hijo pequeño fue suficiente para sentirme disgustada durante horas. Era el zumbido constante de las pequeñas cosas.

Juntos adorábamos a Liv. Sola, hacía listas en mi cabeza de los detalles necesarios para mantenerla. ¿Mi afán por gestar y amamantar a nuestra hija me llevaba a un acuerdo tácito de que su manutención era responsabilidad mía? Lo asumí como si así fuera. Si yo no hubiera buscado niñera y luego guardería, ¿lo habría hecho George?

Una vez que encontré un centro de preescolar, cada domingo por la noche me encargaba de preparar la mochila de Liv para la semana y de asegurarme de que el lunes por la mañana —el día que yo llevaba a la niña— tenía sábanas limpias para la siesta en el centro. Solo en las raras semanas que el lunes era festivo me enfrentaba al hecho de que George, responsable de dejar a la niña el martes, ni siquiera sabía de la existencia de la mochila del domingo por la noche, con sábanas limpias y ropa extra. Esas semanas, si su profesora no lo mencionaba, Liv dormía la siesta en una cuna desnuda porque su padre no había traído sus cosas. Ocurrió lo mismo con nuestra segunda hija tres años después. No era el fin del mundo para las niñas. Pero para mí sí lo era. Porque yo vivía como un ciudadano de segunda clase en mi propia casa. Intenté comunicar mi infelicidad a George, pero él solo podía oírlo como una crítica, así que nunca lo conseguí. ¿Mochila? ¿Qué maldita mochila?

Ninguno de nosotros lo vio venir

A la luz del progreso social, cuando muchas cosas han cambiado para las mujeres en el ámbito público, se nos podría perdonar que no intuyéramos las limitaciones de esos cambios en lo privado. En medio de ese marasmo, George y yo nos convertimos en padres, con la vaga suposición de que estábamos juntos en esto y sin ningún sentido concomitante de todo aquello contra lo que estábamos luchando o del esfuerzo que podría costar conseguirlo. Empecé a leer sobre el problema.

Por recomendación de un amigo, leí *The Second Shift*, el detallado relato de hace treinta años de la socióloga Arlie Hochschild sobre el modo en que las parejas heterosexuales de los años setenta y ochenta organizaban su vida laboral y familiar. Me sentí tan identificada con las agobiadas madres de su estudio que se convirtió en el primer libro académico que me hizo llorar (fue después del nacimiento de nuestra segunda hija, Tess, momento en el que todo el proceso me había dejado agotada).[1] Hochschild realiza un seguimiento de un grupo de familias a lo largo de varios

[1] Arlie Hochschild, *The Second Shift* (Nueva York: Viking Adult, 1989), cap. XIV.

años, observando a cada uno de los hombres y mujeres implicados en sus esfuerzos por hacer las paces cognitivamente con la eterna desigualdad en la distribución del trabajo en sus hogares. El hecho de que muchas de esas parejas acabaran divorciándose pone de manifiesto el coste de la quimera de la armonía.

Lo que más me llamó la atención, sin embargo, fue la revelación de la profesora Hochschild en su prefacio de que sus estudiantes universitarias de Berkeley en los años ochenta no «eran demasiado optimistas a la hora de imaginar que *encontrarían* un hombre que planeara compartir el trabajo en casa». En los años noventa, mis compañeras de clase de la Universidad de Michigan y yo habríamos predicho justo lo contrario: por supuesto que nuestros maridos compartirían. Claramente, las expectativas que teníamos cerca del cambio de siglo eran más optimistas que la muestra de Hochschild. Solo en retrospectiva podemos saber que en gran medida no se han cumplido.

Cuando empecé a leer sobre el tema, no me faltó material. A finales de 2015, *Newsweek* informó sobre un estudio de doscientas parejas del estado de Ohio: «Los hombres comparten las tareas domésticas por igual, hasta el primer bebé».[2] El estudio descubrió que los miembros de las parejas trabajadoras realizaban cada uno quince horas semanales de tareas domésticas antes de tener hijos. Sin embargo, una vez que tienen hijos, las mujeres añaden veintidós horas de cuidado de los niños, mientras que los hombres solo añaden catorce; asimismo, estos últimos compensan el esfuerzo eliminando cinco horas de cuidado de la casa, mientras que las mujeres mantienen sus quince.

Los padres más jóvenes, que alcanzaron la mayoría de edad en tiempos teóricamente más igualitarios, no estaban mejor.[3] «Los hombres de la generación del milenio no son los padres que pensaban que serían», escribió *The New York Times* en julio de 2015,

---

[2] Claire Kamp Dush, «Men Share Housework Equally-Until the First Baby» (publicado el 5 de octubre de 2015). <https://www.newsweek.com/men-share-housework-equally-until-first-baby-330347>.

[3] Claire Cain Miller, «Millennial Men Aren't the Dads They Thought They'd Be» *The New York Times* (30 de julio de 2015). <https://www.nytimes.com/2015/07/31/upshot/millennial-men-find-work-and-family-hard-to-balance.html>.

citando una investigación de ciencias sociales de la Universidad de California en Santa Bárbara, según la cual los hombres de 18 a 30 años tienen actitudes más contemporáneas sobre los roles de género en el matrimonio que sus predecesores, pero «luchan por alcanzar sus objetivos una vez que empiezan a formar una familia».

Una encuesta del Pew Research Center de ese mismo año reveló que los hombres creen que tienen el mismo peso en casa, pero sus esposas lo ven de otra manera.[4] El 64 por ciento de las madres afirmaron que se ocupaban más de las necesidades de sus hijos que sus maridos. El 41 por ciento de los padres, frente al 31 por ciento de las madres, dijeron a Pew que sus responsabilidades se repartían a partes iguales. Una encuesta realizada en 2017 por *The Economist* a padres de ocho países occidentales arrojó aproximadamente el mismo resultado: el 46 por ciento de los padres declararon que las tareas se repartían, frente al 32 por ciento de las madres.[5] Múltiples observaciones del problema en publicaciones de ciencias sociales dicen algo como esto del *Journal of Marriage and Family*: «Debido al beneficio potencial de compartir el trabajo familiar, al rápido aumento de la participación de las mujeres en la fuerza laboral y al creciente apoyo popular a los ideales de igualdad en el matrimonio, muchos predijeron que la división del trabajo doméstico se volvería más neutral desde el punto de vista del género. Sin embargo, los estudios [...] parecen ofrecer poco apoyo a esta noción. Esto dejó a los investigadores con una importante pregunta sin respuesta: "¿Por qué los hombres no hacen más?"».[6]

Esta era también la cuestión de fondo de las vidas de las madres que conocí, incluso de las que se habían casado con feministas declarados y daban por sentado que su ideología compartida se traduciría en una experiencia vivida. La mayoría de las veces

---

[4] «Raising Kids and Running a Household: How Working Parents Share the Load», *Pew Research Trends* (4 de noviembre de 2015). <https://www.pewsocialtrends.org/2015/11/04/raising-kids-and-running-a-household-how-working-parents-share-the-load/>.

[5] «Sharing Chores at Home: Houses Divided», *The Economist* (5 de octubre de 2017). <https://www.economist.com/international/2017/10/05/houses-divided>.

[6] Scott Coltrane, «Research on Household Labor: Modeling and Measuring the Social Embeddedness of Routine Family Work», *Journal of Marriage and Family* 62, n.º 4 (noviembre del 2000), pp. 1.208-33.

no fue así. Por ejemplo, mi amiga Lisa, en el punto álgido de su rabia por la ausencia general de su marido y su falta de participación, se cortó la mano mientras cortaba verduras, un desliz freudiano demasiado literal que la dejó vendada e incapaz de realizar una serie de tareas imprescindibles con su hijo pequeño durante semanas. Mi amiga Beth se negó a tener un segundo hijo cuando su marido no le prometió una mayor implicación la próxima vez (al final tuvieron otro de todos modos; al menos esta vez sabía en lo que se metía, me dijo con un suspiro y encogiéndose de hombros). Mi amiga Sara, para asegurarse de que su marido compartiera a partes iguales el nacimiento de su segundo hijo, ideó un plan en el que ninguno de los dos se quedaría a solas con sus hijos, lo que requería cambios en los horarios de trabajo de ambos y la renuncia a todas las actividades sociales exclusivas de los adultos.

Andrea, mi paciente, que necesitaba ayuda por las mañanas antes de ir a trabajar, creó un calendario de Google que le permitía programar las horas a las que su marido debía levantarse durante la semana. En los muchos días en los que él seguía durmiendo hasta tarde, ella preparaba los almuerzos de la familia con un niño a medio vestir tirándole de la falda. Otras mujeres que conocí se las arreglaban como podían hasta que ya no podían más, y entonces se peleaban con los padres de sus hijos y veían cómo apenas cambiaba nada. Al final, ningún esfuerzo parecía surtir efecto. Así eran las cosas, y ninguno de los implicados podía decir exactamente por qué ni reconfigurar el impulso de una forma más equilibrada y equitativa.

¿Por qué los hombres no hacen más?

«Creo que es biológico», afirmó mi madre, de visita en la ciudad, mientras seguíamos a mis hijas por el espacio de juegos al aire libre del Salón de la Ciencia de Nueva York. «Las mujeres son más sensibles a las necesidades de sus hijos». Me encogí ante tal sugerencia. Irritó mi sensibilidad intelectual. Mi madre, una trabajadora social que en su momento se había manifestado a favor de la Enmienda para la Igualdad de Derechos y que se había pasado mi adolescencia diciéndome que habría sido mucho más feliz si hubiera trabajado fuera de casa cuando mi hermana y yo éramos pequeñas, había empezado recientemente a definirse como conservadora y a decir cosas como: «Ojalá me hubiera dado cuenta de que mis hijos eran lo más importante». Pero yo también me resistí, porque había pensado lo mismo sobre la naturaleza y sus inclinaciones ineludibles. Mi orientación hipervigilante a las necesidades de mis hijas a menudo me parecía fuera de mi control, no era más fácil de resistir que un martillazo de goma en la rodilla. George podía llegar tarde a casa después de salir por la noche con dos niños cansados y desaparecer inmediatamente en el baño para lavarse los dientes. Yo quería a las niñas cambiadas y delante del lavabo antes de empezar a considerar mis propias necesidades. «Si hubieras esperado, ya me habría ocupado yo», me reprendía mi marido cuando ya estaban en la cama. Pero, en realidad, no lo hubiera hecho.

«Es una cuestión de personalidad», dice Ellen Seidman, escritora, editora y madre de tres hijos en Nueva Jersey, cuya entrada en el blog sobre su «superpoder para ver» —el equivalente en maternidad a superar edificios altos de un solo salto— había llamado mi atención en Facebook. «Según mi experiencia, y también la de mis amigas, las mujeres tienden a ser más detallistas en las tareas domésticas y el cuidado de los niños». Con esto, Seidman ofrecía una versión menos determinista del canto a la biología de mi madre. «Yo soy especialmente detallista. Me fijo en las cosas. Tengo mis propios sistemas. Sé que tengo que llamar al médico la semana que viene para reservar las revisiones físicas de mis hijos para otoño, y que tengo que contratar al fotógrafo al que vemos una vez al año para que nos haga las fotos de familia. Tengo listas físicas y mentales. Mi marido no. No es su *modus operandi*». Está claro que las mujeres no son más propensas que los hombres a ser intrínsecamente organizadas, y Seidman también reconocía que esta tendencia a estar más atenta a las necesidades de los demás es algo que ella ha decidido cultivar en su vida familiar, ahorrándole el trabajo a su marido.

Al definirse a sí misma como poderosa subraya su orgullo por su capacidad y por lo bien que cuida de su familia. Me siento identificada. También atenúa su frustración por la posición inferior que ocupa en su hogar, la encargada de ver todo. «Vimos a nuestras madres llevando las riendas de nuestros hogares y a nuestros padres dejando pasivamente que eso ocurriera», dice, y añade que espera algo diferente para su propia hija. «Esos son los estereotipos de género que aprendemos. No desaparecen porque haya cada vez más parejas con dos ingresos. Es un ciclo. No estoy segura de cómo se rompe».

«Privilegio masculino», me dijo mi mejor amiga de la universidad, entonces sin hijos, cuando le pregunté qué pensaba de ello. El patriarcado, la reliquia que una vez creí haber esquivado por haber nacido en el lugar adecuado en el momento adecuado (¡Ja!). La idea de que la maternidad convierte a muchas mujeres en feministas es un tópico. Como escribió Jane O'Reilly en el artículo de portada de la edición inaugural de la revista *Ms.* allá por 1971: «Al final todas somos amas de casa, las personas a las que acudir cuando hay algo desagradable, inconveniente o inconcluso por hacer».[7] No hay nada como la paternidad en la vida moderna que cree tantas tareas acordes con esa descripción: todas esas interminables cargas de ropa sucia, todos esos desayunos que preparar.

Y tal vez la pregunta de por qué los hombres no hacen más fue mejor respondida por un invitado masculino a una cena organizada por O'Reilly antes de la publicación de su artículo. «Estoy de acuerdo con algunas cosas, igual salario por igual trabajo, me parece justo [...], pero no pretenderás decirme que la liberación de la mujer significa que yo tengo que fregar platos, ¿no?».[8]

«Es estructural», me dijo por teléfono la socióloga Veronica Tichenor, de la Universidad Estatal de Nueva York, especializada en la división del trabajo en las familias. «El trabajo no ha cambiado. Los lugares de trabajo siguen actuando como si todo el mundo tuviera una esposa en casa. Todo el mundo debería ser el trabajador ideal y no tener que ausentarse para cuidar a un niño enfermo. Si una familia tiene dificultades para compaginarlo todo, es un

---

[7] Jane O'Reilly, «The Housewife's Moment of Truth», *Ms.* (20 de diciembre de 1971). <http://nymag.com/news/features/46167/>.

[8] Ibíd.

problema personal. ¿Todas esas familias tienen el mismo problema? Eso es un problema social». No cabe duda de que Tichenor tiene razón, al igual que los autores de los artículos y libros que explican los problemas de nuestro sistema que dificultan el bienestar familiar en el siglo XXI: desde las exigencias de dedicación total de muchas profesiones, pasando por la desaprobación implícita —o las consecuencias que ponen en peligro el empleo— a las que se enfrentan los trabajadores que dan prioridad a las obligaciones familiares, hasta la embrutecedora escasez de ayudas institucionales para los cuidadores en Estados Unidos y en otros países occidentales afectados por este problema.

Los hombres no hacen más porque el mundo se lo ha puesto difícil. «Hay que cambiar la estructura del trabajo», subraya Tichenor. Pero si solo es posible mejorar la vida personal de las mujeres mediante cambios radicales en la política y la economía, en el momento de escribir este libro no soy optimista si pienso en el futuro de mis hijas o en el de las suyas.

Expectativas crecientes e insatisfechas

La información más reciente sobre el uso diario del tiempo recopilada por Pew Research y la Oficina de Estadísticas Laborales de EE. UU. Revela sistemáticamente que las mujeres que trabajan fuera de casa asumen el 65 por ciento de las responsabilidades del cuidado de los hijos, y sus parejas masculinas, el 35 por ciento.[9] Estos porcentajes se han mantenido estables desde el año 2000.[10] En los últimos veinte años, esa cifra no ha variado. Algunos académicos y padres detallan anécdotas de situaciones más igualitarias, y, por supuesto, hay excepciones a la regla. Pero el plural de la anécdota no es el dato, y nadie discute el trabajo empírico que

---

[9] «Time spent in primary activities by married mothers and fathers by employment status of self and spouse 2011-15», Bureau of Labor Statistics. <https://www.bls.gov/tus/tables/a7_1115.pdf>.

[10] «Time spent in primary activities by married mothers and fathers by employment status of self and spouse... 2005-09», Bureau of Labor Statistics. <https://www.bls.gov/tus/tables/a7_0509.htm>.

demuestra que las mujeres, a pesar de su creciente poder económico, siguen viviendo una situación de desigualdad en el hogar.

La socióloga Claire Kamp Dush, del estado de Ohio, llegó a sugerirme que los estudios sobre el uso del tiempo en el hogar —que analizan a hombres y mujeres en su conjunto, en lugar de a los maridos en comparación con sus esposas— presentan en realidad una visión demasiado optimista del progreso. «Cuestiono lo que sabemos sobre el uso diario del tiempo. Nuestro patrón de resultados, observando a las parejas el mismo día, es diferente. Muestra que los hombres hacen incluso menos». Es una sombría realidad para las generaciones de mujeres que no supieron prever semejante callejón sin salida.

Esperando encontrar parejas masculinas que compartieran, nos hemos quedado con lo que los politólogos llaman expectativas crecientes e insatisfechas. Históricamente, estas expectativas son causa de revoluciones, insurrecciones y disturbios civiles. Si tantas parejas viven así, y tantas mujeres están enfadadas o simplemente agotadas por ello, ¿por qué seguimos tan estancados? ¿Dónde está nuestra revolución, nuestra insurrección, nuestra agitación civil?

Cuando hablé con madres y expertos, coincidieron en tres grandes categorías explicativas de la tenacidad del problema: la biología, los mandatos culturales en torno a la devoción materna y la omnipresente priorización de las necesidades y deseos de los hombres en relación con los de las mujeres. Me propuse examinar cada una de ellas. ¿Hay algo innato que impida a las madres aligerar sus cargas después del destete o que los padres se hagan cargo de ellas? ¿Son las exigencias sociales de una maternidad superimplicada tan evidentes que incluso quienes no comulgamos conscientemente con ese ideal estamos destinadas a vivirlo, dejando atrás a nuestros cónyuges? ¿Tan ciegamente aceptan los hombres la subordinación pasiva de las mujeres que, en el mejor de los casos, el cambio es improbable?

Me propuse entrevistar a cien madres; empecé con amigas y conocidas de amigas, pero al final recurrí sobre todo a grupos de madres en Facebook para reclutar sujetos. Cuando llegué a unas cuarenta mujeres, empecé a ver que las entrevistas eran sorprendentemente similares. No importaba la edad, la raza, la región o el nivel socioeconómico de la mujer —entre mis entrevistadas había una diversidad de realidades—, todas tenían la misma historia que contar. Me pregunté si no sería un reflejo de los límites de mi habilidad periodística.

Me sentí aliviada cuando la escritora Cheryl Strayed relató una experiencia similar. Para su columna de consejos «Dear Sugar», Strayed solicitó en sus redes sociales mensajes de mujeres sobre la división del trabajo. Observó una respuesta abrumadora, y también que «la mayoría de los mensajes podrían haber sido escritos por la misma persona, todas ellas mujeres que describían [...] a un compañero "estupendo" que no hace la parte que le corresponde de las tareas domésticas y de organización necesarias para llevar una casa». Me detuve en cincuenta madres.[11]

Las sociólogas Toni Calasanti y Carol Bailey han argumentado que «centrarse en la persistencia de la diferencia de género en la división del trabajo doméstico, en lugar de en los factores que explican la pequeña cantidad de cambio, puede ser más fructífero para comprender y erradicar la desigualdad».[12] Cuanto más sepamos sobre esta norma tan mordaz, estaremos en mejor posición para combatirla. Como ha reconocido la escritora feminista de la tercera ola Amy Richards, «la cruzada del feminismo sigue inacabada porque examinar lo "personal" es mucho más amenazador que condenar lo político».[13] Este libro es, en última instancia, una inspección minuciosa de lo personal.

---

[11] Cheryl Strayed y Steve Almond, «Save Me from This Domestic Drudgery!» *The New York Times* (8 de mayo de 2018). <https://www.nytimes.com/2018/05/08/style/household-parenting-marriage-share-work.html>.

[12] Toni Calasanti y Carol Bailey, «Gender Inequality and the Division of Household Labor in the United States and Sweden: A Socialist-Feminist Approach», *Social Problems* 38, n.º 1 (febrero de 1991), pp. 34-53.

[13] Amy Richards, *Opting In* (Nueva York: Farrar, Straus and Giroux, 2008), p. 9.

I

De cómo es la vida

La falacia del padre moderno e implicado

Según todos los criterios con los que me he encontrado, actualmente los hombres que viven con sus hijos se implican más que los padres de hace cincuenta años. Desde 1965, los papás que comparten la convivencia han triplicado la cantidad de tiempo que pasan con sus hijos.[1] El 32 por ciento de los padres declaran ser una fuente habitual de cuidados para sus hijos, frente al 26 por ciento de la década anterior.[2] La Red Nacional de Padres en Casa[3] estima que hay 1,4 millones de padres amos de casa en Estados Unidos, el doble de los que había hace diez años.[4] Aproximadamente el mismo porcentaje de padres que de madres afirman que la crianza es extremadamente importante para su identidad.[5] En 1965, las madres dedicaron cuatro veces más horas al cuidado de los hijos que los padres, y el doble de

---

[1] Kim Parker y Gretchen Livingston, «7 Facts About American Dads», Centro de Investigaciones Pew (13 de junio de 2018). <http://www.pewresearch.org/fact-tank/2018/06/13/fathers-day-facts/>.

[2] «Statistics on Stay-At-Home Dads», Red Nacional de Padres en Casa. [Consultado el 18 de octubre de 2018]. <http://athomedad.org/media-resources/statistics/>.

[3] La organización Padres que se Quedan en Casa es una red de padres amos de casa que busca «empoderar a los padres y defender una cultura que los reconozca como padres capaces y competentes para cuidar de los hijos». <https://athomedad.org/>. Web en inglés y castellano. (*N. de la T.*).

[4] Ibíd.

[5] «Parenting in America», Tendencias Democráticas y Sociales, Centro de Investigaciones Pew (17 de diciembre de 2015). <http://www.pewsocialtrends.org/2015/12/17/2-satisfaction-time-and-support/>.

horas en 2010.[6] Entre 1965 y 2003, la parte del trabajo familiar no remunerado correspondiente a los hombres pasó en EE. UU. de menos del 20 por ciento a casi el 35 por ciento,[7] y así se ha mantenido desde entonces.[8]

Los historiadores han documentado cambios significativos en la paternidad en los últimos quinientos años. En épocas coloniales (*c.* 1600-1800), el trabajo se desarrollaba en las granjas familiares y los hombres eran los responsables de la educación y de la formación moral de sus hijos. Durante la industrialización (*c.* 1800-1950), el trabajo asalariado se trasladó fuera del hogar, bifurcando así las vidas de los hombres y de las mujeres occidentales en dos esferas diferenciadas: la pública y la privada. A las mujeres se les asignaban tareas domésticas no remuneradas, incluso cuando también aportaban un salario gracias a trabajos a domicilio u otros esfuerzos generalmente considerados marginales. Los hombres iban a trabajar a las fábricas o a los comercios. Los padres se volvieron distantes y ausentes. Finalmente, con la urbanización de los últimos cincuenta años, hubo un incremento de las contrataciones y de las ganancias maternas, creando las condiciones que generaron al padre moderno e implicado.[9] El que lleva a sus hijos a la escuela. El que sabe dónde guardan los calcetines. El que reacciona ante pesadillas y vómitos. El que no se refiere a estar solo con sus hijos como un servicio de niñera. El que acude a las reuniones de padres y profesores. El que hace la cena de vez en cuando.

---

[6] Suzanne Bianchi, Liana Sayer, Melissa Milkie y John Robinson, «Housework: Who Did, Does or Will Do It, and How Much Does It Matter?», en *Social Forces* 91, n.º 1 (septiembre de 2012), pp. 55-63.

[7] Jennifer Hook, «Care in Context: Men's Unpaid Work in 20 Countries, 1965–2003» en *American Sociological Review* 71 (agosto de 2006), pp. 639-60.

[8] Kim Parker y Wendy Wang, «Modern Parenthood: Roles of Moms and Dads Converge as They Balance Work and Family», Tendencias Democráticas y Sociales, Centro de Investigaciones Pew (14 de marzo de 2013). <http://www.pewsocialtrends.org/2013/03/14/modern-parenthood-roles-of-moms-and-dads-converge-as-theybalance-work-and-family/>.

[9] Sara Raley, Suzanne Bianchi y Wendy Wang, «When Do Fathers Care? Mothers' Economic Contribution and Fathers' Involvement in Child Care», en *American Journal of Sociology* 117, n.º 5 (marzo de 2012), pp. 1.422-59. <https://www.ncbi.nlm.nih.gov/pmc/articles/PMC4568757/>.

El arco del universo moral es muy amplio, y se ha inclinado hacia la justicia, y ahora las mujeres lo tienen mejor que sus madres y que las madres de estas. No tienes por qué ser una licenciada en Historia para constatar este acto misericordioso. No hace tanto tiempo que las mujeres casadas carecían de derechos legales porque eran propiedad de sus maridos.[10] Las mujeres solteras pertenecían a sus padres: los honoríficos «Sra.» y «Srta.» sirven para aclarar si una mujer se debe a un padre o a un marido.[11] Hasta la aprobación de la Ley de Derechos Civiles en 1964, era legal para cierta clase de empleadores despedir o no contratar a mujeres casadas, porque ya tenían un trabajo: el de obrera física y emocional de su familia.[12] No fue hasta 1980 que el Censo de EE. UU. dejó de llamar oficialmente a cada esposo «cabeza de familia».[13] Alcancé la mayoría de edad en una época de igualdad de oportunidades en la educación y en los empleos de nivel básico para mujeres jóvenes, y supuse que esta trayectoria tendría un recorrido ilimitado. En algunos pódcast he escuchado a mujeres como Sheila Nevins —que nació en 1939 y fue durante mucho tiempo presidenta de la sección de documentales de HBO— explicar la dificultad de empezar una carrera de teatro al acabar el Posgrado de Bellas Artes en la Escuela de Arte Dramático de Yale: «Mi marido me quería en casa por las tardes. Me quería en casa los fines de semana. Pero el teatro se hace por la tarde y los fines de semana, así que eso descartó cualquier posibilidad de hacer teatro». (Este fue su primer marido, del que se divorció «hace tiempo»).[14] Así era el matrimonio en la década de los años sesenta. Un hombre podía imponer sus deseos y esperar que

---

[10] Rebecca Traister, *All the Single Ladies* (Nueva York: Simon & Schuster, 2016), p. 41.

[11] Alexandra Buxton, «Mistress, Miss, Mrs or Ms: untangling the shifting history of women's titles», en *New Statesman* (12 de septiembre de 2014). <https://www.newstatesman.com/cultural-capital/2014/09/mistress-miss-mrs-or-ms-untangling-shifting-history-women-s-titles>.

[12] Susan Thistle, *From Marriage to Market* (California: University of California Press, 2006), pp. 52-53.

[13] Susan Faludi, *Backlash* (Nueva York: Crown Publishing, 1991), p. 81.

[14] Sheila Nevins, «HBO Documentary Head Sheila Nevins On Her Career, Aging and Family», entrevista de Leonard Lopate, para *The Leonard Lopate Show*, WNYC (1 de mayo de 2017). Audio 10:30. <https://www.wnyc.org/story/hbo-documentary-filmmaker-sheila-nevins/>.

su esposa cediera ante ellos, sin importar el coste para la individualidad de la mujer. Me sonaba muy anticuado.

¿O realmente no era tan anticuado? Cuando George y yo nos mudamos a nuestro primer piso pocos años antes de casarnos, un monoambiente sin ascensor, no tardó en ofrecerse como voluntario para pasar la aspiradora y sacar el polvo. Le gustaban ese tipo de cosas, me dijo, y las haría cada semana. Lo que yo no le respondí, porque soy una mujer y él un hombre, era que no me molaba que me dejara el baño y la cocina. Él se podía quedar con lo de quitar el polvo, a lo que nunca le di demasiada importancia, pero yo quería pasar la aspiradora. Si yo iba a fregar la bañera, él debía fregar el suelo de la cocina. Pensé en decir todas estas cosas, pero el tiempo se detuvo y, en vez de hablar, callé. Al fin y al cabo, ¿no debería estar agradecida de que él quisiera hacer algo? En silencio, nos pusimos de acuerdo en la última parte. Corría el año 2005.

Es más fácil sentirse agradecida por todas las cosas que han cambiado que reconocer todo lo que queda por cambiar. La gratitud es la condición previa para que haya menos conflictos, en lugar de cada vez más. Para las mujeres que crían a sus hijos con un padre moderno e implicado, existe cierta presión —autoimpuesta y de otra índole— para que se decanten por el agradecimiento, los buenos modales y la obediencia.[15] «Cuando aparece un padre, aplaudimos», afirma Jay Miranda, madre y bloguera de Los Ángeles, al describir su clase semanal «Mi mamá y yo».[16]

¡Qué suerte compartir ideales igualitarios sobre el matrimonio aunque no siempre se manifiesten en el comportamiento! Después de todo, estos ideales no son todavía universales. Molly, de 27 años, trabajadora del sistema de acogida y madre de un niño pequeño en Tennessee, me cuenta: «No es habitual ver compañerismo igualitario

---

[15] Fragmento de un poema titulado «What Are Folks Made Of», publicado en Inglaterra, *c.* 1820, por Burton Stevenson. «What are girls made of? Sugar and spice and everything nice. What are boys made of? Snakes and snails and puppy dog tails», que describe a las niñas como buenas y obedientes mientras los niños son malos y traviesos. (*N. de la T.*).

[16] Jay Miranda, «Why the Hell Do We Clap for the Dads?», en *Mom.me* (16 de julio de 2015). <https://mom.me/lifestyle/20953-when-dads-get-praise-stuff-moms-do-all-time/>.

por aquí. Incluso mis amigas sin hijos dicen; "Hoy trabajo hasta tarde, así que tengo que asegurarme de tener la cena preparada para mi marido". Yo me moriría si mi marido se enfadara porque trabajo hasta tarde y debe alimentarse por sí mismo. Así que cuando digo que estoy agradecida de estar casada con él, lo digo en serio, aunque estoy totalmente agotada de hacer la mayor parte del trabajo para nuestro hijo».

Shannon, de 42 años, una madre de Oklahoma City que trabaja como funcionaria en los juzgados, me explica: «Donde yo vivo todavía está todo muy atrasado, y son de la vieja escuela. Mi marido cree que debe traer un cheque a casa y que con eso es suficiente. No tiene pelos en la lengua al respecto. No me pega. No bebe en exceso. He aprendido a gestionar las cosas para poder llegar a todo. Ya no tiene sentido pelear por ello, porque no va a cambiar». Sin embargo, añade: «Si te soy sincera, la vida sería más fácil si estuviera soltera. No esperaría que nadie me ayudara, y no me afectaría que no lo hicieran». No está de más señalar que Oklahoma es uno de los estados con la tasa más alta de divorcio.[17]

Dado que siempre habrá un compañero sin nombre ni rostro entre bastidores cuya pereza y falta de atención sea peor que la de tu marido, las mujeres agradecidas con su vida y sus relaciones son reacias a reconocer su descontento. La sociología explica esto mediante la *teoría de la privación relativa*: solo cuando una se ve más desfavorecida que otros miembros de su grupo de referencia se sentirá con derecho a protestar firmemente. Michelle, de Portland, Oregón, de 44 años, comerciante y madre de un niño de 9 años, dice: «No sé lo igualitarios que somos. Pero me siento muy afortunada cuando oigo hablar de los maridos de otras personas. Tengo muchísimas amigas cuyos maridos nunca acostaron a los hijos porque ese trabajo les corresponde a ellas, porque ellas son sus madres».

Laura, de 38 años, dueña de un negocio en Nueva York y madre de un niño de 4 años, me cuenta que se siente como una madre soltera, pero que está de acuerdo con su marido en que las cosas

---

[17] «Divorce Rate in the United States in 2016», en *Statista: The Statistics Portal*. [Consultado el 18 de octubre de 2018]. <https://www.statista.com/statistics/621703/divorce-rate-in-the-united-states-by-state/>.

podrían ser peores. De hecho, la respuesta típica de su compañero, cuando ella intenta abordar el desequilibrio, es: «Hago mucho más que otros hombres». Una frase mucho más sencilla de pronunciar que: «Sí, nuestros acuerdos son injustos contigo, pero ese es el destino de las mujeres, así que apechuga».

Erica, de 38 años, de Portland, Oregón, jefa de proyectos y madre de dos hijos menores de 7 años, expresa sus sentimientos encontrados de la siguiente manera: «Él es genial con los niños cuando está aquí, y por lo que me cuentan algunas amigas, hace mucho más que otros». Interrumpe sus pensamientos para asegurarse de que voy a cambiar su nombre. (Estoy cambiando los nombres de todas las madres). Acaban de empezar terapia de pareja, y ella se siente culpable hablando de esto. «Él está con el teléfono o en el ordenador mientras yo corro de un lado a otro como una loca recogiendo las cosas de los niños, poniendo lavadoras. Él toma su café por la mañana y lee en su móvil, mientras yo preparo la comida, saco la ropa de nuestra hija, ayudo a nuestro hijo con sus deberes. Él está ahí sentado, simplemente. No lo hace a propósito. No es consciente de lo que sucede a su alrededor. Cuando le pregunto acerca de ello, se pone a la defensiva. Cada tarde es igual. Ayuda con la cena, pero luego me toca a mí lavarles los dientes, ponerlos a dormir, y él está ahí sentado mirando su móvil».

¿Por qué actúan así los hombres? ¿Por qué lo toleran las mujeres? «Las convenciones que encarnan la dominación masculina han cambiado mucho menos en "lo personal" que en el mundo laboral», afirma Paula England, socióloga de la Universidad de Nueva York y autora de *The Gender Revolution, Uneven and Stalled*, desde el escritorio en su despacho de grandes ventanales con vistas a Greenwich Village. «Vamos al grano, hablamos de paridad, pero la idea a la que la gente se aferra es: las mujeres deben cambiar. Las mujeres pueden tener carreras, estar en el ejército, hacerse del clero. Pero la realidad es que nada de eso funciona si las cuestiones del hogar no cambian. Y algunas cosas son más inmunes al cambio que otras. La suposición de que el cambio es continuo probablemente es poco realista».

De hecho, muchas de las mujeres con las que hablé —las compañeras de los padres modernos e implicados— permanecen en lo que la periodista Jill Filipovic, en su libro *The H-Spot: The Feminist Pursuit of Happiness*, llama «un extraño limbo, donde las acciones de los hombres no han alcanzado del todo las expectativas de las mujeres».[18] O, como dicen Carolyn y Philip Cowan, psicólogos de Berkeley e innovadores en el ámbito de la investigación familiar: la ideología de la pareja igualitaria está muy adelantada a su tiempo.[19]

Monique, de Queens, Nueva York, de 32 años y madre de un niño pequeño, explica cómo ve el problema su marido: «Él se da cuenta de que no es justo, pero sencillamente lo acepta como algo en lo que no estamos de acuerdo. Creo que él siente que no hay nada que pueda hacer al respecto. De hecho, ya me lo ha dicho antes. No hay nada que él pueda hacer, así que sería de gran ayuda que no me enfadara por eso».

Me tomaré la molestia de afirmar aquí —y no volveré a repetirlo a lo largo del libro porque se trata de una obviedad— que la inmensa mayoría de los padres modernos e implicados son seres humanos bienintencionados y razonables. Hoy en día hay menos hombres en contacto con sus hijos que en cualquier otro momento de la historia, o al menos desde que Estados Unidos empezó a tener estadísticas fiables.[20] Aunque la colaboración del padre en las familias biparentales ha aumentado en las últimas décadas, también hay menos familias con presencia paterna.[21] Está claro que los hombres que se quedan para amar y pastorear a su descendencia no deben ser calumniados... Hoy es sábado, y George pasa el día con nuestras hijas para que yo pueda escribir. Más temprano ha resuelto lo de la zapatilla de *ballet* perdida de Liv, evitando que perdiera su primera clase después de las vacaciones de verano.

Estoy en la cafetería del barrio, y frente a mí hay un padre con su hijo tomando un chocolate caliente. El brazo del padre rodea

---

[18] Jill Filipovic, *The H-Spot* (Nueva York: Nation Books, 2017), p. 141.

[19] Carolyn Cowan y Philip Cowan, *When Partners Become Parents* (Nueva York: Routledge, 1999), p. 97.

[20] Paul Raeburn, «Do Fathers Matter?» (Nueva York: Scientific American, 2014), p. 220.

[21] Scott Coltrane, «Fatherhood, Gender and Work-Family Policies», en *The Real Utopias Project: Gender Equality, Transforming Family Divisions of Labor* (Brooklyn: Verso, 2009), p. 386.

afectuosamente los hombros de su joven hijo. Cuando se marchan, son reemplazados por otro dúo padre-hijo; el niño es algo mayor que el anterior y están echando un pulso (en serio, eso hacen). Recibo un mensaje de texto del padre de la mejor amiga de Liv, que se queda a dormir hoy por su cumpleaños. Me pregunta si debe traer el saco de dormir de Maya esta tarde o si preferimos pasar a recogerlo de camino a casa después de la cena.

Los hombres están entre el 3 y el 5 por ciento de los mamíferos macho que contribuyen de alguna manera con la posinseminación de su prole.[22] Los padres en los Estados Unidos trabajan de manera remunerada tres horas más por semana que los hombres sin hijos.[23] La mayoría de los hombres de EE. UU. que mantienen una relación creen que la división igualitaria del trabajo doméstico es muy importante para el éxito del matrimonio.[24] Este es el vaso medio lleno. Amén.

Pero no vayamos tan deprisa. Los informes sobre el padre moderno e implicado también han sido ampliamente exagerados, o, al menos, como han argumentado algunos investigadores, «este cambio se percibe más en la "cultura de la paternidad" que en el comportamiento real».[25] Según un informe de Oxfam del año 2018, las mujeres de todo el mundo hacen entre dos y diez veces más tareas de cuidados no remunerados y trabajo doméstico que los hombres (el valor global de dicho trabajo se estima en 10 billones de dólares).[26] La proporción del trabajo gratuito de las mujeres con

---

[22] Peter Gray y Kermyt Anderson, *Fatherhood* (Massachusetts: Harvard University Press, 2010), p. 59.

[23] Scott Coltrane, «Fatherhood, Gender and Work-Family Policies», en *The Real Utopias Project: Gender Equality, Transforming Family Divisions of Labor* (Brooklyn: Verso, 2009), p. 389.

[24] Abigail Geiger, «Sharing Chores a Key to Good Marriage, Say Majority of Married Adults», Centro de Investigaciones Pew (30 de noviembre de 2016). <http://www.pewresearch.org/fact-tank/2016/11/30/sharing-choresa-key-to-good-marriage-say-majority-of-married-adults/>.

[25] Bernadette Park, J. Allegra Smith y Joshua Correll, «The persistence of implicit behavioral associations for moms and dads», en *Journal of Experimental Social Psychology* 46 (2010), pp. 809-15.

[26] «Why the majority of the world's poor are women», en *Oxfam International*. [Consultado el 18 de octubre 2018]. <https://www.oxfam.org/en/even-it/why-majority-worlds-poor-are-women>.

respecto al de los hombres es menor en los países escandinavos. En Noruega, cuyo Gobierno destinó en 1993 una parte del permiso parental remunerado exclusivamente a los padres,[27] las mujeres dedican tres horas y media al día al trabajo familiar, frente a las tres de los hombres.[28] Este ratio es todavía más desigual para las mujeres de los países subdesarrollados.

ONU Mujeres, una rama de las Naciones Unidas que se centra en la igualdad de género, estima que la brecha de trabajo no remunerado es más grande en Asia del Sur, donde las mujeres llevan a cabo el 90 por ciento de las tareas de cuidados familiares.[29] En la India, las mujeres realizan seis horas diarias de trabajo gratuito por día y los hombres solo una.[30] En Uganda, una mujer con familia es probable que dedique seis horas por día a recoger agua.[31] Algunas investigaciones de la Organización para la Cooperación y el Desarrollo Económicos (OCDE) sugieren que hay una importante relación entre la brecha de género del trabajo no remunerado y la prosperidad: cuanto más pequeña es la brecha, más rico es el país.[32]

MenCare, la campaña internacional de paternidad que trabaja por la paridad de los cuidados de los hijos en cuarenta y cinco países, estima que, con la tasa actual de cambio, faltan setenta y cinco años para que las mujeres logren a nivel global la igualdad

---

[27] Elin Kvande y Berit Brandth, «Fathers on Leave Alone in Norway: Changes and Continuities» en *Comparative Perspectives on Work-Life Balance and Gender Equality* 6, pp. 29-44 (Nueva York: Springer Publishing, 2017). <https://link.springer.com/chapter/10.1007/978-3-319-42970-0_3>.

[28] Elizabeth Weingarten, «Unpaid Work Should Be Measured and Valued, but Mostly Isn't», en *Financial Times* (13 de enero de 2017). <https://ftalphaville.ft.com/2017/01/13/2182312/guest-article-unpaid-work-should-be-measured-and-valued-but-mostly-isnt/?mhq5j=e3>.

[29] Ibíd.

[30] «Employment: Time Spent in Paid and Unpaid Work, by Sex», *OECD.stat.* [Consultado el 20 de octubre de 2018]. <https://stats.oecd.org/index.aspx?queryid=54757>.

[31] Anam Parvez Butt, Jane Remme, Lucia Rost y Sandrine Koissy-Kpein, «Exploring the Need for Gender-Equitable Fiscal Policies for Human Economy: Evidence from Uganda and Zimbabwe», *Oxfam* (marzo de 2018).

[32] Gaelle Ferrant, Luca Maria Pesando y Keiko Nowacka, «Unpaid Care Work: The Missing Link in the Analysis of Gender Gaps in Labour Outcomes», Centro de Desarrollo de la OECD (diciembre de 2014). <https://www.oecd.org/dev/development-gender/Unpaid_care_work.pdf>.

de género en sus hogares.[33] El primer mundo quizá esté marcando el camino, pero eso no significa que hayamos llegado a la meta. Es fácil perder la noción de esto en los países con infraestructura moderna, en hogares sin hijas ni hijos. Antes de la llegada de los hijos, no hay mucho que se tenga que hacer, y parece inofensivo dejar pasar sin señalar las pequeñas cosas, como por ejemplo quién dedica más tiempo a fregar bañeras y suelos. Pero, como explica la psicóloga social de Mount Holyoke, Francine Deutsch, en *Halving It All*, su estudio final sobre la desigual distribución del trabajo no remunerado entre las parejas norteamericanas con dos sueldos e hijos: «Los hijos [...] crean una desigualdad de proporciones críticas».[34]

El desencanto de la madre moderna e implicada

Monique, de Queens, valora sus circunstancias. Trabajadora e inteligente, ha construido la vida que las chicas de clase media como ella que crecieron en el último tercio del siglo XX sabían que era factible para sí mismas. Un trabajo interesante en la administración pública, un matrimonio amoroso, una hija y en busca de un bebé. «Ella es perfecta», me dice Monique refiriéndose a su hija, «así que imagino que eso significa que las cosas van bien». Duda. Se escapó de la oficina para encontrarse conmigo en una somnolienta zona de restaurantes en Jamaica, Queens, para hablar de sus sentimientos con respecto a la desigualdad en su vida doméstica desde el nacimiento de su hija; algo que ha supuesto un revés para sus expectativas y que no va nada bien.

---

[33] «Men Taking on 50 Percent of the World's Child Care and Domestic Work Requires Global Goal and Immediate Action, Reveals State of the World's Fathers Report», en *Men Care: A Global Fatherhood Campaign* (junio de 2017). <https://men-care.org/2017/06/09/men-taking-on-50-percent-of-the-worlds-childcare-and-domestic-work-requires-global-goal-and-immediate-action-reveals-state-of-the-worlds-fathers-report/>.

[34] Francine Deutsch, *Halving It All* (Cambridge, Massachusetts: Harvard University Press, 1999), p. 5.

Se adaptó a las demandas de la crianza asumiendo algunos cambios en su vida laboral. Se trasladó a una oficina más cercana al hogar, y está menos disponible para sus clientes por las tardes. También recurrió a una niñera a tiempo parcial y a las abuelas de su hija. Le encantan las tardes con su pequeña. Eso no lo cambiaría. Pero le sorprende lo poco que han cambiado las prioridades de su marido. Le molestan las libertades que él sigue tomándose con su tiempo, la suposición de que su participación en el hogar sigue siendo opcional, y que todas las tareas recaigan invariablemente en ella. «Es frustrante que no sienta que tenemos las mismas responsabilidades. Él tiene un cojín que yo no tengo. Si tiene un proyecto importante en el trabajo, él simplemente dice: "¡Ah! Hoy voy a trabajar hasta tarde". No tiene que preocuparse por llegar a casa para que la niñera pueda irse a tiempo de volver con sus propios hijos. Si me surge algo en el trabajo, me las tengo que ingeniar; si puede, viene mi madre, pero si no puede, ¿cómo me lo voy a montar? Para él es más simple: "Tengo que trabajar, y otra persona se ocupará de ello". Esto genera tensión. Cuando estaba embarazada, hablábamos de cómo iría todo, y finalmente decidimos que contrataríamos a una niñera tres días, que mi madre bajaría del norte para estar con nuestra hija los jueves y los viernes, y que mi suegra saldría temprano del trabajo los viernes para que mi madre llegara al autobús de vuelta a casa. En un momento dado dije: "Esto no va a funcionar, son demasiadas cosas"; y él estaba en plan: "No entiendo por qué no puedes ponerle más ganas", a lo que yo respondí: "¡Eres tú el único que nunca vuelve temprano a casa ni altera la agenda para nada!". Finalmente, ese es el plan que acordamos, y por lo general funciona. Todas las mujeres nos hemos unido para que funcione».

Monique y sus compañeras del sexo femenino —como yo, como mis propias compañeras— crecieron con la emocionante retórica de la igualdad de género. Las chicas pueden hacer todo lo que hacen los chicos. Obtuvimos el Title IX.[35] Obtuvimos el

[35] El Título IX de las Enmiendas de Educación de 1972 protege a las personas de discriminación por razones de género en programas o actividades de enseñanza que reciben ayuda económica federal. (*N. de la T.*).

posgrado. Pero la retórica se frenó con nosotras, el corolario obvio y necesario nunca se pronunció. «Los chicos pueden hacer todo lo que hacen las chicas» no es algo que se diga muy comúnmente. Así que ahora Monique es abogada, pero su marido no es el progenitor principal.

Los cambios en sus vidas tras el nacimiento de su hija prácticamente empezaron y acabaron con ella. «Definitivamente, hay resentimiento», dice. «Ese resentimiento no es un factor decisivo, pero ahí está. Así que cuando los tres estamos juntos estoy tensa. Si él sugiere que nuestra hija necesita algo, tengo una reacción visceral inmediata, y resulta difícil no comenzar una discusión porque la insinuación es que yo debería ocuparme de ello. Intento decir algo amablemente. Pero no siempre lo digo con amabilidad. Cuando se nos ocurren maneras de cambiar o arreglar esto, él nunca se ciñe a los acuerdos, ni yo los impongo. En un primer momento acordamos que él se encargaría de las tardes de los martes y los jueves. Y luego eso no sucedía porque se quedaba hasta tarde en el trabajo o tenía planes. Para decir luego: "Sí, sí, lo siento, no volverá a ocurrir". Pero vuelve a ocurrir. Se esfuma. Me preocupa la idea de estar siempre peleando por esto. Él sabe cómo me siento, pero no ha mostrado ningún cambio significativo, consistente. ¿Cuánto se puede intentar convencer a alguien?».

Y continúa: «Fui a una escuela de arte progresista, hice toneladas de cursos de estudios sobre la mujer. Y había todo ese debate sobre las dinámicas de matrimonio y sobre cómo las cosas tendían a caer automáticamente en cierto patrón, y recuerdo que en esas clases yo pensaba: "No sé por qué hacen esto. Esa no voy a ser yo". Y luego eso fue lo que pasó».

La realidad del padre moderno e implicado

Actualmente, cuando los investigadores preguntan a los futuros padres cómo anticipan la distribución de las tareas domésticas y los cuidados de los niños, la mayoría responden que sus esposas harán un poco más, por lo general debido a la lactancia, pero que ellos no se quedarán atrás. Cuando las criaturas alcanzan los seis meses, estos mismos padres informan que las madres están haciendo mucho más de lo esperado, mientras que ellos están haciendo menos.[36]

Lo que empieza como un imperativo potencialmente limitado en el tiempo, debido a la lactancia materna, se convierte en precedente. Los padres han asumido una parte más grande de los cuidados de los niños en las últimas décadas, pero el cambio ha sido bastante modesto, incluso cuando se compara con el volumen de trabajo doméstico asumido por los hombres. Entre 1980 y 2000, cuando la participación de la mujer en el mercado laboral aumentó drásticamente, la proporción de tareas domésticas realizadas por hombres subió del 29 al 39 por ciento.

Esto contrasta fuertemente con el aumento del cuidado de los niños declarado por los propios encuestados en las mismas circunstancias: en 1980, los padres informaron que realizaban el 38 por ciento del cuidado de los niños, y en el año 2000 declararon que se encargaban del 42 por ciento. En 1980, las madres consideraban que sus maridos se hacían cargo del 31 por ciento del cuidado de los niños, mientras que las madres del año 2000 opinaban que los hombres asumían alrededor de un 32 por ciento. En la actualidad, según diversos estudios, las mujeres trabajadoras dedican aproximadamente el doble de tiempo al cuidado de la familia que los hombres.[37] Y por si has pensado en mudarte a un país más progresista para escapar del problema, incluso en la igualitaria Suecia los padres dedican al cuidado de sus hijos solo el 56 por ciento del tiempo que dedican sus compañeras.[38]

No existe, de hecho, ninguna sociedad humana en la que los hombres sean los responsables del grueso de la crianza. Antropólogos interculturales informan que en todos los rincones del mundo, dentro de un amplio abanico de actividades de subsistencia e

---

[36] Carolyn Cowan y Philip Cowan, *When Partners Become Parents* (Nueva York: Routledge, 1999), p. 97.

[37] Lyn Craig y Killian Mullan, «Parenthood, Gender and Work-Family Time in the United States, Australia Italy, France and Denmark», en *Journal of Marriage and Family* 72, n.º 5 (octubre de 2010), pp. 1.344-61.

[38] Janet C. Gornick y Marcia K. Meyers, «Institutions That Support Gender Equality in Parenthood and Employment», en *The Real Utopias Project: Gender Equality, Transforming Family Divisions of Labor* (Brooklyn: Verso, 2009), p. 10.

ideologías sociales, las madres están más implicadas en los cuidados de sus retoños que los padres.[39] En un informe de 2018, las Naciones Unidas estimó que las mujeres realizan de promedio 2,6 veces el volumen de cuidados domésticos y de la infancia que hacen los hombres.[40]

En los últimos setenta y cinco años, las mujeres con hijos pequeños del mundo desarrollado —en el conjunto de treinta y seis países que pertenecen a la Organización para la Cooperación y el Desarrollo Económico— han empezado a trabajar de forma remunerada en un número cada vez mayor.[41] Actualmente, a lo largo de la OCDE, el 71 por ciento de las madres con un solo hijo son asalariadas, así como el 62 por ciento de mujeres con dos o más hijos. Aun así, algunos estudios comparativos del uso del tiempo sugieren que los padres en estos países —que incluyen EE. UU., Canadá y gran parte de Europa, así como México, Nueva Zelanda y Japón, por nombrar algunos— dedican menos de un cuarto del tiempo que sus compañeras a las rutinas domésticas, y menos de la mitad del tiempo a los cuidados de los niños.[42] Un informe de 2017 elaborado por la OCDE calificó la desigual distribución del trabajo no remunerado dentro de la casa como uno de los mayores problemas actuales relacionados con la igualdad de género. En la historia reciente, los padres de todo el mundo han hecho pequeños cambios ante las crecientes exigencias de las madres trabajadoras. Pero la historia que nos contamos, aquella del gran avance hacia el logro de la crianza compartida paritaria, es la del vaso medio lleno. ¿Debemos seguir estando agradecidas?

La gratitud tiene una escandalosa cara B. Investigaciones de diferentes culturas a lo largo del mundo descubren constantemente

---

[39] Marc H. Bornstein, «Parenting x Gender x Culture x Time», en *Gender and Parenthood: Biological and Social Scientific Perspectives*, ed. por W. Bradford Wilcox y Kathleen Kovner Kline (Nueva York: Columbia University Press, 2013), p. 100.

[40] ONU Mujeres, «Turning Promises Into Action», 2018. <http://www.unwomen.org/-/media/headquarters/attachments/sections/library/publications/2018/sdg-reporsummary-gender-equality-in-the-2030-agenda-for-sustainable-development-2018-en.pdf?la=en&vs=949>.

[41] Janet C. Gornick y Marcia K. Meyers, *The Real Utopias Project: Gender Equality, Transforming Family Divisions of Labor* (Brooklyn: Verso, 2009), p. 7.

[42] Ibíd., p. 10.

que los padres primerizos experimentan un cambio cualitativo en su relación que es, para citar a una pareja, «abrupto, adverso por naturaleza, de magnitud relativamente grande».[43] Los estudios de seguimiento revelan que la satisfacción conyugal alcanza su punto álgido en torno al momento de la boda, y luego disminuye al doble de velocidad en el caso de los padres que en el de quienes no lo son.[44] Algunos estudios sugieren que la caída más pronunciada ocurre antes del primer aniversario del hijo, otros que sucede luego.[45] Una investigación del Instituto Gottman, que lleva más de veinte años estudiando a las familias, ha descubierto que dos tercios de las parejas experimentan un descenso significativo de la calidad de su relación y un aumento drástico de los conflictos y la hostilidad en los tres años siguientes al nacimiento de su primer hijo. A medida que aumenta el número de hijos, aumenta también el descontento.[46]

Hay varias razones por las que esto es así, incluida la presión asediante del tiempo, el dinero y la privación de sueño. Como han verificado los psicólogos de la salud en el laboratorio de la Universidad de California, en San Francisco, «las personas privadas de sueño tienden a experimentar emociones negativas, son más sensibles ante situaciones adversas y menos eficaces en la resolución de problemas».[47] Pero también está el hecho de que la transición a la paternidad es un «momento crítico en el desarrollo de la desigualdad del tiempo dedicado a la rutina de las tareas del hogar».[48]

Un estudio de 2008 de la Universidad de Queensland, en Australia, reveló que las mujeres aumentaban el tiempo dedicado a la rutina

---

[43] Erika Lawrence, Rebecca J. Cobb, Alexia D. Rothman, Michael T. Rothman y Thomas N. Bradbury, «Marital Satisfaction Across the Transition to Parenthood», en *Journal of Family Psychology* 22, n.º 1 (febrero de 2008), pp. 41-50.

[44] Ibíd.

[45] Ibíd.

[46] Jean M. Twenge, W. Keith Campbell y Craig A. Foster, «Parenthood and Marital Satisfaction: A Meta Analytic Review», en *Journal of Marriage and Family* 65, n.º 3 (agosto de 2003), pp. 574-83.

[47] Amie M. Gordon y Serena Chen, «The Role of Sleep in Interpersonal Conflict: Do Sleepless Nights Mean Worse Fights?», en *Social Psychological and Personality Science* 5, n.º 2 (2014), pp. 168-75.

[48] Janeen Baxter, Belinda, Hewitt y Michele Haynes, «Life Course Transitions and Housework: Marriage, Parenthood, and Time on Housework», en *Journal of Marriage and Family* 70 (mayo de 2008), pp. 259-72.

doméstica unas seis horas por semana tras el nacimiento del primer bebé, «comparado con el promedio plano y estático de trabajo doméstico de los hombres».[49] Y no mejora. Mientras que el primer hijo no tiene efecto alguno sobre el tiempo que los hombres dedican a los trabajos domésticos, el segundo conlleva su reducción. Los investigadores australianos «encuentran evidencias de que el tiempo dedicado a la rutina doméstica por parte de los hombres decae por cada hijo que nace, sugiriendo que la brecha se ensancha a medida que la demanda de tiempo necesario para las labores del hogar aumenta». Durante el ciclo de la vida, solo la transición de casado a viudo, divorciado o separado aumenta significativamente el tiempo dedicado por el hombre a las actividades domésticas no remuneradas.[50]

El cuidado de los niños está sesgado de forma similar. Los datos de otro estudio australiano en relación con el uso del tiempo, también de 2008, demuestran que las madres están más tiempo con sus hijos, hacen más tareas simultáneamente, funcionan con una agenda más rígida y pasan más tiempo a solas con los niños, además de tener generalmente más responsabilidad en la gestión de los cuidados infantiles. Esto es congruente con otros estudios del uso del tiempo en Estados Unidos y otros lugares.[51]

La continua disparidad entre la reluciente percepción del padre moderno e implicado y sus contribuciones reales han desconcertado a los investigadores durante años.[52] Si pasáis algún tiempo escarbando en las publicaciones sociológicas de las últimas décadas, desenterraréis frases como estas: «Estamos empezando a comprender por qué los hombres hacen tan poco»,[53] o «Todavía no tenemos una buena comprensión de qué hombres (o de las condiciones bajo las

---

49 Ibíd.

50 Ibíd.

51 Suzanne M. Bianchi y Melissa Milkie, «Work and Family Research in the First Decade of the 21st Century», en *Journal of Marriage and Family 72* (junio de 2010), pp. 705-25.

52 Anne-Rigt Poortman y Tanja Van Der Lippe, «Attitudes Toward Housework and Child Care and the Gendered Division of Labor», en *Journal of Marriage and Family 71* (agosto de 2009), pp. 526-41.

53 Scott Coltrane, «Research on Household Labor: Modeling and Measuring the Social Embeddedness of Routine Family Work», en *Journal of Marriage and Family* 62, n.º 4 (noviembre de 2000), pp. 1.208-33.

cuales algunos hombres) se implican más en el cuidado que otros»,[54] o «El aumento del trabajo asalariado de las madres [...] no ha resultado en una distribución más igualitaria desde una perspectiva de género de los trabajos domésticos ni del tiempo dedicado a los cuidados de los niños»,[55] o «La especialización por género es menos pronunciada cuando ambos cónyuges trabajan a jornada completa, pero incluso en estos hogares son las mujeres las que, generalmente, aportan más trabajo doméstico y un mayor cuidado de los niños», o «Los padres están cambiando [...], pero en el mejor de los casos es un cambio gradual».[56] Un equipo de investigadores de la Universidad de California, en Los Ángeles, analizó mil quinientas horas de grabación de hogares de clase media con doble sueldo y con hijos. Revelaron que *padre-en-una-habitación-solo* era la «configuración persona-espacio más frecuentemente observada», un dato que ahora aparece en mi cabeza cada vez que salgo de una habitación con mis hijas mientras mi marido se instala en nuestro dormitorio para jugar a *Game of War* en su teléfono.[57]

Las libertades que se toman los padres con su tiempo están meticulosamente relatadas por los científicos sociales. Desvelan, por ejemplo, que los padres que trabajan muchas horas tienen esposas que se ocupan más del cuidado de los niños, mientras que las madres que trabajan muchas horas tienen maridos que duermen más y que ven mucha televisión;[58] que las madres trabajadoras con niños en edad preescolar tienen dos veces y media más de probabilidades

---

[54] Suzanne M. Bianchi, Liana C. Sayer, Melissa A. Milkie y John P. Robinson, «Housework: Who Did, Does or Will Do It, and How Much Does It Matter?», en *Social Forces* 91, n.º 1 (septiembre de 2012), pp. 55-63.

[55] Liana Sayer, «Gender, Time and Inequality: Trends in Women's and Men's Paid Work, Unpaid Work, and Free Time», en *Social Forces* 84, n.º 1 (septiembre de 2005), pp. 285-303.

[56] Sara Raley, Suzanne M. Bianchi y Wendy Wang, «When Do Fathers Care? Mothers' Economic Contribution and Fathers' Involvement in Childcare», en *American Journal of Sociology* 117, n.º 5 (mayo de 2005), pp. 1.422-59.

[57] Belinda Campos, Anthony P. Graesch, Rena Repetti, Thomas Bradbury y Elinor Ochs, «Opportunity for Interaction? A Naturalistic Observation Study of Dual-Earner Families After Work and School», en *Journal of Family Psychology* 23, n.º 6 (2009), pp. 798-807.

[58] Suzanne M. Bianchi, John P. Robinson y Melissa A. Milkie, *Changing Rhythms of American Life* (Nueva York: Russell Sage Foundation, 2006), pp. 121-22.

de levantarse por la noche para atender a la criatura;[59] que los padres con bebés dedican el doble de tiempo a actividades de ocio durante el fin de semana que las madres.[60] Sin embargo, los padres aún no sienten su privilegio.[61] Datos de 335 empleados, casados y con hijos, sugieren que las mujeres perciben la distribución de las actividades de trabajo doméstico y de cuidados significativamente menos paritaria que los hombres.

La cruda realidad es que solo cuando los maridos están desempleados y sus esposas generan todos los ingresos, las proporciones de tiempo que dedican las madres y los padres al cuidado de los hijos casi convergen. El acuerdo más igualitario con respecto a los cuidados es el que se da entre esposas que son el único sostén de la familia y maridos desempleados, aunque incluso este arreglo de sustento fracasa en lograr la paridad.[62] En los hogares con padres amos de casa, las madres siguen asumiendo más responsabilidades en la gestión del cuidado de sus hijos, las típicas tareas de planificación y supervisión de las cosas.[63]

A diferencia de las tareas domésticas, que disminuyen para las mujeres a medida que aumentan sus horas de trabajo remunerado, las madres mantienen el tiempo dedicado a los cuidados de sus hijos independientemente de las obligaciones laborales. Esto es posible mediante la reducción de sus horas de ocio, cuidado personal y sueño.[64] Esto apenas varía en función del origen cultural o el lugar de procedencia. Estudios de familias afroamericanas o

---

[59] Sarah A. Burgard, «The Needs of Others: Gender and Sleep Interruptions for Caregivers», en *Social Forces* 89, n.º 4 (junio de 2011), pp. 1.189-1.218.

[60] Claire M. Kamp Dush, Jill E. Yavorsky y Sarah J. Schoppe-Sullivan, «What Are Men Doing While Women Perform Extra Unpaid Labor? Leisure and Specialization at the Transitions to Parenthood», en *Sex Roles* 78, n.º 11-12 (junio de 2018), pp. 715-30.

[61] Rebecca Erickson, «Why Emotion Work Matters: Sex, Gender, and the Division of Household Labor», en *Journal of Marriage and Family* 67 (mayo de 2005), pp. 337-51.

[62] Sara Raley, Suzanne M. Bianchi y Wendy Wang, «When Do Fathers Care? Mothers' Economic Contribution and Fathers' Involvement in Childcare», en *American Journal of Sociology* 117, n.º 5 (mayo de 2005), pp. 1.422-59.

[63] «Deben usarlo o perderlo»: Andrea Doucet, «Can Parenting Be Equal? Rethinking Equality and Gender Differences in Parenting», en *What Is Parenthood?*, ed. por Linda C. McClain y Daniel Cere (Nueva York: NYU Press, 2013), pp. 251-75.

[64] Suzanne Bianchi, John Robinson y Melissa Milkie, *Changing Rhythms of American Family Life* (Nueva York: Russell Sage Foundation, 2007).

hispanoamericanas reproducen el patrón hallado entre los estadounidenses blancos. Algunas comparaciones entre grupos étnicos revelan pocas diferencias en los niveles de cuidado paterno[65] cuando cohabitan, aunque los hombres y las mujeres afroamericanos tienden a ser más críticos ante la desigualdad de género que los blancos, que tienden a serlo más que las comunidades latinas.[66]

Ya en 1992, los psicólogos familiares Carolyn y Philip Cowan escribieron que, durante los quince años que duró su investigación, les quedó claro que detrás de la ideología de cada pareja igualitaria se encuentra una realidad más tradicional.[67] Todo ese discurso de hombres y mujeres que comparten la responsabilidad «¡es mentira!, destacó una madre de su estudio».[68] Pasadas dos décadas, las investigaciones de diversos lugares siguen apoyando esta observación. Son más bien las vidas de las mujeres y no las de los hombres las que difieren más según estén o no criando hijos.[69] Estudios más recientes del uso del tiempo, realizados por el centro Pew Research y la Oficina de Estadísticas Laborales de los Estados Unidos, estiman constantemente que las mujeres empleadas fuera de casa cargan con un 65 por ciento de las responsabilidades del cuidado infantil, y los hombres, con un 35 por ciento. Recapitulando, estos porcentajes se han mantenido estables desde el año 2000. En los últimos veinte años, esa cifra no se ha movido.[70]

A pesar de las cambiantes realidades económicas, tenemos un pie anclado en el pasado. La familia nuclear con un padre que provee

---

[65] Ross D. Parke, «Gender Differences and Similarities in Parental Behavior», en in Gender and Parenthood: Biological and Social Scientific Perspectives, ed. por W. Bradford Wilcox y Kathleen Kovner Kline (Nueva York: Columbia University Press, 2013), p. 125.

[66] Emily W. Kane, «Racial and Ethnic Variations in Gender-Related Attitudes», en *Annual Review of Sociology* 26 (2000), pp. 419-39.

[67] Carolyn Cowan y Philip Cowan, *When Partners Become Parents* (Nueva York: Routledge, 1999), p. 93.

[68] Ibíd.

[69] Lyn Craig y Killian Mullan, «Parenthood, Gender and Work-Family Time in the United States, Australia, Italy, France and Denmark, en *Journal of Marriage and Family* 72, n.º 5 (octubre de 2010), pp. 1.344-61.

[70] «Time spent in primary activities by married mothers and fathers by employment status of self and spouse, 2011-15», *Bureau of Labor Statistics.* <https://www.bls.gov/tus/tables/a7_1115.pdf>.

y una madre ama de casa es una anomalía histórica apoyada en el privilegio racial y de clase. Este ideal cultural lleva tiempo reñido con la realidad. Durante la posguerra, cuando las mujeres volvieron a sus hogares —a menudo tras verse obligadas a abandonar sus trabajos en favor de los soldados que regresaban—, su tasa de participación en la fuerza laboral rondaba el 30 por ciento. Entre el año 1970 y el 2000, esa cifra aumentó paulatinamente. En 1975, el 39 por ciento de las mujeres con hijos en edad preescolar trabajaba; desde 1994, ese porcentaje se ha mantenido por encima del 60 por ciento. En 1975, el 54,9 por ciento de las mujeres con hijos en edad escolar formaba parte de la fuerza de trabajo; desde los años noventa, esa cifra se ha mantenido en torno al 75 por ciento.

Actualmente, la Oficina de Estadísticas Laborales informa que el 70 por ciento de las mujeres casadas con hijos entre 6 y 17 años trabaja fuera del hogar (y lo hacen también el 60,8 por ciento de las mujeres con hijos menores de 6 años). Según las instituciones que monitorizan década tras década estas cuestiones, ningún grupo ha visto jamás aumentar la población activa en tan poco tiempo y en tan gran magnitud.[71] Cuando eso tuvo lugar, se sintió el cataclismo de esos cambios.

Las vidas domésticas de hombres y mujeres empezaron a parecerse en dos aspectos: en primer lugar, durante los últimos cincuenta años, ha habido un modesto aumento de los trabajos en el hogar por parte de los hombres y un marcado descenso en el de las mujeres. En segundo lugar, tanto hombres como mujeres han aumentado el tiempo que dedican a los cuidados de los niños.[72] Sin embargo, el género sigue siendo el factor predictivo más destacado del rendimiento del trabajo familiar.[73]

---

71 Mitra Toossi, «A Century of Change: the U.S. Labor Force, 1950–2050», *Bureau of Labor Statistics*. [Consultado el 27 de octubre de 2018]. <https://www.bls.gov/opub/mlr/2002/05/art2full.pdf>.

72 Suzanne M. Bianchi, Liana C. Sayer, Melissa A. Milkie y John P. Robinson, «Housework: Who Did, Does or Will Do It, and How Much Does It Matter?», en *Social Forces 91*, n.º 1 (septiembre de 2012), pp. 55-63.

73 Rebecca Erickson, «Why Emotion Work Matters: Sex, Gender, and the Division of Household Labor», en *Journal of Marriage and Family* 67 (mayo de 2005), pp. 337-51.

Cómo empezó todo

Podríamos atribuirlo a la biología, la gestación y la lactancia, en la que los hombres no pueden participar. Una vez que se determina que es tu trabajo alimentar a la bebé en medio de la noche, sigues siendo tú la que se despierta con ella en la oscuridad pasada la hora de amamantar. Un cuerpo en movimiento se mantiene en movimiento. Un objeto en reposo permanece en reposo. Los datos de países con políticas generosas de baja por maternidad apoyan esta idea: al reforzar inadvertidamente el papel de la mujer como dadora de cuidados durante el primer año de vida de la criatura, han observado reducciones en los recientes logros conseguidos en el tiempo de trabajo no remunerado paterno.[74] Las mujeres realizan menos trabajo doméstico que los hombres en los países con bajas por maternidad más cortas.[75] Si fue más difícil para George y para mí al inicio, bueno, desde luego, no podría recordarlo.

Para comprender la perspectiva de algunas mujeres que recientemente habían sido mamás, asistí a una reunión de un grupo de madres primerizas en mi barrio. Las cinco mujeres reunidas ese día se habían juntado durante un par de meses, guiadas por una doula local que impulsaba discusiones sobre diferentes temas, desde la imagen del cuerpo de posparto a la vuelta al trabajo. Sus bebés oscilaban entre las doce semanas y los diez meses. Les conté acerca de mi proyecto y les pedí que contaran sus experiencias.

Anne, de 42 años, vicepresidenta de operaciones de una pequeña empresa, cuyo primogénito acababa de cumplir siete meses, dijo: «A veces miro a mi marido después de que se haya despertado de una siesta de cuatro horas un sábado, mientras que yo he estado con el bebé u ocupándome de todo, y necesito también una siesta, pero ya es demasiado tarde para hacerla, y entonces pienso: "¿Qué pasa conmigo y con nosotros, que vivimos así?"». Y continuó: «En nuestra casa, mi marido ayuda económicamente y yo hago todo lo

---

[74] Jennifer L. Hook, «Care in Context: Men's Unpaid Work in 20 Countries, 1965–2003», en *American Sociological Review* 71 (agosto de 2006), pp. 639-60.

[75] Suzanne M. Bianchi, Liana C. Sayer, Melissa A. Milkie y John P. Robinson, «Housework: Who Did, Does or Will Do It, and How Much Does It Matter?», en *Social Forces* 91, n.º 1 (septiembre de 2012), pp. 55-63.

demás. Llevamos once años viviendo juntos, y durante la mayor parte de ellos él viajaba mucho por trabajo, así que todas las tareas domésticas recaían en mí por proximidad. Nunca me enfadé por ello (esa es una palabra demasiado fuerte). Pero cuando me frustraba, se lo hacía saber y él me ayudaba».

Las demás también describieron haber estado a cargo de más tareas domésticas antes de tener hijos. «Antes de quedarme embarazada, lo hacía todo», dijo Amber, de 30 años, que había trabajado de asistente administrativa antes de la llegada de su hijo. «Era un ama de casa feliz con un trabajo». Desde que había dado a luz estaba menos contenta con este acuerdo. En ese momento ella estaba en casa, ya que volver al trabajo no tenía sentido a nivel económico. Su marido fue muy crítico cuando «todo» aquello de lo que ella se había ocupado dejó de hacerse. «Si no pongo lavadoras, él está en plan: "A ver, ¿qué has estado haciendo durante todo el día?"». Las demás rieron al reconocerse, pero Amber, que dijo que recién estaba saliendo de un periodo de depresión posparto, se unió a ellas solo a medias.

«Mi marido odia limpiar», dijo Kimberly, de 31 años, que había vuelto recientemente a su trabajo como editora de material didáctico. «No es que me despierte por la mañana diciendo: "¡Qué ganas que tengo de quitar el polvo!", pero me doy cuenta de esas cosas y quiero que la casa esté en condiciones. Así fuimos criadas. Una se enorgullece de tener una casa presentable».

Tasha, de 32 años, librera, dijo que eso le sonaba. «La manera en la que crecimos influyó en nuestra forma de reaccionar a la hora de hacer las cosas. Soy la primera de cuatro chicas, mis dos padres trabajaban y, en mi familia, mis hermanas y yo éramos las amas de casa. La madre de mi marido se quedó en casa, y tenía ayuda. Se tenían diferentes expectativas de nosotros. Así que ahora él hace cosas si se las pido, pero nunca toma la iniciativa. Habíamos discutido acerca de esto antes de la llegada del bebé. Y digo "habíamos discutido" por ser educada». Las mujeres volvieron a reírse.

La falta de iniciativa de sus maridos parecía haberse trasladado al cuidado de los niños ahora que los bebés habían llegado. Estas nuevas madres se encargaron de hablar de ello cautelosamente, quiero decir sin rabia. Meredith, psicóloga de 36 años, comunicó «sorpresa» en relación con las diferencias de percepción existentes entre ella y su marido en cuanto a los cuidados de su hija. «Él es una persona de tomar las riendas, pero yo paso más tiempo en casa con ella y algunas cosas me salen más naturalmente a mí. Es una nueva dinámica en nuestra relación». Meredith había vuelto al trabajo, pero no hubo cambios con respecto a quién respondía a los llantos de su hija en medio de la noche. «Cuando yo no trabajaba, sentía la responsabilidad de dejarlo dormir. Sigo sintiéndolo así porque él trabaja más, pero estoy un poco más resentida ahora que también he vuelto a la oficina. Estoy segura de que, si le dijera algo, él se levantaría».

Tasha también era la persona de su familia que tenía más probabilidades de renunciar al sueño. «Mi marido es una persona nocturna. Él se queda despierto hasta las tantas, así que por las mañanas yo me ocupo del bebé. Él dice: "A ti no te importa levantarte temprano". Y yo le digo: "Es verdad, pero tampoco me molestaría dormir un rato más de vez en cuando". Si le dijera: "Oye, mañana, cuando se despierte, ¿podrás llevártela?", él lo haría cien por cien, pero no sé si sería algo que se le ocurriría por iniciativa propia». En el momento de ese encuentro, su hija tenía diez meses, lo que significaba que durante esos diez meses su marido había delegado la tarea siempre en ella mientras él dormía.

Le pregunté: «¿Te puedes imaginar un mundo en donde tu marido se levantara temprano con la bebé cada mañana durante diez meses y tú no le ofrecieras ayuda ni una vez?». Ella reconoció que no podía imaginarlo. Yo tampoco podría. Ninguna de nosotras podríamos.

Era algo que se repetía en todas las casas. «Lo haría encantado si me lo pidieras», protestaba el padre moderno e implicado. Su actitud generalmente positiva desde su rol de segundo al mando ha hecho que a su mujer le resulte difícil sentirse frustrada sin una generosa cantidad de culpa. «La culpa es mía por no hablar alto y claro», oí concluir a estas mujeres. Pero seguían sin cuestionarse que tuvieran que alzar la voz para ser escuchadas. «No forma parte de su modo de pensar», dijo Anne a modo de explicación. «Seré yo quien haga que suceda lo que tiene que suceder».

El marido de Amber le pasa automáticamente la bebé cada vez que hay que cambiarle el pañal. Si Amber se resiste, «él está muy contento de ocuparse y lo hace con una sonrisa».

El marido de Meredith se reúne después del trabajo con amigos para cenar, pero ella no puede criticarle por ello: «Si le dijera que quiero salir con una amiga, él estaría encantado de venir y cuidar a Eliza durante varias horas».

Desde el nacimiento de su hija, el marido de Kimberly se ha implicado de manera más enérgica en su promoción profesional y en tareas de voluntariado. «Lo discutimos antes de tener hijos —dijo ella—. Él quería estar seguro de que podía seguir desarrollándose de alguna forma, sin perderse a sí mismo. Supongo que yo pensé que, cuando ella llegara, él daría unos pasos atrás. A veces pienso: "¿Realmente necesitas ir al *happy hour* de esta organización sin ánimo de lucro en la que eres voluntario?". Pero no le pido que no vaya. Supongo que de momento es lo que hay».

Ya había oído estas historias otras veces. Todas ellas. Lo que me impactó en la sala ese día no fue la novedad de los relatos de las mujeres, sino, más bien, que a ninguna de ellas parecía importarle mucho. Me di cuenta de que eso era lo que no recordaba del todo: que no importaba. En algún momento a mí tampoco me había importado. Con sus risas, las mujeres reconocieron que los hombres se comportan como tales, según la gran tradición. Aquella mañana, en aquella habitación, me sentí disgustada por lo que aquellas madres, por lo general sin pelos en la lengua, estaban permitiendo; un sentimiento que ellas, al menos hasta ese momento, habían conseguido esquivar.

Este es el precio que hay que pagar

Cada vez son más numerosas las investigaciones en estudios familiares y clínicos que demuestran que la igualdad conyugal favorece el éxito matrimonial y que la desigualdad lo perjudica.[76] Las mujeres que aseguran que se encargan del cuidado de los hijos en mayor medida que sus maridos tienen un 45 por ciento menos de probabilidades

[76] Anne Rankin Mahoney y Carmen Knudson-Martin, «Gender Equality in Intimate Relationships», en *Couples, Gender, and Power*, ed. por Carmen Knudson-Martin y Anne Rankin Mahoney (Nueva York: Springer Publishing Company, 2009), p. 6.

de describir su matrimonio como «pleno» que las mujeres que afirman que las responsabilidades son compartidas.[77] Datos recientes publicados en el *Journal of Marriage and Family* sugieren que las parejas en las que más de un tercio de las tareas domésticas son llevadas a cabo por hombres tienen más relaciones sexuales que en las que hacen menos, y que estas parejas relativamente igualitarias son las únicas que han experimentado un aumento de la frecuencia sexual durante las tres décadas en las que las relaciones sexuales dentro del matrimonio han disminuido en todo el mundo.[78]

La división del trabajo familiar es la fuente primaria de conflicto después de que las parejas hayan tenido hijos. Las madres con hijos menores de 4 años denuncian esta sensación de injusticia.[79] La infidelidad femenina ha aumentado un 40 por ciento en las últimas tres décadas. La psicoterapeuta y autora belga Esther Perel afirma que, en su extenso trabajo tratando con parejas tras una aventura, encontró que la razón más común que aducen las mujeres para engañar a sus maridos es el deseo de liberarse de su papel de cuidadoras. Perel dice: «En realidad, no buscamos a otra persona. Buscamos otro yo».[80]

La contribución masculina al cuidado de los niños es el factor más importante a la hora de predecir los conflictos de pareja y la satisfacción de las madres.[81] No es sorprendente que estudios de las últimas décadas del Reino Unido, Suecia y los Estados Unidos hayan concluido que las parejas con bajo nivel participativo masculino en las tareas domésticas tienen más probabilidades de separarse

---

77 W. Bradford Wilcox y Jeffrey Dew, «No One Best Way», en *Gender and Parenthood: Biological and Social Scientific Perspectives*, ed. por W. Bradford Wilcox y Kathleen Kovner Kline (Nueva York: Columbia University Press, 2013), p. 287.

78 Daniel L. Carlson, Amanda J. Miller, Sharon Sassler y Sarah Hanson, «The Gendered Division of Housework and Couples' Sexual Relationships: A Reexamination», en *Journal of Marriage and Family 78*, n.º 4 (agosto de 2016), pp. 975-95.

79 Paul R. Amato, Alan Booth, David R. Johnson y Stacy J. Rogers, *Alone Together: How Marriage in America Is Changing* (Cambridge: Harvard University Press edición de bolsillo, 2009), p. 156.

80 Maria Ray, «This Is the Number One Reason Why Women Cheat», en *Marie Claire UK* (1 de diciembre de 2017). <https://www.marieclaire.co.uk/life/sex-and-relationships/infidelity-why-women-cheat-552935>.

81 Dana Shawn Matta, «Fathering: Disengaged or Responsive?», en *Couples, Gender, and Power*, ed. por Carmen Knudson-Martin y Anne Rankin Mahoney (Nueva York: Springer Publishing Company, 2009), p. 151.

que aquellas en las que los hombres participan más. A medida que la satisfacción con la ayuda masculina aumenta, aumentan a su vez las interacciones maritales positivas, la cercanía, la afirmación y el afecto positivo. A medida que disminuye, los pensamientos que rondan el divorcio, el afecto negativo y la depresión aumentan (para las madres). Aunque la injusticia percibida predice la infelicidad y la angustia de las mujeres, no predice nada con relación a los hombres, quienes por lo general no parecen siquiera percatarse del problema.[82] Cabe señalar que el 70 por ciento de los divorcios los inician las mujeres. Si bien la igualdad doméstica no ofrece garantía alguna de dicha marital, la psicóloga Francine Deutsch concluyó en su estudio de familia: «En los hogares donde ambos padres trabajaban a tiempo completo y las mujeres hacían la mayor parte de los trabajos domésticos, nunca surgió la felicidad fácil y sin obstáculos».[83]

Si una madre cree que el cuidado de los hijos está injustamente repartido, es probable que esto afecte a su felicidad en la relación más que un desequilibrio percibido en las tareas domésticas de una manera general.[84] El cuento optimista del padre moderno e implicado hace que hoy en día las mujeres crean que están firmando algo parecido al 50/50. Cuando esto no se manifiesta, hay problemas.

Finalmente, si las parejas han analizado quién hará qué de antemano, no importa si la tarea se realiza de manera paritaria o no. Esto se vuelve evidente en las parejas del mismo género. Las parejas homosexuales también denuncian desequilibrio en las tareas, pero son menos propensas a enfadarse por ello que sus contrapartes heterosexuales, no porque sean más ecuánimes, sino porque han llegado explícitamente a acuerdos sobre sus respectivos roles.[85] Sin

---

[82] Scott Coltrane, «Research on Household Labor: Modeling and Measuring the Social Embeddedness of Routine Family Work», en *Journal of Marriage and Family* (noviembre de 2000), pp. 1.208-33.

[83] Francine M. Deutsch, *Halving It All* (Cambridge: Harvard University Press, 1999), p. 8.

[84] Paul R. Amato, Alan Booth, David R. Johnson y Stacy J. Rogers, *Alone Together: How Marriage in America Is Changing* (Cambridge: Harvard University Press. Edición de bolsillo, 2009), p. 156.

[85] Claire Cain Miller, «How SameSex Couples Divide Chores, and What It Reveals About Modern Parenting», en *The New York Times* (16 de mayo de 2018).

la espada de doble filo de las asunciones de género, son más proclives a trabajar para comunicar sus necesidades y preferencias en relación con la crianza. Por muy obvio que parezca, las parejas heterosexuales suelen fracasar en esto.

En nuestra vida matrimonial, nunca se nos ocurrió. En su libro *When Partners Become Parents,* los Cowan expresaron su consternación ante el hecho de que las parejas que entrevistaron sintieran que la desigualdad les había llegado de pronto. Escriben: «No es solo que *las parejas* se sorprenden por la división del trabajo en función del género, sino que describen el cambio como si fuera un virus misterioso que contrajeron cuando estaban en el hospital dando a luz. No parece que consideren sus acuerdos como decisiones que han tomado ellas mismas».[86]

Además, hay otro resultado consistente: una mayor implicación del padre predice un menor descenso de la satisfacción marital de ambos miembros de la pareja. Investigaciones recientes demuestran que una renovada participación paterna minimiza la insatisfacción general de la relación en la transición hacia la paternidad. Cuando los padres se comportan como compañeros en igualdad de condiciones, cada miembro de la pareja dice estar más satisfecho con su relación. Un estudio prolongado constató que los papás que más contribuyen al cuidado de los hijos seis meses después del parto manifiestan el mismo efecto que un unicornio, es decir, un aumento de la satisfacción conyugal a los dieciocho meses del nacimiento de su hijo.[87] Sus esposas declararon un aumento de la satisfacción durante el mismo periodo. Por otra parte, cuanto menos se implicaba el padre en el cuidado del bebé durante los primeros dieciocho meses, más probable era que ambos miembros de la pareja experimentaran un creciente desencanto con la relación. Un marido con más tiempo libre que su mujer no hace un matrimonio feliz.

<https://www.nytimes.com/2018/05/16/upshot/same-sex-couples-divide-chores-much-more-evenly-until-they-become-parents.html>.

[86] Carolyn Cowan y Philip Cowan, *When Partners Become Parents* (Nueva York: Routledge, 1999), p. 97.

[87] Carolyn Cowan y Philip Cowan, *When Partners Become Parents* (Nueva York: Routledge, 1999), p. 102.

Puede significar incluso el fin de la relación. Tras escribir un artículo de opinión sobre parejas y cuidado de los niños para *The Washington Post* en 2017, recibí correos electrónicos de mujeres que se habían marchado cuando sus maridos se negaron a mejorar su actitud. «La falta de compañerismo de mi marido en el cuidado de los niños acabó con el matrimonio. No los cuidaba ni para que pudiera ducharme. No era capaz de levantarse para que yo pudiera disfrutar de algunas horas de sueño ininterrumpidas por las noches. Descargó en mí toda la responsabilidad de gestionar la casa y los niños. Estaba muy resentida con él, mucho», escribió una mujer de Nueva York.

«Soy una profesional a tiempo completo, ahora soltera, con dos hijos en la escuela primaria», escribió una norteamericana que vivía en el extranjero y que trabajaba en el sector de la diplomacia internacional. «Hubo varios factores que provocaron el final de nuestro matrimonio hace dos años: la agobiante responsabilidad de cada pequeño detalle, y el hecho de saber que mis hijos estaban siendo formados viéndome soportarlo, fue lo que finalmente me llevó al límite y acabó con mi matrimonio. La vida es dura ahora. Ciertamente. Pero es mucho más clara y tranquila sin el enconado resentimiento que se sumaba a mi agotamiento en el trabajo, la crianza y todo lo demás».

Pero incluso cuando el resultado final no es la disolución de la relación, el coste del compañerismo desigual es alto para el bienestar de las mujeres. En la actualidad, la mayoría de padres y madres trabajadores tienen poco tiempo para la vida familiar. Sin embargo, las madres viven este déficit de tiempo de forma diferente a los padres. Para una mujer, no tener el tiempo suficiente para ocuparse de su familia se asocia con una probabilidad más alta de depresión. Los epidemiólogos sostienen que esto quizá explique por qué las mujeres trabajadoras son más propensas que los hombres a deprimirse. En cambio, la sensación de bienestar de un padre se ve más afectada por la falta de tiempo para sí mismo.[88]

---

[88] Suzanne M. Bianchi y Melissa Milkie, «Work and Family Research in the First Decade of the 21st Century», en *Journal of Marriage and Family* 72 (junio de 2010), pp. 705-25.

Un estudio de 2017 publicado en el *Journal of the American Medical Association* descubrió que las mujeres médicas eran significativamente más proclives que sus colegas masculinos a experimentar un aumento de los síntomas depresivos durante el exigente año de prácticas, y que el conflicto trabajo-familia representaba el 36 por ciento de esta disparidad entre sexos. *The New York Times* señalaba: «A pesar del gran aumento del número de mujeres en medicina, las mujeres médicas siguen cargando con la mayor parte de las obligaciones del hogar y el cuidado de los hijos».[89] Esta muestra de un grupo concreto de mujeres trabajadoras parece reflejar la situación de muchas de ellas.

Los teóricos proponen que el especial énfasis de nuestra cultura en la devoción familiar femenina deja a las mujeres más vulnerables ante la culpa y la desesperación cuando se encuentran con excesivas obligaciones no familiares. Las mujeres empleadas con hijos pequeños también se ven afectadas en su salud. Si bien los avances en el acceso de las mujeres a la educación y al empleo han traído consigo grandes mejoras para su salud —que antes, erróneamente, se suponía más frágil que la de los hombres–, estas mejoras no se confirman durante los años en que crían a sus hijos.[90]

La educación y el empleo se encuentran entre los factores preventivos más importantes en epidemiología social, tanto para los hombres de cualquier condición familiar como para las mujeres sin hijos o con hijos mayores. Ser la principal cuidadora de la familia durante los primeros años de vida deja a la mujer más vulnerable ante problemas de salud, aunque sea por un tiempo limitado.[91] Carissa, una abogada de Seattle de 35 años, madre de un hijo de siete y otro de tres, habló conmigo recostada en la cama tras una

---

[89] Dhruv Khullar, «Being A Doctor Is Hard. It's Harder For Women», en *The New York Times* (7 de diciembre de 2017). <https://www.nytimes.com/2017/12/07/upshot/being-a-doctor-is-hard-its-harder-for-women.html>.

[90] Jason Schnittker, «Working More and Feeling Better: Women's Health, Employment, and Family Life, 1974-2004», en *American Sociological Review* 72 (abril de 2007), pp. 221-38.

[91] Jason Schnittker, «Working More and Feeling Better: Women's Health, Employment, and Family Life, 1974-2004», en *American Sociological Review* 72 (abril de 2007), pp. 221-38.

operación en el pie. «He desarrollado un espolón óseo encima del pie. Durante meses llevé zapatos que me hacían daño, pero no me detuve a conseguir otros porque no tenía tiempo de ir de compras. Continué llevándolos e ignorando el problema. Finalmente, una de mis amigas me dijo: "¿Qué le pasa a tu pie?". Así que, aquí estoy, he pasado por una cirugía y es terrible, la recuperación es dolorosa, y en gran parte ha sido porque el otoño pasado no me detuve a hacer lo que debía hacer. Mi pie es una víctima de esta vida en la que sigo y sigo y sigo y sigo y sigo».

También hay un coste económico. La falta de paridad en los hogares frena el avance hacia una igualdad de género en el mercado laboral. El nivel salarial de las madres disminuye cuando entran y salen del mercado laboral, reducen su jornada laboral, aceptan trabajos menos exigentes y rechazan o no consiguen ascensos como consecuencia de los prejuicios hacia ellas. En 2016, los economistas del Centro para el Progreso Estadounidense calcularon que una mujer de 26 años que ganara el sueldo medio de 44.148 dólares perdería no solo su salario por tomarse un año libre para estar con su bebé, sino también, y a lo largo del tiempo, 64.393 dólares en crecimiento salarial y 52.945 dólares en jubilación y prestaciones.[92] La economía en general también pierde: un informe de 2015 del grupo de expertos McKinsey Global Institute estimó que la economía mundial sería 28,4 billones de dólares (o un 26 por ciento) más rica en 2025 si se redujesen las diferencias de género en la participación en la fuerza de trabajo y en la productividad.[93]

Estudios recientes indican que la brecha salarial de género es, en realidad, una brecha de la maternidad.[94] Las mujeres sin hijos

---

[92] Michael Madowitz, Alex Rowell y Katie Hamm, «Calculating the Hidden Cost of Interrupting a Career for Childcare», Center for American Progress (21 de junio de 2016). <https://www.americanprogress.org/issues/early-childhood/reports/2016/06/21/139731/calculating-the-hidden-cost-of-interrupting-a-career-for-child-care/>.

[93] McKinsey Global Institute, «How Advancing Women's Equality Can Add $12 Trillion to Global Growth», mckinsey.com (septiembre de 2015). <https://www.mckinsey.com/featured-insights/employment-and-growth/how-advancing-womens-equality-can-add-12-trillion-to-global-growth>.

[94] Sarah Kliff, «A Stunning Chart Shows the True Cause of the Gender Wage Gap», en *Vox* (19 de febrero de 2018). <https://www.vox.com/2018/2/19/17018380/gender-wage-gap-child care-penalty>.

ganan solo un poco menos que los hombres. Por algo se habla de «penalización salarial de la maternidad».[95] Una de las razones es que, en las últimas décadas, el compromiso con el trabajo se ha asociado con la voluntad o capacidad de trabajar más allá de la jornada completa. Desde los años setenta, el «exceso de trabajo» —que hace referencia al trabajo de cincuenta horas o más a la semana— es una expectativa cada vez más habitual, especialmente en los puestos directivos. A mediados de los años noventa, los años que marcaron el auge de las madres trabajadoras, los asalariados que antes se enfrentaban a una *penalización* salarial por exceso de trabajo empezaron a ver una *subida* del sueldo por las mismas razones. La proporción de personas que trabajaban en exceso aumentó, y también ascendieron los beneficios económicos por trabajar muchas horas. La hostilidad hacia los empleados incapaces de estar siempre disponibles se disparó.[96]

La abogada Joan Williams, directora y fundadora del Center for WorkLife Law, además de autora del libro de 2014 *What Works for Women at Work*, me dijo: «No es por ser una teórica de la conspiración, pero la penalización salarial por exceso de trabajo se convirtió en una prima salarial exactamente en el mismo periodo en que las mujeres empezaron a incorporarse a la vida profesional. Es sorprendente que, cuando ocurrió, el trabajador ideal se redefinió en el único vector en el que las mujeres no podían competir eficazmente, que era el tiempo».

La socióloga Youngjoo Cha, de la Universidad de Indiana, estudia el impacto de la sobrecarga de trabajo en los resultados laborales. Sostiene que el incremento de la compensación económica por trabajar más horas desempeña un papel muy importante a la hora de mantener la brecha salarial de género. Explica que si los sueldos por hora en función del exceso de trabajo se hubieran

---

[95] Sara Raley, Suzanne M. Bianchi y Wendy Wang, «When Do Fathers Care? Mothers' Economic Contribution and Fathers' Involvement in Childcare», en *American Journal of Sociology* 117, n.º 5 (mayo de 2005), pp. 1.422-59.

[96] Sarah Green Carmichael, «Defend Your Research: Working Long Hours Used to Hurt Your Wages—Now It Helps Them», en *Harvard Business Review* (19 de noviembre de 2013). <https://hbr.org/2013/11/defend-your-research-working-long-hours-used-to-hurt-your-wages-now-it-helps-them>.

mantenido constantes entre 1979 y 2007, la diferencia salarial entre hombres y mujeres sería un 10 por ciento menor que la actual.[97]

Expertos legales sostienen que el sesgo hacia las mujeres como cuidadoras y hacia los hombres como sostén de la familia también se manifiesta en el lugar de trabajo, perjudicando aún más la promoción y los salarios de las mujeres. Además, la llamada lógica de las opciones de género casi siempre triunfa sobre el dinero cuando se trata de decidir quién de la familia se tomará la baja o reducirá gastos. Incluso cuando las madres ganan más —un fenómeno que es cada vez más común—, las parejas tienden a decidir que debe ser ella, y no él, quien se convierta en el segundo sostén de la familia. Son las mujeres quienes, de forma desproporcionada, renuncian a la seguridad económica y al bienestar cuando se convierten en progenitoras, costes que serían mejor asumidos si estuvieran distribuidos equitativamente.

Aunque desde 1978 es ilegal en EE. UU. despedir a una mujer por estar embarazada, *The New York Times* indicaba en 2018: «La discriminación por embarazo es rampante dentro de las empresas más grandes de Estados Unidos».[98] El reportaje detalla las experiencias de mujeres embarazadas a quienes se las apartaba del trabajo, se les negaban beneficios, no se las promocionaba o se las despedía por cuestionar todo lo anterior. La discriminación de las madres en la contratación también es omnipresente. «El trayecto al trabajo es demasiado largo para una mujer con un hijo pequeño», me dijo un hombre mayor, psicólogo de un hospital del Bronx, al final de una entrevista de trabajo en 2010, mientras yo maldecía mi decisión de mencionar que tenía un hijo.

En 2007, algunos sociólogos dedicaron dieciocho meses a enviar currículums destinados a puestos empresariales de nivel inicial y medio, disponibles en una gran ciudad del noreste del país. El género y la situación parental de los candidatos ficticios variaba,

---

[97] Youngjoo Cha y Kim A. Weeden, «Overwork and the Slow Convergence in the Gender Gap in Wages», en *American Sociological Review* 79, n.º 3 (2014), pp. 457-84.

[98] Natalie Kitroeff y Jessica Silver-Greenberg, «Pregnancy Discrimination Is Rampant Inside America's Biggest Companies», en *The New York Times* (15 de junio de 2018). <https://www.nytimes.com/interactive/2018/06/1/business/pregnancy-discrimination.html>.

pero no su historial laboral ni su formación. Las mujeres sin hijos tenían 2,1 veces más probabilidades de ser entrevistadas que las madres.[99] En cambio, los padres tenían más probabilidad de ser llamados que los hombres sin hijos.

Un mundo que presume de que tanto hombres como mujeres cargan con obligaciones externas por igual debería hacer que los compromisos familiares fueran aceptables y previsibles, en lugar de incómodos e innegociables. También podría cambiar la política pública. Por ahora, los hombres legisladores, que siguen constituyendo la mayoría en el Congreso de los Estados Unidos, siguen sin estar interesados en promover la igualdad de género o aprobar cambios políticos que favorezcan acuerdos familiares más sostenibles; me viene a la mente, por ejemplo, el permiso parental retribuido y las guarderías subvencionadas por el Estado. Estos hombres no conocen de primera mano las tribulaciones más duras de la crianza. ¿Cambiarían de opinión si las conocieran? Por no hablar de los problemas inherentes de tener relativamente pocas mujeres en cargos públicos. Como me dijo la historiadora de la Universidad de Wisconsin-La Crosse Jodi Vandenberg-Daves: «Una de las constantes más desafortunadas de este país es que las mujeres han tenido poca voz en la asignación pública de recursos». Mientras sigamos tolerando el 65/35, más tiempo se mantendrán los factores que lo apoyan. Si los hombres tuvieran la regla, los tampones serían gratuitos en todos los baños públicos. El mismo principio se aplica aquí. Hasta que los hombres no asuman el trabajo de la vida familiar como lo hacen las mujeres, es poco probable que otros *statu quo* cambien.

Las mujeres con las que hablé describieron el peaje personal de este orden de cosas: profunda decepción en sus relaciones de pareja, enfado persistente y latente hacia los padres de sus hijos, deseo sexual mermado y la fantasía de huir. Tracy, del estado de Washington, de 47 años, abogada especialista en violencia de género con dos preadolescentes, acabó nuestra llamada telefónica

---

[99] Shelley J. Correll, Stephen Benard y In Paik, «Getting a Job: Is There a Motherhood Penalty?», en *American Journal of Sociology* 112, n.º 5 (marzo de 2007), pp. 1.297-339.

entre lágrimas. «Hay mucho resentimiento. Y la idea de que, bueno, si no vas a ayudarme más, pues simplemente me rindo —dijo—. Esperas que las cosas vayan mejor cuando los hijos crezcan. Pero yo les digo a mis amigas que estoy a un depósito de gasolina de largarme a una pequeña ciudad con una nueva identidad».

En un momento en el que se libran públicamente audaces batallas feministas, la paridad en los hogares del primer mundo podría ocupar su lugar entre ellas. Es una pieza esencial de un rompecabezas mayor, en el que subyace la lucha por la aceptación generalizada de la dignidad humana de las mujeres. No existimos para la comodidad y el placer de los hombres. No seremos iguales en ningún lugar hasta que lo seamos en todas partes, hasta que dejemos de consentir la forma más ampliamente aceptada de misoginia cultural. Por ahora, amamos a nuestras familias como lo hacen nuestras parejas, pero seguimos más limitadas por los acuerdos que aceptamos en nuestra vida privada.

Sobre la equidad

Lo que sigue es un viejo hallazgo publicado en 1994, pero como el comportamiento no ha variado demasiado en los últimos veinte años, considero que merece ser mencionado. Es un análisis detallado a partir de las agendas de algunas parejas, y sus informes separados sobre sus sentimientos acerca de la distribución del trabajo en sus hogares. Los estudios sobre el uso del tiempo requieren que los participantes registren cómo emplean su tiempo a intervalos fijos durante el día por un número limitado de días o semanas. Los investigadores pueden entonces utilizar la agenda de cada miembro de la pareja para calcular qué porcentaje del trabajo es realizado por cada uno de ellos en su hogar.

Cuando los investigadores determinaron el porcentaje relativo de las parejas del estudio —porcentaje que desconocían los participantes—, compararon los números con los sentimientos de los participantes hacia sus acuerdos. Notaron que los hombres que realizaban el 36 por ciento de sus tareas domésticas comunicaban un sentimiento más fuerte de equidad. Lo que debería hacernos reflexionar, especialmente a nosotras, es que las mujeres estaban de acuerdo con ellos. El «punto de equidad» de las mujeres era incluso más generoso hacia los hombres. Las mujeres cuyas agendas atestiguaban que hacían el 66 por ciento de las labores domésticas eran las que con toda probabilidad pensaban que los acuerdos eran justos.

El autor del estudio escribe: «Estos resultados muestran que la equidad en los trabajos domésticos no significa repartir las tareas de forma equitativa. Más bien parece que tanto hombres como mujeres creen que ellas deben hacer dos tercios de las tareas del hogar».[100] La participación de las mujeres con hijos en la fuerza de trabajo alcanzó el pico en 1995, así que este hallazgo no es un artefacto de la época de esferas separadas. Tiene sentido, por lo tanto, que la división del cuidado de los niños se haya estancado ahí, 65/35, mujeres/hombres. Nuestra cultura sexista ha cosechado lo que sembró.

Más recientemente, el antropólogo de Yale Riché J. Daniel Barnes realizó un estudio con veintitrés mujeres profesionales afroamericanas que criaban a sus hijos con hombres. En 2016 publicó *Raising the Race: Black Career Women Redefine Marriage, Motherhood and Community*, donde explica que el 75 por ciento de ellas sentía que su proporción de trabajo familiar aumentaba más dramáticamente que la de sus maridos tras el nacimiento de su primer hijo. Sin embargo, Barnes escribe: «A pesar del desajuste, casi la mitad de las mujeres dijeron estar satisfechas con el reparto de responsabilidades. Todas tenían quejas, pero, en su mayoría, cada una de ellas excusaba el desequilibrio como parte de la función del papel de esposa y madre».[101]

Nos engañamos a nosotros mismos con la ideología y la palabrería que le regalamos al empoderamiento de la mujer. Aunque compartir el cuidado de los hijos se asocia con valorar la igualdad de género, este valor no es una condición necesaria ni suficiente

---

[100] Mary Clare Lennon y Sarah Rosenfield, «Relative Fairness and the Division of Housework: The Importance of Options», en *American Journal of Sociology 100*, n.º 2 (septiembre de 1994), pp. 506-31.

[101] Riché J. Daniel Barnes, *Raising the Race: Black Career Women Redefine Marriage, Motherhood, and Community* (Nueva Jersey: Rutgers University Press, 2016), p. 115.

para una crianza compartida.[102] En realidad, la literatura no apoya suficientemente la idea de que las actitudes de género determinan las prácticas familiares.[103]

Un estudio realizado en Toronto en el año 2001 analizó a cuarenta parejas en transición hacia la paternidad. Los participantes expresaron «un compromiso más fuerte *que el habitual* con vistas a compartir el trabajo». A la larga, según el estudio, la mayoría desarrollaron los patrones de género típicos de las familias canadienses, en las que las mujeres o bien reducen el trabajo remunerado y se encargan del grueso de las tareas del hogar, o no renuncian al trabajo asalariado y se encargan del grueso del trabajo doméstico.[104]

He aquí algo más reciente: mientras que el 65 por ciento de los hombres mileniales sin hijos apoya la combinación de la función de sostén de la familia con la de cuidador, tanto para maridos como para esposas, solo el 47 por ciento de sus coetáneos con hijos lo hacen.[105] El idealismo está muy bien antes de tener que acomodarse a sus cargas. Como escribe la autora británica Rebecca Asher en *Shattered*, su libro sobre el estado de sus ideas feministas después de tener hijos: «Al convertirse en padres, *los hombres* descubren que, después de todo, el patriarcado les sienta bastante bien».[106]

También se han propuesto explicaciones menos escépticas para esta contradicción entre ideas y prácticas. Arlie Hochschild escribió sobre las ideologías de lo que está «por encima» frente a las de lo que está «por debajo».[107] Las parejas mantienen una serie de convicciones sobre el trabajo de las mujeres y las responsabilidades

---

[102] Shannon N. Davis y Theodore N. Greenstein, «Gender Ideology: Components, Predictors, and Consequences», en *Annual Review of Sociology* 35 (2009), pp. 87-105.

[103] Scott Coltrane, «Fatherhood, Gender and Work-Family Policies», *The Real Utopias Project: Gender Equality, Transforming Family Divisions of Labor* (Brooklyn: Verso, 2009), p. 393.

[104] Gillian Ranson, *Against the Grain* (Toronto, University of Toronto Press: 2010), p. 2.

[105] Claire Cain Miller, «Millennial Men Aren't the Dads They Thought They'd Be», en *The New York Times* (30 de julio de 2015). <https://www.nytimes.com/2015/07/31/upshot/millennial-men-find-work-and-family-hard-to-balance.htm>.

[106] Rebecca Asher, *Shattered: Modern Motherhood and the Illusion of Equality* (Londres: Harvill Secker, 2011), p. 130.

[107] Arlie Hochschild con Anne Machung, *The Second Shift* (Nueva York: Penguin Books, 2003).

domésticas de los hombres, pero tienen una realidad práctica muy diferente por debajo. Paula England atribuye la brecha a dos lógicas culturales contrapuestas: la del individualismo y el derecho a la igualdad de oportunidades frente a la del esencialismo de género, la creencia tácita de que hombres y mujeres tienen intereses y aptitudes fundamentalmente diferentes.[108]

Finalmente, las interpretaciones basadas en la exposición sostienen que el contacto con los padres que adoptan el papel de cuidadores primarios empujará a otros hombres a hacer lo mismo, pero, a la vez, esa inmersión en la cultura de la maternidad desalienta el cambio de los hombres. Así pues, el contexto social puede prevalecer sobre la ideología de género. El entorno influye en que las actitudes se traduzcan en comportamientos, y cuando las actitudes y los comportamientos entran en conflicto, tendemos a reducir la brecha modificando la norma.[109] En última instancia, los padres pueden acabar siendo menos igualitarios para minimizar la incongruencia percibida en relaciones en las que se espera igualdad allí donde la desigualdad ha sido siempre la norma.

Sin embargo, es engañoso decir que la ideología de género es total y completamente irrelevante para el comportamiento. Más bien, solo es relevante cuando se tiene en cuenta la ideología del hombre.[110] La mayoría de los estudios han descubierto que los hombres con ideologías de género menos tradicionales realizan una mayor parte de las tareas domésticas. Estas conclusiones se confirman en muestreos de Taiwán, Israel, China, Canadá, Suecia, Gran Bretaña y Estados Unidos. Y para citar la conclusión del artículo que examina estos datos: «La ideología de género del marido puede ser un factor determinante en la división de las tareas domésticas, siendo más importante que la ideología de género de la esposa».[111]

---

108 Paula England, «The Gender Revolution: Uneven and Stalled», en *Gender & Society* 24, n.º 2 (marzo de 2010), pp. 149-66.

109 Jennifer L. Hook, «Care in Context: Men's Unpaid Work in 20 Countries, 1965-2003», en *American Sociological Review* 71 (agosto de 2006), pp. 639-60.

110 Ronald Bulanda, «Paternal Involvement with Children: The Influence of Gender Ideologies», en *Journal of Marriage and Family* 66, n.º 1 (febrero de 2004), pp. 40-45.

111 Shannon N. Davis y Theodore N. Greenstein, «Gender Ideology: Components, Predictors, and Consequences», en *Annual Review of Sociology* 35 (2009), pp. 87-105.

En la misma línea, varios estudios han descubierto que la creencia de los padres (pero no de las madres) en la igualdad se asocia positivamente con la participación paterna en el cuidado de los hijos.[112] ¿Es de extrañar entonces que las mujeres que creen en el reparto de las tareas domésticas tiendan a tener menor satisfacción conyugal que las que no lo hacen, y que los hombres que creen en el reparto tiendan a tener una mayor satisfacción que los que no?[113] Del mismo modo, cuando los hombres son más igualitarios que sus esposas, los desacuerdos conyugales son menores. Cuando las esposas son más igualitarias que sus maridos, abundan las desavenencias conyugales.

¿Qué nos dice esto sobre quién lleva los pantalones? ¿Sabíais que aún nos hacemos esa pregunta? ¡Esperad!, hay más. En términos de posicionamiento sobre los roles conyugales, las actitudes de los padres (pero no las de las madres) están significativamente relacionadas con las actitudes de los hijos, independientemente del género de esos niños.[114] Esto parece reflejar la habilidad de los niños de identificar el poder, de determinar qué ideas son más valiosas y dignas de ser interiorizadas. Y aunque los efectos de la familia de origen en la formación de actitudes disminuyen durante la adolescencia, somos conscientes de la tenaz calidad «latente» de las ideas que adquirimos en nuestros primeros años. Los mensajes culturales sobre los hombres y las mujeres mantienen las reglas del sistema de género, y estas reglas tienen efectos de autorrealización en el comportamiento. Las normas dan al sistema la capacidad de persistir frente a los cambios sociales que, de otro modo, podrían ponerlo patas arriba.

Deanna, maestra y madre de dos hijos en San Diego, nacida en el Medio Oeste en 1976, me explicó: «Cuando mi marido y yo nos

---

[112] Scott Coltrane, «Fatherhood, Gender and Work-Family Policies», en *The Real Utopias Project: Gender Equality, Transforming Family Divisions of Labor* (Brooklyn: Verso, 2009), p. 392.

[113] Diane N. Lye y Timothy J. Biblarz, «The Effects of Attitudes Toward Family Life and Gender Roles on Marital Satisfaction», en *Journal of Family Issues* 14, n.º 2 (junio de 1993), pp. 157-88.

[114] Shannon N. Davis y Theodore N. Greenstein, «Gender Ideology: Components, Predictors and Consequences», en *Annual Review of Sociology* 35 (2009), pp. 87-105.

juntamos, éramos totalmente paritarios en todo. Luego nos casamos, y yo quería hacer las tareas domésticas y ocuparme de todo. Era parte del sueño de conocer a alguien que amaba. Pensaba que debía asumir la responsabilidad que conllevaba el hecho de estar casada y de ser mujer. Ahora sé que era una locura. Pero en su momento tuvo mucho sentido». Su marido predijo que acabaría resentida con él, y tenía razón. Pero siguió con ella de todas formas.

Deanna fue una excepción entre las mujeres con las que hablé, ya que ella tomó la decisión consciente y explícita de ser la única ama de casa, aunque tuviera un trabajo a jornada completa. Ella y su marido acordaron vivir como una pareja tradicional. Lo más común hoy en día entre parejas con doble ingreso es un acuerdo que los científicos sociales llaman el legado de género de la pareja. En estas parejas, la responsabilidad de los niños recae por defecto en la mujer, y si estás leyendo este libro por una conexión personal con el conjunto de problemas en cuestión, seguramente encajas en este grupo. Las madres de las parejas con legado de género describen los sentimientos más pronunciados de estrés y de carga asociados con el cuidado de los niños.[115] Los investigadores de la familia presentan un «discurso de matrimonio entre iguales» que tiene poca relación con lo que realmente sucede en la vida cotidiana.[116] Aunque las parejas afirman que sus decisiones son consensuadas, los resultados tienden a favorecer las necesidades y las metas de los maridos, mucho más que las de las esposas.[117]

El lenguaje de la igualdad —la creencia en el padre moderno e implicado— crea un mito crucial de los matrimonios contemporáneos. Oculta un tipo de subordinación femenina que, de otro modo, sería intolerable en muchos hogares del siglo XXI: la noción

---

[115] Randi S. Cowdery, Carmen Knudson-Martin y Anne Rankin Mahoney, «Mothering:Innate Talent or Conscious Collaboration?», en *Couples, Gender, and Power*, ed. por Carmen Knudson-Martin y Anne Rankin Mahoney (Nueva York: Springer Publishing Company, 2009), p. 137.

[116] Anne Rankin Mahone y Carmen Knudson-Martin, «The Myth of Equality», en *Couples, Gender, and Power*, ed. por Carmen Knudson-Martin y Anne Rankin Mahoney (Nueva York: Springer Publishing Company, 2009), p. 57.

[117] Anne Rankin Mahoney y Carmen Knudson-Martin, «Gender Equality in Intimate Relationships», en *Couples, Gender, and Power*, ed. por Carmen Knudson-Martin y Anne Rankin Mahoney (Nueva York: Springer Publishing Company, 2009), p. 20.

asumida de que una madre debe hacerse cargo del seguimiento y del aprendizaje, y pensar, y planear, y alimentar, y cuidar, y supervisar, y hacer, salvo que haya logrado otro tipo de acuerdos (que a su vez implican más conocimiento, más saber, más seguimiento y más trabajo). *Él-está-encantado-de-hacerlo-si-le-pido ayuda* es otra tarea más; no es compañerismo.

A veces las parejas articulan sucintamente la brecha entre sus valores y sus comportamientos. En otros casos, se esfuerzan para imaginar que sus acuerdos están a la altura de sus ideales. Al investigar para su libro *Unequal Childhoods: Class, Race and Family Life*, de 2003, la socióloga Annette Lareau observó lo poco que los padres parecían participar en la organización y la gestión de los cuidados, y me recalcó el descaro con que se negaba este hecho.[118] Esta observación, no relacionada con el tema de su libro, se convirtió en otro artículo que tituló «*My Wife Can Tell Me Who I Know*».

Lareau me dijo que los padres «no tenían ni idea de los horarios y necesidades de los niños». Pero las madres y los padres juraban lo contrario. Por ejemplo, una pareja insistía en que el padre se ocupaba del fútbol. «Yo estaba allí un día que llovió y hubo diecisiete llamadas telefónicas, todas contestadas por la madre. Ni siquiera se dieron cuenta de que ella se encargaba de la merienda, los uniformes y la inscripción. Decían: "Ah, no, él se encarga del fútbol". Fue difícil entrevistar a esta gente. Estaban tan cegados por la ideología… No veían todo el trabajo invisible que supone para las madres estructurar el tiempo de los padres con los niños».

Oí relatos igualmente contradictorios de las madres que entrevisté. Claudia, una contable de 44 años de Atlanta, con dos hijos, dijo: «Mi marido es un padre práctico», antes de añadir que ella tiene que arengar a su marido para que pregunte a los hijos cómo les ha ido el día. «Si él tuviera que contratar a una niñera, no sabría por dónde empezar. Yo soy la que sabe qué hay que hacer y cuándo, la que lee los correos de los colegios, la que revisa sus carpetas. Él lleva a mi hijo a los Boy Scouts, pero a veces intenta que lo haga yo, y yo le digo: "Colega, ¡tienes que hacer algo! No puedo hacerlo todo

---

[118] Annette Lareau, *Unequal Childhoods: Class, Race and Family Life*, Segunda Edición (California: University of California Press, 1999), p. 115.

yo. ¡Hay mogollón de tíos allí! ¿Por qué no vas a encontrarte con otros hombres adultos?" Y entonces lo hace. No es un inútil».

Las parejas que se aferran a viejas normas de género, más adecuadas a otros tiempos sociales y económicos, pueden estar adentrándose en aguas turbulentas. Los investigados más jóvenes, que aún no están en pareja ni son padres, sugieren lo mismo. Una gran mayoría de los estudiantes universitarios que participaron en la investigación llamada «Plan A/Plan B», de la socióloga Kathleen Gerson, de la Universidad de Nueva York, afirman que esperan matrimonios igualitarios. Pero cuando se les pregunta cómo decidirían vivir si eso no funcionara (su plan B), los hombres jóvenes prevén ser el sostén de la familia con esposas amas de casa y las mujeres jóvenes piensan en el divorcio.[119] Gerson se pregunta si las diferentes posiciones de repliegue de las mujeres autosuficientes y los hombres neotradicionales anuncian una nueva división de género. Por supuesto, la vida real es más compleja que las situaciones teóricas que se plantean a los jóvenes de 19 años en los laboratorios, y la socióloga Lisa Wade, del Occidental College, se pregunta si estos datos indican algo que pueda llegar a ocurrir. «Amas al tío estúpido y es el padre de tus hijos. ¿Realmente vas a tirar tu vida por la borda porque no quiere hacer una maleta para tus hijos?».

Pero el simple hecho de permanecer juntos no es un listón muy alto para un matrimonio. La injusticia percibida en la división del cuidado de los hijos predice la infelicidad conyugal para las mujeres, pero estas relaciones conyugales infelices también predicen una menor implicación por parte de los padres.[120] Ambas cosas se retroalimentan. Las parejas aceptan el mito de la igualdad, fracasan al abordar sus circunstancias reales y entran en un círculo vicioso. Mientras no reconozcan la dinámica de poder en su relación, es difícil que cambien. Los estudios sobre las parejas muestran que,

---

[119] Lisa Wade, «The Modern Marriage Trap—and What to Do About It», en *Time* (11 de enero de 2017). <http://time.com/money/4630251/the-modern-marriage-trap-and-what-to-do-about-it/>.

[120] Ross D. Parke, «Gender Differences and Similarities in Parental Behavior», en *Gender and Parenthood: Biological and Social Scientific Perspectives*, ed. por W. Bradford Wilcox y Kathleen Kovner Kline (Nueva York: Columbia University Press, 2013), p. 139.

incluso cuando se plantean cuestiones de poder, no se suelen plantear en función de los cambios que deben hacer los maridos, sino más bien de los que deben hacer las esposas; al final, es ella quien debe ser más asertiva.[121] Las mujeres con las que hablé me lo demostraron diciéndome lo que podrían haber hecho de otra manera; y, para que quede claro, si alguien me hubiera entrevistado a mí, yo habría sonado exactamente igual. Tracy, la abogada de víctimas de violencia doméstica, dijo: «¿Por qué no asumió más? Porque yo no le obligué». Sin embargo, ella se lo había pedido. Él no lo aceptaba. «Me decía: "Lo estás haciendo muy bien. Lo tienes todo controlado. Me voy a jugar a los videojuegos"».

---

[121] Anne Rankin Mahoney y Carmen Knudson-Martin, «The Myth of Equality», en *Couples, Gender, and Power*, ed. por Carmen Knudson-Martin y Anne Rankin Mahoney (Nueva York: Springer Publishing Company, 2009), p. 52.

II

La falacia naturalista

La mitad creemos que es biología o por qué creemos a medias que lo es

En 2017, Pew Research descubrió que el 64 por ciento de los estadounidenses cree que los hombres y las mujeres «abordan la paternidad de manera diferente». De ese 64 por ciento, poco menos de la mitad atribuye la diferencia a la biología. Los hombres son más propensos que las mujeres a dar crédito a la naturaleza en lugar de a la crianza, un 58 frente a un 39 por ciento.[1] No hay ninguna diferencia biológica entre los sexos que explique que mi marido no se descargue las aplicaciones de comunicación que le piden los profesores de nuestra hija, o que no trocee las sandías que trae a casa y deja en la nevera como si fuera un gato que mata pájaros en el porche. Las frustraciones expresadas por las madres que entrevisté (llenas de temas similares) excluyen cualquier explicación orgánica razonable. Sin embargo, cuando se les pregunta: «¿Por qué sigue siendo así?», la mayoría de las mujeres hacen referencia a la naturaleza cuando piensan en voz alta. Es un lugar muy cómodo en el que aterrizar. Nos ahorra cierta dosis de rabia o culpa, y tiene un sentido intuitivo.

Nicole, de 53 años, con dos hijos que ahora terminan el instituto, administradora universitaria en Portland, Oregón, recuerda los

[1] Kim Parker, Juliana Menasce Horowitz y Renee Stepler, «On Gender Differences, No Consensus on Nature vs. Nurture», *Pew Research Center Social & Demographic Trends* (5 de diciembre de 2017). <http:ww.pewsocialtrends.org/2017/12/05/on-gender-differences-no-consensus-on-nature-vs-nurture/>.

años de discusiones con su marido; al final terminó desistiendo. «La renuncia se produjo cuando los niños estaban en la escuela primaria —dice—. Mi marido no acababa de entenderlo. Me propuse estar más encima. Pensé: "Este es un trabajo importante, aunque la sociedad no lo tenga en un pedestal. Quiero hacerlo bien". Esa era la conversación que tenía conmigo misma. Tal vez él es mejor cuidándose a sí mismo, y yo estaba más dispuesta a sacrificarme. Me pregunto cómo habría ido todo si yo hubiera presionado más. Pero durante un tiempo me resistí de verdad». Y continúa: «Creo que él lo veía más igualitario. Tuve que aceptarlo. Comparado con mi padre, que nos dejó, tengo un marido que presta atención a sus hijos, es bueno ayudando con los deberes de clase, lo hace lo mejor que puede, les ayuda en lo que se le da bien. Él se defendería. "Bueno, vamos bastante a la par", diría, y señalaría todas las cosas que hace».

Después me dijo: «Algunos de los matrimonios de mis amigos parecían más equitativos, pero nunca se sabe. Las mujeres, no sé si siempre hablan de esto..., simplemente aguantas y aceptas. Hubo algunos gruñidos. Mi matrimonio pasó apuros. Me metí en él pensando que dedicaríamos el mismo tiempo a atender las necesidades de los niños. Estuve haciendo números en mi cabeza durante un tiempo. No era sano».

Esta actitud ante el recuento es algo a lo que me acostumbré a oír de las madres, que lo consideraban un flagelo para los espíritus generosos. Contabilizar también puede ser una forma de cuidar. Jacqueline, una lesbiana casada de Colorado que dice sentirse una coparental de éxito con sus dos hijos en edad de ir a la escuela primaria, afirma: «Tenemos en cuenta las necesidades del otro y nos anticipamos a ellas. Sé que mi mujer hoy ha llevado a los niños al colegio y los ha recogido, así que me siento más responsable de hacer las tareas al final de la noche». Como ejemplifica Jacqueline, el problema de cuantificar no surge cuando ambos miembros de la pareja lo hacen reconociendo la contribución de la otra, sino más bien cuando se deja en manos de una madre sola, sumida en las matemáticas de la apatía del padre.

Como no quería llevar la cuenta, Nicole dejó de instigar «discusiones enérgicas» y aceptó que las mujeres eran innatamente mejores para sintonizar con las necesidades y preocupaciones de los demás. «Ir alternando el cerebro de una tarea a otra es como resolver las necesidades de tu bebé y luego saltar al ordenador. Se nos da bien. Hay una cierta naturalidad contra la que es difícil luchar. Intrínsecamente, las mujeres se comprometen a un nivel más profundo. Casi creo que es genético u hormonal. Algo nos impulsa a nosotras que no les impulsa a ellos».

Por qué la mitad creemos que es biología o por qué creemos a medias que lo es

Sin nombrarlo, Nicole hace un guiño al esencialismo de género, la idea de que las mujeres comparten alguna propiedad esencial innata que las diferencia de los hombres. Sostiene que las características intelectuales, sociales, emocionales y psicológicas de los seres humanos están relacionadas con el cuerpo, y que el sexo biológico se traduce directamente en la expresión del género.

En el siglo XII, las esencialistas de género fueron de las primeras pensadoras feministas occidentales en sostener que las mujeres no eran simplemente versiones inferiores de los hombres; era una afirmación audaz para su tiempo, y quizá aún lo sea. En los siglos posteriores, el esencialismo de género se ha utilizado tanto para animar a las mujeres a poner sobre la mesa sus experiencias únicas en la esfera pública como para justificar la discriminación contra ellas. Hombres y mujeres son esencialmente diferentes. Así es como muchos de nosotros entendemos el género en la sociedad contemporánea. Pero, como explica la filósofa Jennifer Hockenberry Dragseth en su libro *Thinking Woman*: «Los esencialistas de género suelen afirmar que el género y el sexo son una división natural. Pero a menudo lo que parece "natural", "innato" u "obvio" es en realidad un hábito cultural».[2]

Solo paren las mujeres. Sabemos que es así. Lo que ocurre después del parto puede ir en cualquier dirección, pero la lógica del

---

[2] Jennifer Hockenberry Dragseth, *Thinking Woman: A Philosophical Approach to the Quandary of Gender* (Eugene, Oregón: Cascade Books, 2015), p. 32.

esencialismo de género trabaja para transformar la inversión maternal obligatoria inicial en un cuidado maternal exclusivo a largo plazo. La activista conservadora Phyllis Schlafly afirmó que el feminismo estaba «condenado al fracaso porque se basa en un intento de derogar y reestructurar la naturaleza humana», mientras que la activista feminista y fundadora de la tercera ola Amy Richards decía: «Sentía el estrés de la crianza mucho más que Peter, y empezaba a cuestionarme si era algo innato en mí».[3] A pesar de sus objetivos divergentes, ambas mujeres cayeron igualmente presas de la falacia naturalista: la suposición de que el estado actual de las cosas, regido por las leyes de la naturaleza, es la única (y la mejor) posibilidad. «Lo que es» se transforma en «lo que debe ser». Sin embargo, la mayoría de las diferencias de género que se atribuyen a las leyes de la naturaleza tienen su origen en realidades sociales que, hasta ahora, son inamovibles pero apenas biológicamente predeterminadas.

Janet Shibley Hyde, catedrática de Psicología y Estudios de la Mujer de la Universidad de Wisconsin, es una destacada académica en el campo de los estudios de género. Las diferencias de género no solo suscitan un gran interés público (prueba A: *Los hombres son de Marte, las mujeres de Venus*, de John Gray, ha vendido más de cincuenta millones de ejemplares), sino también un fértil campo de investigación psicológica. Nombra cualquier supuesta variación en las emociones o la cognición entre hombres y mujeres, y es probable que encuentres al menos cincuenta estudios sobre su validez. Hyde los ha contado.

En 2005, Hyde reunió cuarenta y seis metaanálisis de estudios sobre diferencias de género en ámbitos como las capacidades cognitivas, la comunicación, el comportamiento social, la personalidad y el bienestar psicológico, por nombrar algunos. Su objetivo era determinar el tamaño del efecto, o el poder estadístico, de las variables en cuestión. Descubrió que las mayores diferencias entre hombres y mujeres se daban en los ámbitos de las habilidades motoras (como la velocidad de lanzamiento) y la sexualidad (como la frecuencia de la masturbación). Pero el 48 por ciento de

---

[3] Amy Richards, *Opting In* (Nueva York: Farrar, Straus & Giroux, 2008), p. 179.

las variables tenían tamaños de efecto estadísticamente pequeños, y otro 30 por ciento apenas superaba el cero. Esto significa que para el 78 por ciento de las diferencias de género medidas y vueltas a medir y medidas una vez más, en realidad había tanta diferencia dentro del género como entre géneros. Las diferencias entre dos mujeres o dos hombres eran al menos tan probables como las diferencias entre cualquier pareja de mujeres y hombres. Escribió: «Este punto de vista es sorprendentemente diferente de las suposiciones predominantes de diferencia que se encuentran entre el público en general e incluso entre los investigadores».[4]

Demasiado a menudo, la ciencia, que tiene matices, no coincide con la sabiduría convencional, que no los tiene. Por eso *Los hombres son de Marte, las mujeres son de Venus*, de John Gray, supera en ventas a *Cuestión de sexos: Cómo nuestra mente, la sociedad y el neurosexismo crean la diferencia*, de la neurocientífica Cordelia Fine. Gray refuerza los mitos populares sobre las diferencias sexuales diciendo a sus millones de lectores que las tareas domésticas influyen en la producción de oxitocina y testosterona de forma saludable para las mujeres y de forma francamente peligrosa para los hombres: «Unirse y compartir cada día las rutinas diarias de ella como ayudante acabaría por agotarle». Fine rebate a Gray escribiendo: «Los estereotipos de género se legitiman con estas explicaciones pseudocientíficas. De repente, uno está siendo moderno y científico, en lugar de anticuado y sexista».[5]

Basándose en los resultados de su meta-meta-análisis, Hyde propuso «la hipótesis de las similitudes de género», que afirma que, dejando a un lado los distintos sistemas reproductivos, los hombres y las mujeres son similares en más aspectos que en los que no lo son.[6] Sin embargo, a menos que seas un estudioso del género, es

---

[4] Janet Shibley Hyde, «New Directions in the Study of Gender Similarities and Differences», *Current Directions in Psychological Science* 16, n.º 5 (octubre de 2007), pp. 259-63.

[5] Cordelia Fine, *Delusions of Gender* (Nueva York: W. W. Norton & Company, 2010), p. 172.

[6] Janet Shibley Hyde, «New Directions in the Study of Gender Similarities and Differences», *Current Directions in Psychological Science* 16, n.º 5 (octubre de 2007), pp. 259-63.

probable que conozcas menos el trabajo de Hyde que el de Gray. En nuestro clima cultural actual, es más difícil asimilar las propuestas menos sensacionalistas y basadas en la investigación de Hyde o Fine o Michael Kimmel, director del Centro para el Estudio de los Hombres y las Masculinidades de la Universidad Stony Brook de Nueva York, que afirma sucintamente: «La diferencia de género es producto de la desigualdad de género, no al revés».[7]

Este es el problema de que la mitad creamos que es biología

Si lo que impulsa la brecha en la crianza de los hijos es, como postuló Nicole, genético u hormonal, ¿cuánto esfuerzo debería hacer un progenitor razonable para fomentar su reorganización? Como ha escrito la profesora emérita de la Universidad Brown Anne Fausto-Sterling, una destacada experta en biología y desarrollo de género, «la creencia en la explicación biológica de un fenómeno social sugiere que los esfuerzos por cambiar la situación existente son inútiles».[8] ¿Cómo sabemos que esto es cierto? Para probar el impacto de descubrir diferencias en una habilidad novedosa entre un hombre y una mujer, psicólogos sociales de Princeton invitaron a estudiantes universitarios a participar en un experimento sobre estilo perceptivo.[9] A los sujetos se les asignó una tarea solos o en parejas mixtas. Se les pidió que examinaran una serie de diapositivas con puntos y que calcularan rápidamente cuántos puntos había en cada diapositiva. A todos los que completaron la tarea se les dijo —falazmente, ya que nadie estaba puntuando realmente la tarea— que tenían uno de los dos estilos perceptivos, el de *subestimador* o el de *sobreestimador*.

Los alumnos que se examinaron solos conocieron su estilo de forma individual con el investigador. Las parejas mixtas recibieron

---

[7] Michael Kimmel, *The Gendered Society* (Nueva York: Oxford University Press, 2000).

[8] Anne Fausto-Sterling, *Myths of Gender: Biological Theories About Women and Men* (Nueva York: Basic Books, 1992), p. 7.

[9] Deborah A. Prentice y Dale T. Miller, «Essentializing Differences Between Women and Men», *Psychological Science* 17, n.º 2 (febrero de 2006), pp. 129-35.

los resultados junto a su compañero y se les dijo: 1) que tenían estilos perceptivos diferentes; o 2) que sus estilos perceptivos eran iguales. Por último, el experimentador pidió a todos los participantes que rellenaran un cuestionario para evaluar sus creencias sobre su estilo (inventado): «¿Qué porcentaje de hombres crees que tienen tu estilo? ¿Qué porcentaje de mujeres crees que tienen tu estilo?».

Los hombres y las mujeres de los tres grupos consideraron que los miembros de su propia categoría de sexo biológico tenían más probabilidades de compartir su estilo perceptivo, pero los que se sometieron a las pruebas en parejas mixtas con resultados diferentes declararon la mayor probabilidad de que el estilo estuviera muy influido por el sexo. La presencia de un solo compañero del sexo opuesto que mostrara un estilo diferente en una tarea no asociada previamente con un estereotipo de género les empujó a generalizar su propio rendimiento como atribuible a una esencia basada en el sexo.

A continuación, los investigadores reclutaron a más estudiantes y les dijeron que participarían en una tarea que examinaría si el estilo perceptivo era estable y coherente. Para medirlo, se les dijo que realizarían dos veces una tarea de estimación de puntos. Al igual que en el primer experimento, los participantes realizaron la prueba solos o en parejas mixtas. Tras completar la tarea inicial de estimación de puntos, los alumnos recibieron sus resultados —de nuevo falaces— solos o con su compañero de tarea. A las parejas mixtas se les dijo o bien 1) que tenían estilos perceptivos diferentes, o bien 2) que sus estilos perceptivos eran iguales.

Cuando se leyó la prueba de los puntos junto con un recordatorio de que debían ser precisos, tanto los participantes en solitario como los de las parejas con el mismo estilo perceptivo (inventado) intentaron mejorar basándose en la información recibida. Es decir, redujeron o aumentaron sus estimaciones según fueran sobreestimadores o subestimadores. Sin embargo, los participantes de las parejas mixtas con estilos supuestamente diferentes no intentaron corregir sus conocidos errores. Su creencia de que su estilo representaba la tendencia de su sexo les impidió alterar su rendimiento incluso cuando se les había dicho exactamente cómo mejorar. Su suposición de que este rasgo era innato impedía cualquier esfuerzo por cambiar.

Los investigadores concluyen: «Cuando una mujer y un hombre tienen opiniones diferentes sobre un tema, a) tenderán a concluir que su diferencia de opinión tiene que ver con el género, independientemente de que sea cierto o no, y b) verán la diferencia como algo arraigado y, por lo tanto, no sentirán curiosidad por lo que piensa el otro ni serán optimistas respecto a la posibilidad de cambiar de opinión. Cuando una mujer describe un comportamiento distintivo de su pareja masculina como "cosas de chicos", lo está señalando como algo que puede aceptar, y quizá incluso respetar, pero no como algo que pueda entender o esperar cambiar». ¿Qué hacer, entonces, con la cultura dominante de la paternidad que sigue reforzando la idea de que los hombres son así, así hasta la médula? Esta es la forma en que hablamos, según un diálogo de 2017 de un grupo de madres en línea cuyas participantes viven en el Medio Oeste:

Rebecca: Mamás, necesito despotricar. Estoy de treinta semanas y tengo un bebé de veinte meses. Cada vez me cuesta más mantener la calma porque mi marido no entiende que necesito ayuda. Literalmente se queda sentado y apenas interactúa, e incluso cuando le pido ayuda hace lo mínimo. Es como si tuviera una venda en los ojos y no viera lo que ocurre a su alrededor.

Alisha: Me siento como tú. Tengo dos hijos y mi marido trabaja todo el tiempo, y cuando está en casa se sienta en el sofá y no escucha nada ni a nadie. Yo estoy como ¡¿EN SERIO?!

Rebecca: ¡¡¡Tal cual!!! Yo también tengo dos trabajos, pero supongo que el suyo es más importante.

Carol: Tengo guardado un mensaje de voz de Bill llamándome GRITANDO por los platos mientras yo estaba en el trabajo, cuando era su TERCER día libre seguido.

Sabrina: ¡Ufff! Joder. ¡No!

Jackie: Siempre que me siento así empiezo a preguntarle a mi marido *qué* prefiere hacer. Como «¿quieres bañar al niño en

10 minutos o vaciar y volver a llenar el lavavajillas ahora?». Le dejo elegir, pero le hago responsable de lo que haga. A veces me parece una tontería, pero he descubierto que es la única forma de conseguir la ayuda que necesito.

LAUREN: ¡Ja, ja! ¡Eso también funciona muy bien con niños de 3 años!

BRIE: ¡Uf! Mi marido es horrible con la organización del tiempo. Es como un adolescente al que tengo que gritar para que se levante de la cama.

SABRINA: ¡Exactamente por eso estoy pensando en plantarme en un solo hijo! Mi marido es igual. Trabaja mucho y hasta tarde, pero cuando está en casa siento que yo lo hago todo.

NICOLE: ¡¡¡¡¡Igual!!!!! Uffffff. Es muy frustrante.

JANE: ¿Le pides que se levante y te ayude (por favor, ven a fregar los platos, puedes ayudar a x niño con x cosa)? Los maridos necesitan instrucciones concretas. Nuestro trabajo es pedir y el trabajo del marido es hacer lo que le pedimos.

CAROL: Yo también lo creo, pero luego me dicen que soy una pesada. Como... ¡Entonces hazlo a la primera! ¡Los hombres son más difíciles que los niños!

LORI: Dios mío, esto es la HISTORIA DE MI VIDA. Estoy tan cansada de pedirle a mi marido que me ayude que al final hago la mayoría de las cosas yo misma.

CHARLOTTE: ¡Uf, suena como muchos padres que conozco! Lo siento, Rebecca. ¡¡¡¡Eres una madre increíble!!!!

¿Cuántas conversaciones como esta tenemos que tragarnos antes de llegar a creer que los hombres son impermeables al cambio, incapaces de comprender, necesitados de orientación, más difíciles que los niños? Por mi parte, he participado en más charlas de este tipo de las que me gustaría admitir. Aunque hay consuelo en la lucha compartida, ese consuelo no es suficiente. La inevitabilidad implícita de todo esto no proporciona una salida fácil. El discurso familiar minimiza nuestra rabia permitiéndonos caer en esos tópicos familiares: los tíos son tíos, hablan en los vestuarios y hacen cosas de tíos. Los tópicos nos dan licencia para pedir delicadamente a nuestros compañeros un mayor esfuerzo, pero no para enfrentarnos a ellos con nuestra rabia. Aunque seamos ecuánimes, no comunicamos lo que está en juego. Kristen, 37 años, madre de dos hijos en Ann Arbor, Míchigan, me dijo: «Leí un artículo que decía que puedes entrenar a tu marido como se entrena a un perro. Recompensa el buen comportamiento e ignora el malo. Así que si lavaba los platos, yo le decía: "¡Muchas gracias!"». Los clichés se enquistan y se van reproduciendo hasta que todos somos los evaluadores de puntos de la prueba sin molestarnos en recalibrar nuestros esfuerzos.

Como señala Lise Eliot, neurocientífica de la Universidad de Medicina y Ciencias Rosalind Franklin, en su libro *Pink Brain, Blue Brain: How Small Differences Grow into Troublesome Gaps-And What We Can Do About It*, hace cien años las mujeres solo representaban el 20 por ciento de los estudiantes universitarios y eran escasas en la mayoría de las profesiones. El consenso general era que existía una brecha fundamental entre hombres y mujeres, tanto en inteligencia como en ambición. Las cosas no empezaron a cambiar hasta que las feministas comenzaron a discutir los orígenes de esta brecha, afirmando que eran las normas sociales y no la biología lo que limitaba el potencial de las mujeres.[10]

No estoy sugiriendo que las mujeres abandonen sus grupos de madres en línea. No estoy sugiriendo ninguna acción en absoluto. Estoy señalando la forma en que confundimos fácilmente las prerrogativas de los hombres con su naturaleza esencial, prerrogativas que en realidad no son innatas, sino aprendidas, y con las que las más afortunadas de nosotras no nos vemos obligadas a lidiar tan descarnadamente hasta que los hombres viven como nuestros

---

[10] Lise Eliot, *Pink Brain, Blue Brain: How Small Differences Grow into Troublesome Gaps–and What We Can Do About It* (Nueva York: Mariner Books, 2010), p. 302.

compañeros en nuestros hogares. Entonces, de repente, la consecuencia de su privilegio se vuelve impresionante.

Además de las ideas sobre la naturaleza, los padres con experiencias diferentes hacen menos públicas sus vidas. Danielle tiene 38 años y una niña de 6 en Boston. Debido a sus estudios de posgrado, el padre de su hija es el progenitor más implicado. Durante la infancia de su hija, Danielle no podía calmarla. La niña quería a su padre. Danielle y su marido asumieron que las preferencias de su hija eran aprendidas y no biológicas. Intervinieron activamente para asegurarse de que su hija también respondiera a Danielle.

Danielle compartió su sentimiento de culpa por su ausencia en casa con sus compañeras de entonces. «Una de ellas me dijo: "Danielle, si fueras un hombre, ni siquiera te preocuparías por esto. Simplemente sería así"». Danielle está de acuerdo. También reconoció que se cierra en banda cuando sus amigas madres empiezan a quejarse de sus maridos. «A veces alguien me pregunta directamente por qué me he quedado callada, y yo le digo: "Estoy escuchando y asimilando". Porque Jeff y yo estamos en la situación inversa. Yo soy la que apila los platos a los lados del fregadero». Me contó que sus razones para contenerse con otras mujeres eran complicadas. «Hay una especie de narrativa que es muy cierta sobre los roles de género en los hogares y, por un lado, me siento muy afortunada de no tener que ceñirme a eso. Pero, por otro, me pregunto qué pasa conmigo para no estar en esa situación».

Derek, un padre de 29 años que se queda en casa criando a dos hijas pequeñas en Carolina del Norte, evita las amistades con otros hombres que estén en la misma circunstancia. «Incluso en el caso de los padres que están en casa a tiempo completo, cuando organizamos alguna quedada, las mujeres están en casa con los niños, y nosotros, en el sótano hablando de pesca. A mí me preocupa dejar a los niños arriba, pero a otros padres no. No quiero dejar a los dos con Caitlin mientras hago otra cosa solo. Eso no es justo para ella. Creo que incluso esos padres todavía tienen puntos de vista poco progresistas sobre la familia. Realmente no reconocen ser padres que se ocupan de la casa. Es más como: "Ahora mismo estoy entre dos trabajos"». Aunque esta actitud frustra a Derek, es probable que haya algo de verdad detrás de ella. En 2016, solo el 24 por ciento de los padres que se quedan en casa en EE. UU. declararon que estaban allí específicamente para cuidar de su hogar o familia.

Tiffany, una trabajadora social de 34 años de Queens con un hijo de seis meses, ha visto cómo sus amigos levantaban las cejas por lo que ocurre en su casa. Tomamos el té en el sofá de su apartamento neoyorquino mientras el bebé duerme la siesta cerca y su marido, Carlos, entra y sale a hacer recados. Es jueves por la tarde, pero Carlos, director de oficina, solicitó y obtuvo permiso para trabajar desde casa un día a la semana tras el nacimiento de su bebé. Tiffany solo ha vuelto a trabajar a tiempo parcial. Explica que está amamantando y que su marido se levanta con ella en mitad de la noche cada vez que el bebé necesita comer. Carlos le frota los hombros, le trae agua o simplemente le hace compañía. Llevan haciendo esto juntos desde la tercera noche, cuando ella llegó a casa del hospital después de dar a luz. Por reflejo, reacciono con un «Vaya». Tiffany responde: «Lo sé. Mis amigos dicen: "¿Por qué se levanta?" ¡Porque quiere! ¡y me está ayudando!». Tiffany siente que tiene que defender sus acuerdos. Lo entiendo. Mi propia reacción contradecía mi creencia de que al menos uno de ellos debería estar durmiendo y, por supuesto, ese sería necesariamente Carlos. Pero mi respuesta, como la preocupación de Danielle de que le pasa algo malo o la experiencia de Derek con sus compañeros que se quedan en casa, no era más que un síntoma del problema en sí. Una cosa es creer que todo debería ser diferente. Otra cosa es llevar esa creencia hasta su conclusión lógica.

El instinto maternal no existe

Marisol, asistente oftalmológica de 29 años y esposa de militar con un niño y un bebé en Las Vegas, me cuenta: «Antes de tener hijos, teníamos un acuerdo: él pagaba todas las facturas y yo me ocupaba de la casa. El dinero que yo ganaba me lo quedaba para mí. Ahora que tenemos hijos y yo me ocupo de ellos, siento que el trabajo debería dividirse a partes iguales. Él dice que ayudará, pero solo aguanta un par de días y luego deja de hacerlo. Entonces le recuerdo que no puedo con todo, y empieza a ayudar de nuevo durante otro par de días. Y así sucesivamente». Le pregunto a Marisol por qué funciona así, y está claro que sus suposiciones sobre la naturaleza la capacitan para la bondad amorosa, pero no para la indignación. «Creo que las mujeres en general cuidamos porque el instinto maternal nos viene dado por naturaleza, mientras que en el caso de los hombres creo que es algo que requiere aprendizaje».

Scott Coltrane, profesor emérito de Sociología de la Universidad de Oregón y prometedor investigador de estudios sobre la familia, cree que la idea misma de que las madres son instintivamente las cuidadoras más capaces es lo que subraya la desigualdad generalizada en el reparto del cuidado de los niños.[11] La investigación le da la razón. Un estudio de 2008 sobre hombres y mujeres jóvenes en Islandia reveló que la creencia de que las mujeres son naturalmente más hábiles en la crianza de los hijos estaba relacionada con una división más tradicional del trabajo.[12] Un estudio realizado en 2007 en EE. UU. reveló que el rechazo de las creencias esencialistas sobre la capacidad natural de la mujer para ser madre estaba relacionado con lo contrario: una vida en la que ambos cónyuges reducían el trabajo y dividían el cuidado de los hijos a partes iguales.[13]

Raj, un hombre gay que cría a un hijo adolescente en las afueras de Boston, me explicó cómo él y su marido han dividido sus responsabilidades como padres. «Siempre hemos hecho lo que se nos ha dado bien», me dijo. Las parejas heterosexuales se reparten las responsabilidades de la misma manera, pero las creencias esencialistas consideran *de facto* que las mujeres son presuntamente las mejores para todas y cada una de las tareas relacionadas con los hijos. Y a pesar del entusiasmo por la idea del padre moderno e implicado, la mayoría de los estadounidenses siguen creyendo que

---

[11] Scott Coltrane, «Research on Household Labor: Modeling and Measuring the Social Embeddedness of Routine Family Work», *Journal of Marriage and Family* 62, n.º 4 (noviembre de 2000), pp. 1.208-33.

[12] Thoroddur Bjarnason y Andrea Hjalsdottir, «Egalitarian Attitudes Towards the Division of Household Labor Among Adolescents in Iceland», *Sex Roles* 59, n.º 1-2 (julio de 2008), pp. 49-60.

[13] Francine M. Deutsch, Amy P. Kokot y Katherine S. Binder, «College Women's Plans for Different Types of Egalitarian Marriages», *Journal of Marriage and Family* 69, n.º 4 (noviembre de 2007), pp. 919-29.

una madre sabe más que nadie. En 2016, Pew Research descubrió que, dejando a un lado la lactancia materna, el 53 por ciento de los adultos afirma que una madre está mejor preparada que un padre para cuidar de los hijos; el 1 por ciento dijo que un padre es mejor; el 45 por ciento que los dos son iguales.[14]

Coloquialmente, hablamos de instinto maternal: el presunto motor innato, arraigado y natural de la sabiduría y la devoción que atribuimos únicamente a las progenitoras. Los biólogos no utilizan el término porque es técnicamente incorrecto. Por definición, un instinto es un comportamiento que no tiene que aprenderse, no muestra apenas variación entre los miembros de su especie y se manifiesta en una secuencia rígida de conductas realizadas en respuesta a un estímulo. También se denomina patrón de acción fijo o PAF. En los osos y las palomas, la hibernación y la búsqueda del hogar son instintivas. En algunas especies, el cuidado de los recién nacidos es instintivo. Tras el parto, la rata saca a la cría de la bolsa, lame al recién nacido y se come la placenta. Rica en prostaglandinas, estimula la lactancia y ayuda al útero a contraerse. Una rata preñada no va a clases de parto. De un animal a otro, este comportamiento no muestra variación alguna en función del carácter o la cultura. Está programado en su ADN. Una rata tiene instinto maternal. También lo tiene un ganso de espalda gris, que empuja inmediatamente cualquier objeto redondo cerca de su nido para incubarlo, sin importar si es una bola de billar colocada allí por un etólogo pícaro o un huevo real. El objeto redondo (estímulo) produce el comportamiento de hacerlo rodar (respuesta). Cuanto menos inteligente es un animal, más depende su supervivencia del instinto.

En cambio, casi todos los aspectos del comportamiento de los primates están mediados por un cerebro más grande y desarrollado. La evolución nos ha dotado de un neocórtex que nos obliga a aprender para sobrevivir. Con el neocórtex, la biología sigue siendo relevante, pero ya no es determinante. La selección natural

[14] Kim Parker y Gretchen Livingston, «7 Facts About American Dads», Pew Research Center: FactTank (13 de junio de 2018). <http://www.pewresearch.org/fact-tank/2018/06/13/fathers-day-facts/>.

acaba favoreciendo la flexibilidad. Los animales que pueden adaptarse rápidamente a las condiciones cambiantes tienen ventaja sobre los que solo pueden sobrevivir a un estrecho abanico de circunstancias.[15]

La característica más definitoria del cerebro de los primates es, en realidad, su plasticidad. La plasticidad nos permite infinitos potenciales, al menos en comparación con los instintos, inflexibles como el cristal. «La otra cara de esta huida de las respuestas rígidas y estereotipadas es que la *práctica* y el aprendizaje se vuelven más importantes, incluso esenciales», escribe la antropóloga Sarah Hrdy, de la Universidad Davis de California, en su libro *Mother Nature: Maternal Instincts and How They Shape the Human Species.*[16] Los humanos ya no dependemos de los instintos, aunque seguimos teniendo algunos, como levantar la barbilla y las cejas al ver a un conocido. En su lugar, funcionamos bajo los auspicios de un sofisticado sistema nervioso que interactúa con el entorno para alterar las estructuras físicas del cerebro. Esta alteración se denomina aprendizaje.

Tras dar a luz, la madre humana carece de un patrón de conducta fijo. Su mundo social determina su comportamiento. Yo di a luz en un hospital, guiada por la medicina occidental. Cuando nació cada una de mis hijas, el médico me la enseñó, le dio a George unas tijeras para cortar el cordón, la envolvió en mantas blancas con finas rayas rosas y azules, y me la dio para que mamara antes de llevársela para la prueba de Apgar. Con mi hija mayor, la doctora pidió permiso para enviar la placenta a un laboratorio y estudiarla porque tenía forma de corazón, lo cual, según ella, era muy poco frecuente. En la sociedad cazadora-recolectora de los !Kung San, en el sur de África, una mujer da a luz sola, en un pequeño agujero forrado de hojas que ha cavado en la arena a un kilómetro y medio de su aldea. Se le indica que no grite de dolor —se cree que llorar durante el parto indica a los dioses que no quiere al

[15] Lesley Newson y Peter J. Richerson, «The Evolution of Flexible Parenting», en *Evolution's Empress: Darwinian Perspectives on the Nature of Women* (Inglaterra: Oxford University Press, 2013), pp. 151-62.

[16] Sarah Blaffer Hrdy, *Mother Nature* (Nueva York: Ballantine Books, 1999), p. 155.

bebé—, sino que apriete los dientes o se muerda la mano. Corta el cordón umbilical con palos y coloca la placenta junto al bebé para que actúe como su guardián temporal antes de regresar a la aldea a buscar a otras mujeres para que se unan a ella en una ceremonia ritual de bienvenida.[17] En una tribu tanzana de cazadores-recolectores llamada hadza, las mujeres dan a luz en cabañas, atendidas por sus madres y abuelas.[18] Los hombres son excluidos intencionadamente. La placenta suele enterrarse lejos del campamento porque se considera sucia, no apta para los ojos masculinos. Las normas transmitidas culturalmente sustituyen a los instintos.

El neocórtex permite flexibilidad, pero la pérdida de instinto también tiene un coste. Charles Snowdon, profesor emérito de la Universidad de Wisconsin, ha dedicado su carrera a estudiar los tities y los tamarinos, monos del Nuevo Mundo que se crían de forma cooperativa. En la mayoría de los grupos de tamarinos, las crías ayudan a cuidar a los bebés, mientras que en una minoría de grupos no tienen esta oportunidad. En un estudio de campo sobre tamarinos sin experiencia previa en el cuidado de bebés, Snowdon y su equipo descubrieron que los bebés nacidos de padres primerizos nunca sobrevivían.[19] Supusieron que las madres y padres ingenuos no sabían lo suficiente ni para criar por sí mismos ni para aceptar la ayuda de parientes más experimentados. Más tarde, a partir de datos comparativos, su equipo descubrió que la tasa de supervivencia era mucho mayor en los grupos en los que los hermanos jóvenes habían ayudado con los bebés. En todos los primates, los bebés nacidos de padres inexpertos corren mayor riesgo de muerte.

Snowdon explica: «Cuando no tienen experiencia en el cuidado de bebés, la tasa de éxito de la crianza es muy baja. Las habilidades parentales se aprenden. No son innatas, ni para los machos

---

[17] «!Kung People», Wikipedia. <https://en.wikipedia.org/wiki/%C7%83Kung_people>. [Consultado el 29 de octubre de 2018].

[18] Kristen Herlosky, correo electrónico a la autora (30 de noviembre de 2017).

[19] Charles T. Snowdon, «Family Life and Infant Care: Lessons from Cooperatively Breeding Primates», en *Gender and Parenthood: Biological and Social Scientific Perspectives*, eds. W. Bradford Wilcox y Kathleen Kovner Kline (Nueva York: Columbia University Press, 2013), p. 48.

ni para las hembras. Ambos son padres torpes. Hay que aprender a soportar a un bebé que se retuerce sobre tu espalda. Hay que aprender a compartir el cuidado del bebé. Las madres primerizas no saben cómo colocar a los bebés para que succionen el pezón. Los tienen bocabajo».

La idea del instinto maternal no solo se asocia al parto y a su posparto inmediato, sino también a todo lo que hacen las madres para cuidar de sus hijos a lo largo de la vida. Neutraliza los pensamientos de opresión, sirviendo reflexivamente para apuntalar la noción de que las mujeres son los progenitores primarios superiores, y quizás los únicos adecuados. Es significativo que no imaginemos una dotación paterna correspondiente. La cultura humana apenas ha permitido que nos recreemos en esa idea.

En el siglo XIX, pensadores de la época victoriana como Charles Darwin y Herbert Spencer adaptaron la ciencia emergente a su experiencia vital y concluyeron que las mujeres habían desarrollado un instinto que las hacía sensibles al desamparo infantil. Spencer, un filósofo influyente en su época, también creía que el singular papel reproductivo de la mujer se había adelantado a su desarrollo mental. La mitad de la población, escribió, no había desarrollado facultades intelectuales y emocionales superiores, los «últimos productos de la evolución humana».[20] El propio Darwin rechazó la idea de que los sentimientos sociales surgieran de la experiencia y recurrió al concepto de instinto. Escribió: «Los instintos maternales llevan a la mujer a mostrar más ternura y menos egoísmo, y muestran estas cualidades hacia sus bebés en un grado preeminente».

Era una idea en busca de una realidad. Una retrospectiva sobre la crianza de los niños humanos ofrece poco apoyo a tantas Madres Teresa. En su *Historia de la infancia*, el psicohistoriador Lloyd deMause describe siglos recientes en los que el abandono, los horribles abusos e incluso el infanticidio eran moneda corriente. Cuando Darwin se sentaba en su estudio de Inglaterra a soñar con mujeres abnegadas (y sus correlativos hombres libres de cargas), en Europa se estaba produciendo una epidemia de abandono infantil que venía de lejos.

---

[20] Katharina Rowold, *The Educated Woman* (Nueva York: Routledge, 2010), p. 33.

Por aquel entonces, en París era legal que las mujeres pobres que daban a luz en un hospital público de beneficencia dejaran allí a sus recién nacidos. La duración de la estancia de estas madres variaba y, al hacer un seguimiento de las variaciones, el personal descubrió una tendencia: las mujeres que abandonaban el hospital el mismo día del parto tenían una probabilidad de cincuenta a uno de irse sin sus bebés, mientras que las que se quedaban tan solo dos días más solo tenían una probabilidad de seis a uno de lo mismo. Cuando se exigió a las madres que permanecieran una semana completa después del parto, el abandono se redujo del 24 por ciento al 10 por ciento. La antropóloga Sarah Hrdy escribe: «Ni sus conceptos culturales sobre los bebés ni sus circunstancias económicas habían cambiado. Lo que cambió fue el grado de apego a sus hijos lactantes».[21]

Los antropólogos han descubierto que, en los primates, siempre que las madres dejan a sus bebés, lo hacen casi invariablemente en las primeras setenta y dos horas.[22] Hrdy explica que, aunque no hay un periodo crítico justo después del nacimiento en el que madres y bebés deban establecer un vínculo, la estrecha proximidad entre madre e hijo durante este periodo produce en la madre sentimientos hacia su bebé que hacen que la separación sea difícil de soportar. Hormonas más experiencia es igual a apego. La naturaleza y la crianza actúan conjuntamente. La maternidad está determinada biológica y socialmente.

Afirmar que no existe el instinto maternal no significa que el amor de una madre no tenga nada de innato. Como explica Hrdy, la respuesta de cada madre a su bebé está influida por una combinación de respuestas biológicas de origen mamífero, primate y humano. «Hay un estímulo endocrino durante el embarazo, cambios físicos durante y después del parto, el bucle de retroalimentación de la lactancia y mecanismos cognitivos que aumentan la preferencia por seres de la misma familia». Pero casi ninguna de estas respuestas biológicas es, como postuló Darwin, fija (ni —glándulas mamarias aparte— exclusiva de las hembras). En cambio, explica

---

[21] Sarah Blaffer Hrdy, *Mother Nature* (Nueva York: Ballantine Books, 1999), pp. 310-15.

[22] Ibíd., p. 316.

Hrdy, lo que las mujeres, en comparación con otros mamíferos hembra, deciden invertir en sus hijos «se complica por una serie de consideraciones totalmente nuevas: expectativas culturales, roles de género, sentimientos como el honor o la vergüenza, preferencias sexuales y la conciencia de la madre sobre el futuro». Estas complejidades no borran predisposiciones más antiguas a la crianza.[23]

«Nuestra visión de la "maternidad" [...] deriva de [...] viejas ideas y tensiones aún más antiguas entre hombres y mujeres. El hecho de que la mayoría de nosotros equipare la maternidad con la caridad y la abnegación, en lugar de con las innumerables cosas que hace una madre para asegurarse de que algunos de sus vástagos sobrevivan sanos, nos dice mucho sobre cómo los intereses contrapuestos entre madres y padres se han desarrollado en nuestra historia reciente».[24] (Ya lo tienes controlado; me voy a jugar a los videojuegos).

Hrdy subraya que las hembras primates han sido durante mucho tiempo madres de doble carrera, recolectoras con hijos que mantener, dependientes de sus niñeras y obligadas a hacer concesiones entre las necesidades de sus hijos y las suyas. Han sido seres sacrificados más que «oportunistas flexibles y manipuladoras».[25] La maternidad de contacto continuo fue siempre un último recurso para los primates, cuyas familias solo prosperaban con la ayuda de grandes redes de apoyo.

El éxito reproductivo masculino, por otra parte, «ha dependido durante mucho tiempo de ver a las hembras como individuos a los que coaccionar, defender y constreñir».[26] Nuestra creencia de que el cuidado materno primario es natural, innato y obvio deriva de una larga historia de subyugación femenina. Llamamos «natural» a esa historia y seguimos suponiendo que el sexo que tiene hijos debe proporcionarles la mayor parte de sus cuidados. Términos científicos como «instinto maternal», que no tienen equivalente

---

[23] Ibíd., p. 378

[24] Ibíd., p. 12.

[25] Ibíd., p. 36.

[26] Ibíd., p. 496. Eduardo Fernández-Duque, Claudia R. Valeggia y Sally P. Mendoza, «The Biology of Paternal Care in Human and Non-Human Primates». *Annual Review of Anthropology* 38 (2009), pp. 115-30.

paternal, refuerzan esa idea. La falacia naturalista se manifiesta una y otra vez en nuestro compromiso omnipresente con la idea de que la madre es la única cuidadora de su bebé, una propuesta cómoda que lucha por tener sentido real.

El primate macho, moderno e implicado

A primera vista, la clase de los mamíferos y el comportamiento de la mitad de sus miembros apoyan la idea de que los machos no están destinados a una crianza significativa. La gestación es invariablemente un objetivo femenino. La madre es el único progenitor con presencia garantizada en el momento del nacimiento, el único con capacidad para alimentar. Los padres más devotos del reino animal no son los mamíferos, sino los peces y las aves, especies que no lactan ni gestan internamente. El anfibio y el insecto ocupan el segundo lugar; aun así, no te gustaría casarte con uno de ellos.[27]

Solo algunos peces crían, pero cuando lo hacen, el cuidado exclusivo por parte de los machos es la norma, unas nueve veces más frecuente que el cuidado en solitario por parte de las hembras. Estos machos suelen cortejar a hembras pasajeras que aman y abandonan. Los machos liberan leche sobre los huevos, defienden su territorio y cuidan de las crías hasta uno o dos días después de la eclosión. En las aves, aunque solo las hembras ponen huevos, los machos están igual de implicados después. Alrededor del 90 por ciento de las aves se reparten las tareas de crianza al 50 por ciento. Esto es especialmente impresionante si se compara con el escaso 3-5 por ciento de machos mamíferos que contribuyen en algo a la crianza. Como afirman los antropólogos Kermyt Anderson y Peter Gray en su libro *Fatherhood*, «la aportación masculina a la descendencia puede, en principio (y en la práctica suele ser así), finalizar con la eyaculación». La implicación de la hembra también es menos duradera en los mamíferos no humanos. A menudo, termina

[27] Eduardo Fernández-Duque, Claudia R. Valeggia y Sally P. Mendoza, «The Biology of Paternal Care in Human and Non-Human Primates», *Annual Review of Anthropology* 38 (2009), pp. 115-30.

con el destete. Muchas madres de mamíferos, al encontrarse con sus crías años después, ni siquiera las reconocen.

Según el antropólogo biológico de Yale Eduardo Fernández-Duque, el comportamiento paternal de los primates —acción dirigida a los bebés que tiene un efecto positivo en el desarrollo, el crecimiento, el bienestar y la supervivencia— sigue siendo poco conocido.[28] Basándose en el hecho de que las especies de primates que exhiben cuidados paternales solo están lejanamente emparentadas, Fernández-Duque y otros en su campo plantean la hipótesis de que estos cuidados son el resultado de trayectorias evolutivas que se desarrollaron en circunstancias diversas. Si la crianza por parte de los primates macho aumentaba la supervivencia de las crías en determinadas condiciones ecológicas o sociales, es posible que el cuidado paterno haya evolucionado. Aun así, la paternidad solo se manifestó en algunos taxones. Incluso dentro de un mismo género, puede haber grandes variaciones en la implicación paterna. Los macacos macho, un tipo de mono, suelen tener poca relación con los bebés. Sin embargo, los machos del macaco de Berbería, pariente cercano, adoran a los bebés y, si no se tiene en cuenta la lactancia, proporcionan tantos cuidados como las hembras. Los machos sostienen, cargan, abastecen, acarician y responden a los gritos de angustia. Los primatólogos sostienen que los macacos de Berbería han vivido en entornos más duros, lo que ha hecho necesario el contacto, el calor y la protección de los machos para sobrevivir.[29] También hay variaciones dentro de una misma especie. En libertad, los macacos rhesus son padres ausentes. En cautividad, donde se eliminan las presiones de la competencia por la comida y la pareja, cuidan estrechamente de sus crías. Los comportamientos de cuidado son potencialmente mixtos.[30] Pero no emergen tan fácilmente en los machos.

«Hoy en día, los que pensamos en la evolución del comportamiento huimos del diálogo de lo aprendido frente a lo instintivo,

---

[28] Ibíd.

[29] Harriet J. Smith, *Parenting for Primates* (Cambridge: Harvard University Press, 2005), pp. 91-95.

[30] Sarah Blaffer Hrdy, *Mother Nature* (Nueva York: Ballantine Books, 1999), p. 209.

de la crianza frente a la naturaleza. Si hay algo que aprendemos día a día es que suele haber algún tipo de componente genético subyacente, pero es extremadamente flexible», dice Fernández-Duque.

También está la cuestión de la certeza de la paternidad. Fernández-Duque ha dedicado su carrera a estudiar los monos lechuza y los monos tití del Amazonas. Ambos se encuentran entre los taxones que muestran el cuidado paterno más extremo. En estudios sobre monos tití en cautividad, las crías muestran un vínculo más fuerte con sus padres que con sus madres. En la naturaleza, cuando se les da a elegir, las crías se van con su padre. Fernández-Duque afirma: «Hemos aprendido de ellos que el cuidado paterno se da en mayor medida y de forma extrema cuando los riesgos de engaño —y, por tanto, la probabilidad de cuidar a un bebé que no has engendrado— tienden a reducirse». Criar a la propia prole antes que a la ajena es tan importante en el reino animal que los machos de algunas especies poligínicas —un ejemplo es un tipo de ave parda llamada dunnock— son capaces de calibrar su aprovisionamiento de una nidada de polluelos en función de la frecuencia con que se aparearon con la madre. Determinan la probabilidad de ser el padre biológico y luego aportan el porcentaje correspondiente de calorías necesarias.[31] Es discutible si esta capacidad persiste en los humanos, pero un estudio de 2018 sobre padres humanos que vivían separados de sus bebés descubrió que los que tenían hijos parecidos a ellos pasaban más tiempo con estos bebés en su primer año de vida.[32]

En relación con los mamíferos en general, un alto porcentaje de primates se aparean de forma monógama (las cifras exactas son «un gran motivo de desacuerdo», según Duque). Los biólogos evolutivos están de acuerdo en que todos los primates evolucionaron a partir de antepasados polígamos. En algunas líneas de primates, la poliginia acabó transformándose en monogamia, y una vez que la monogamia se desarrolló en un linaje determinado,

---

[31] Nicholas B. Davies, Ben J. Hatchwell, Timothy Robson y Terry Burke, «Paternity and Parental Effort in Dunnocks Prunella Modularis: How Good Are Male Chick-feeding Rules», *Animal Behaviour* 43, n.º 5 (mayo de 1992), pp. 729-45.

[32] Marlon R. Tracey y Solomon W. Polachek, «If Looks Could Heal: Child Health and Paternal Investment», *Journal of Health Economics* 57 (enero de 2018), pp. 179-90.

ya no volvió atrás. Los sistemas de apareamiento evolucionan cuando aumentan la aptitud reproductiva o el éxito reproductivo del individuo. El cambio a la monogamia debió de suponer un aumento de las probabilidades de catapultar los genes propios a la siguiente generación, y de garantizar que la descendencia sobreviviera para reproducirse también.

En la actualidad, los antropólogos biológicos sospechan que, en algunos primates, la monogamia acabó dando lugar a una paternidad implicada.[33] La hipótesis de los investigadores es que entre los primeros homínidos, una vez que predominaron los vínculos de pareja entre adultos, las relaciones permanentes permitieron una mayor división sexual del trabajo. Los machos podían permitirse dedicar su tiempo a buscar presas, a menudo esquivas, mientras que las hembras recolectaban alimentos vegetales, una fuente de calorías más fiable que la carne. Suponiendo que las parejas durmieran juntas por la noche, los padres se habrían encontrado cerca de las hembras preñadas y de las crías. Unas relaciones sociales más diferenciadas favorecieron a las crías con cerebros más complejos. Los cerebros más complejos necesitaban más tiempo para madurar, y las crías de crecimiento lento necesitaban más cuidados para alcanzar la independencia de los que un adulto podía proporcionar razonablemente.

Lo que parece ser cierto tanto en los primates como en los humanos, desde las tribus de cazadores-recolectores, es que el comportamiento paternal se ha materializado durante mucho tiempo cuando era necesario para el bienestar de todas las partes interesadas: padres, madres e hijos. La caza y la recolección ha sido el modo de subsistencia humana durante aproximadamente el 90 por ciento de la historia evolutiva. Los cazadores-recolectores que quedan en la actualidad sugieren cómo pudieron vivir los primeros humanos.

Alyssa Crittenden, antropóloga de la Universidad de Nevada, Las Vegas, ha estudiado y vivido entre los hadza de Tanzania. Me

---

[33] Eduardo Fernández-Duque, Claudia R. Valeggia y Sally P. Mendoza, «The Biology of Paternal Care in Human and Non-Human Primates», *Annual Review of Anthropology* 38 (2009), pp. 115-30.

explicó que, en la actualidad, los hombres y mujeres hadza siguen dividiendo el trabajo en función del sexo y reconocen abiertamente que las mujeres son el grupo que más trabaja en sus campamentos. «Los hadza son igualitarios. Las mujeres son iguales en términos de estatus social y posición. Eso no significa que el trabajo se distribuya por igual. Las mujeres tienen el mismo poder de decisión, pero también trabajan mucho más». Los hombres hadza hablan de ello.

«Los hombres se encargan de la carne y las mujeres de todo lo demás. Todos los alimentos básicos de la dieta son recolectados por las mujeres. Ellas se encargan de construir casas, buscar agua, recoger leña, cuidar a los niños lactantes. Pero las mujeres hadza no están locas. No creen que sus maridos sean unos vividores. Hay hermanas y tías que ayudan con los niños, y una vez que estos empiezan a andar, se van a la manada, donde se autogobiernan y cuidan. Hay un sistema cooperativo de cuidados que atenúa algunos de estos costes y alivia la carga de las madres». En contraste con lo que Crittenden ha oído decir a los hadza, muchas etnografías de cazadores-recolectores sí comunican que las mujeres se quejan habitualmente de que los hombres no «cumplen con sus obligaciones de reparto».[34]

Crittenden también señaló que, en general, el nivel de implicación paterna entre los cazadores-recolectores viene dictado por las necesidades de subsistencia del grupo. «Todo se remonta a los recursos», dijo, lo que ayuda a explicar por qué los humanos muestran más variación en la actividad paterna que todas las demás especies de primates juntas.[35] Los pigmeos aka, hombres y mujeres, cazan juntos con redes, y los padres se implican intensamente con sus hijos. Entre los hadza, tanto los hombres como las mujeres buscan comida, aunque no suelen hacerlo juntos, y las

---

[34] Michael Gurven y Kim Hill, «Why Do Men Hunt? A Reevaluation of "Man the Hunter" and the Sexual Division of Labor», *Current Anthropology* 50, n.º 1 (febrero de 2009), pp. 62-74.

[35] Kelly Lambert y Catherine Franssen, «The Dynamic Nature of the Parental Brain», en *Gender and Parenthood: Biological and Social Scientific Perspectives*, ed. por W. Bradford Wilcox y Kathleen Kovner Kline (Nueva York: Columbia University Press, 2013), p. 32.

mujeres se encargan de la mayor parte del cuidado de los niños, aunque no de todo.

En las tribus donde los hombres cazan en solitario y pasan largas temporadas fuera del campamento, su interacción con los niños pequeños es mínima. Los pastores varones se trasladan con frecuencia en busca de pastos literalmente más verdes y tienen múltiples esposas y poca relación con sus hijos biológicos. Históricamente y en todo el mundo, la participación varía en función de cómo se ganen la vida ambos progenitores. La adaptación a las circunstancias ha sido siempre la norma.

Biología

En 2017, el *The New York Times* publicó un breve artículo titulado «The Birth of a Mother».[36] En él se exploraba algo que los antropólogos han denominado *matrescencia*, o proceso de convertirse en madre. El escritor señaló: «Esta transición también es importante para los padres [...], pero las mujeres que atraviesan los cambios hormonales del embarazo pueden tener una experiencia neurobiológica específica». El guiño a los padres es superficial. El «pero» que sigue es el punto principal de la frase: que las mujeres son el sexo hormonalmente preparado para la crianza de los hijos. Esta noción está tan generalmente aceptada que escapó a la mirada del verificador de datos. Como gran parte del saber convencional sobre la naturaleza de la maternidad y la paternidad, también es engañosa.

Los hombres viven su propia experiencia neurobiológica durante la gestación de sus futuros bebés.[37] Durante el periodo prenatal, los hombres en estrecho contacto con sus parejas embarazadas se preparan fisiológicamente para cuidar de los bebés. Los futuros padres experimentan un aumento de los niveles de las hormonas

---

36 Alexandra Sacks, «The Birth of a Mother», *The New York Times* (8 de mayo de 2017). <https://www.nytimes.com/2017/05/08/well/family/the-birth-of-a-mother.html>.

37 Ross D. Parke, «Gender Differences and Similarities in Parental Behavior», en *Gender and Parenthood: Biological and Social Scientific Perspectives*, editores. W. Bradford Wilcox y Kathleen Kovner Kline (Nueva York: Columbia University Press, 2013), p. 136.

relacionadas con el embarazo: prolactina, cortisol y estrógeno proporcionales al de la madre de su bebé. Por lo general, la testosterona, asociada a la competencia por la pareja, disminuye.[38] Los padres reincidentes producen aún más prolactina y menos testosterona en compañía de su pareja embarazada que los primerizos.

Los mecanismos de estos cambios en los hombres siguen siendo desconocidos, pero no así en el caso del mono tití. La investigación ha establecido que el feto del tití desencadena los cambios hormonales de su padre cuando su glándula suprarrenal produce un glucocorticoide que finalmente se excreta en la orina de la madre. El olor de ese glucocorticoide prepara al macho tití para amar y cuidar a su cría.[39] Aunque es improbable que esto ocurra en los hombres, las células de la nariz humana muestran una respuesta electroquímica al estratetraenol aerotransportado, un esteroide inodoro que se encuentra en la orina de las mujeres embarazadas.[40] Y aquí hay algo que George encuentra divertido: también se ha demostrado que el estratetraenol empeora el humor de los hombres.

A lo largo de la vida de sus hijos, los padres implicados siguen experimentando cambios hormonales. En Norteamérica, los hombres que mantienen relaciones duraderas, como el matrimonio y la paternidad, tienen casi uniformemente niveles de testosterona más bajos que sus homólogos solteros y sin hijos. Una observación de cinco años de hombres (de 21 años y solteros al inicio del estudio) descubrió que los que se convertían en padres experimentaban un descenso significativo de la producción de testosterona en relación con aquellos que no. Los autores del estudio escriben: «Nuestros hallazgos sugieren que los varones humanos tienen una arquitectura neuroendocrina evolucionada que responde a

---

[38] Jennifer Mascaro, Patrick D. Hackett y James K. Rilling, «Testicular Volume Is Inversely Correlated with Nurturing-related Brain Activity in Human Fathers», *Proceedings of the National Academy of Sciences* 110, n.º 39 (septiembre de 2013), pp. 1.5746-51.

[39] Charles T. Snowdon, «Family Life and Infant Care: Lessons from Cooperatively Breeding Primates», en *Gender and Parenthood: Biological and Social Scientific Perspectives*, eds. W. Bradford Wilcox y Kathleen Kovner Kline (Nueva York: Columbia University Press, 2013), pp. 47-48.

[40] Warren S. T. Hays, «Human Pheromones: Have They Been Demonstrated?», *Behavioral Ecology and Sociobiology* 54, n.º 2 (julio de 2003), pp. 89-97.

la paternidad comprometida, lo que apoya el papel de los hombres como cuidadores directos durante la evolución de los homínidos».[41] Como observa la antropóloga Sarah Hrdy en *Mothers and Others*: «Los hombres están fisiológicamente alterados por el mero hecho de pasar tiempo en asociación íntima con madres embarazadas y bebés recién nacidos. Para mí, esto implica que el cuidado por parte de los varones ha sido una parte integral de la adaptación humana durante mucho tiempo. El potencial de crianza masculino está ahí, codificado en el ADN de nuestra especie».[42]

Los antropólogos también tienen una palabra para el proceso de convertirse en progenitor masculino: *patrescencia*. *The New York Times* no ha publicado ningún artículo al respecto. Solo tiene 264 resultados en Google, frente a los 10.400 de *matrescencia*. Quienes se interesan por el estudio formal de la paternidad siguen constatando la relativa falta de investigación en este campo. En 2005, el periodista Paul Raeburn se inspiró para escribir un libro que finalmente tituló *Do Fathers Matter?*[43] mientras asistía a una reunión de la Sociedad para la Investigación del Desarrollo Infantil. «Encontré centenares de científicos que describían investigaciones sobre niños, familias y paternidad, y solo una docena que trataban sobre los padres —recuerda—.[44] Casi todos los autores de esos estudios empezaban sus charlas señalando lo poco que se había investigado sobre los padres».

Nuestros marcados prejuicios culturales sobre cuál es el progenitor que realmente importa han influido en el alcance de la investigación científica, que a su vez subraya esos prejuicios. También influyen en la política social. En 1971, el presidente Richard Nixon citó la evolución como una de las razones de su veto a un proyecto de ley que habría proporcionado atención infantil temprana

[41] Lee T. Gettler, Thomas W. McDade, Alan B. Feranil y Christoper W. Kuzawa, «Longitudinal Evidence that Fatherhood Decreases Testosterone in Human Males», *Proceedings of the National Academy of Sciences* 108, n.º 39 (2011), pp. 16.194-99.

[42] Sarah Blaffer Hrdy, *Mothers and Others* (Cambridge: Harvard University Press, 2011), p. 161.

[43] *¿Importan los padres?* Sí, importan. Los estudios muestran mejores resultados cognitivos, conductuales, sociales y psicológicos en los niños con padres implicados.

[44] Paul Raeburn, *Do Fathers Matter?* (Nueva York: Scientific American/Farrar, Straus and Giroux, 2014), p. 10.

universal subvencionada por el Gobierno.[45] Temía que alterara el plan natural centrado en la madre.

También en las ciencias sociales, las suposiciones sobre la especial biología materna han tenido un gran alcance. No fue hasta 1970 cuando el psicólogo Milton Kotelchuck cuestionó la ortodoxia de la psicología del desarrollo y se preguntó qué pruebas fehacientes respaldaban la idea de que los niños se relacionan de forma exclusiva con sus madres. Kotelchuck utilizó el protocolo de investigación de la «situación extraña» —durante el cual se observa a los niños pequeños mientras sus padres entran y salen de la habitación en presencia de un extraño— para poner en entredicho las creencias predominantes en aquel momento sobre la relación especial y excluyente entre madres y bebés. Demostró que los niños de seis a veintiún meses tenían las mismas probabilidades de calmarse con la presencia de sus padres que con la de sus madres.[46] «No parecía razonable que, en un mundo en el que con frecuencia las madres mueren al dar a luz, tuviéramos una especie en la que los niños no pueden adaptarse a otras personas», afirma Kotelchuck.

A finales de los años setenta, Michael Lamb, pionero en la investigación sobre la importancia de los hombres para sus hijos, fue el primero en estudiar los fundamentos fisiológicos de la paternidad. Lamb observó la conductancia de la piel, la presión sanguínea y el estado de ánimo de los padres que veían vídeos de niños llorando o sonriendo. La respuesta de las madres y los padres a los vídeos no difirió en manera alguna.[47]

Por la misma época, el psicólogo Ross Parke y sus colegas estudiaron a padres de recién nacidos en unidades de maternidad. En la mayoría de los comportamientos que midió su equipo, padres y

[45] Jack Rosenthal, «President Vetoes Child Care Plan as Irresponsible», *The New York Times* (10 de diciembre de 1971). <https://www.nytimes.com/1971/12/10/archives/president-vetoes-child-care-plan-as-irresponsible-he-terms-bill.html>.

[46] «The Critical Importance of Fathers», *Fatherhood Project* (31 de marzo de 2016). <http://www.thefatherhoodproject.org/criticall-importance-fathers/>.

[47] Ann M. Frodi, Michael E. Lamb, y Lewis A. Leavitt, «Fathers and Mothers' Responses to the Faces and Cries of Normal and Premature Infants», *Developmental Psychology* 14, n.º 5 (septiembre de 1978), pp. 490-8.

madres apenas se diferenciaban. Los hombres hablaban a los bebés con voces agudas y respondían con sensibilidad a sus señales durante la alimentación. También mostraban patrones similares a los de sus esposas en cuanto a frecuencia cardíaca, presión sanguínea y conductancia cutánea cuando cogían a sus hijos en brazos. La principal diferencia que observó Parke fue que los padres, a diferencia de las madres, daban un paso atrás en el cuidado de sus hijos en presencia de su cónyuge.[48] Su suposición de que un bebé necesita sobre todo a su madre limitaba su implicación: la falacia naturalista puesta en práctica.

Sarah Hrdy plantea que, al menos al principio de la vida de un niño, el problema no es solo que los padres crean que deben dar un paso atrás, sino también que las madres pueden estar ligeramente predispuestas a dar un paso adelante con más rapidez. En un estudio en el que se midieron los tiempos de respuesta y los niveles hormonales de los padres que escuchaban los llantos de sus hijos, las madres y los padres reaccionaron por igual ante los lamentos de angustia (grabaciones de bebés que estaban siendo circuncidados). Cuando los llantos eran de intranquilidad y no de dolor, las reacciones fisiológicas de las madres y sus tiempos de reacción eran algo más rápidos que los de los padres, aunque las respuestas de los padres eran más rápidas que las de los adultos sin hijos.[49]

Mucho después de la infancia de nuestras hijas, pero en el mismo continuo, George sintió que esta diferencia se manifestaba entre nosotros. «No me das la oportunidad de hacer cosas», me dijo una vez durante un largo fin de semana fuera de la ciudad. Era la hora de cenar en una pensión familiar abarrotada y había un bufé para los niños. Me levanté para llevarles la comida a mis hijas en cuanto nos sentamos, en un intento de reducir los lloriqueos de las niñas hambrientas, unos lloriqueos que más que de dolor son de fastidio. Nunca se me había ocurrido que George intervendría si yo fuera más despacio. Había confundido su lentitud con desinterés, su velocidad de reacción con inercia.

---

[48] Harriet J. Smith, *Parenting for Primates* (Cambridge: Harvard University Press, 2005), p. 88.

[49] Sarah Blaffer Hrdy, *Mother Nature* (Nueva York: Ballantine Books, 1999), p. 212.

Hrdy supone que el umbral ligeramente más bajo de los hombres para responder a las señales de los bebés es probablemente innato, un resultado de la trayectoria de desarrollo del cerebro de los mamíferos (es decir, las hembras eran cuidadoras mucho antes de que los machos desarrollaran esa arquitectura neuronal), pero luego pregunta: «¿Y qué? ¿A quién le importa? Y esa es la cuestión. El acto de cuidar tiene consecuencias: hábitos mentales y emocionales.[50] La cuestión es que las consecuencias se magnifican desproporcionadamente con respecto a las causas iniciales».

Cuando uno de los progenitores adquiere el hábito de responder rápidamente a las necesidades de un bebé, es probable que el otro se adapte a ese hábito dejando de responder. Este patrón se enquista con el paso de los días, las semanas, los meses y los años. Escuché temas similares en las reflexiones de muchas de las madres que entrevisté. Erica, de Portland, explicaba: «Cuando está bien, es estupendo. Pero es casi como si tuviera que recordárselo o quitarme de en medio para que ocurra. Si le digo que necesito estar fuera de casa, él me ayuda. Pero mientras yo esté ahí, no lo hace». Hrdy, que reconoce ser ella misma una madre con una gran sensibilidad al respecto, subraya: «Una diferencia aparentemente insignificante en los umbrales de respuesta a las señales del bebé produce, gradualmente, insidiosamente, paso a paso, sin invocar ninguna otra causa, una marcada división del trabajo por sexos».[51]

Y luego está el cerebro

El intento de situar las diferencias esenciales entre hombres y mujeres en las estructuras del cerebro comenzó a mediados del siglo XIX con herramientas como cintas métricas y sacos de grano de mijo. Los resultados se utilizaron para oponerse al sufragio femenino y a la igualdad de acceso a la educación.[52] Hoy en día, métodos

---

[50] Ibíd., p. 212.

[51] Ibíd., p. 213.

[52] Cynthia Russett, Sexual Science: *The Victorian Construction of Womanhood* (Cambridge: Harvard University Press, 1989).

tecnológicamente más avanzados, como la neuroimagen, pueden cumplir la misma función. Dado que las conclusiones de estos estudios se utilizan a menudo para reafirmar los estereotipos de género, la neurocientífica y escritora Cordelia Fine ha bautizado esta línea de trabajo como neurosexismo. Escribe: «Recuerda que la psicología y la neurociencia, y la forma en que se comunican sus resultados, están orientadas a encontrar diferencias, no similitudes. Los cerebros masculino y femenino son, por supuesto, mucho más parecidos que diferentes. No solo suele haber un gran solapamiento entre los patrones "masculinos" y "femeninos", sino que, además, no hay nada en el mundo que se parezca más a un cerebro masculino que el cerebro femenino. Los neurocientíficos ni siquiera pueden diferenciarlos a nivel individual».[53]

Cuando llamo a la neurocientífica y escritora Lise Eliot para preguntarle si hay alguna explicación inevitable e innata que se le ocurra para el problema que estoy investigando, puedo ver el humo de dibujos animados que sale de sus orejas. «Iré al grano —me dice—. Hay muy pocas cosas en el comportamiento humano que sean innatas. La mayor parte de lo que hacemos viene determinado por nuestra experiencia consciente e inconsciente. Llamar "innata" a la división del trabajo en función del género es una forma cómoda de mantener la estructura de poder, y punto». A bote pronto, le planteo a Eliot un par de hallazgos sobre las diferencias cerebrales entre hombres y mujeres que acaparan titulares, y me responde con la información opuesta. Según sus propias investigaciones, por ejemplo, una comparación del volumen total del cerebro muestra que las mujeres no tienen un cuerpo calloso mayor que los hombres, una aparente tergiversación sobre la que recuerdo haber leído durante mis estudios de posgrado.

El cuerpo calloso es la estructura que conecta los dos hemisferios cerebrales. Si los hemisferios de las mujeres estuvieran más conectados que los de los hombres (el término técnico es «menos lateralizados»), ambos lados se comunicarían con mayor fluidez. Este hallazgo espurio se ha utilizado para explicar la supuesta

---

[53] Cordelia Fine, *Delusions of Gender* (Nueva York: W. W. Norton & Company, 2010), p. 165.

mayor facilidad de las mujeres para la multitarea, así como la supuesta mayor capacidad de los hombres para el trabajo CTIM. Un puñado de las madres a las que entrevisté se refirieron a lo primero para explicar por qué de forma natural, aunque a medias, asumen más tareas que sus cónyuges. «Se sabe que las mujeres son más polivalentes», dijo Marla, una trabajadora social de 43 años de Chicago y madre de una niña de 6 años, al explicar por qué ella se ocupaba más de la vida de su hija que su marido.

Eliot responde: «Son tonterías. Nuestros cerebros se vuelven buenos en lo que sea que tengamos que hacer. Las secretarias son buenas haciendo varias cosas de forma simultánea y efectiva. Estamos dejando que los hombres nos conviertan en secretarias». Y lo que es más revelador, aunque la diferencia del cuerpo calloso se hubiera mantenido, las conclusiones que se extraen popularmente de ella se ajustan más a las actitudes retrógradas sobre la división sexual de las tareas domésticas —y las carreras científicas— que a la investigación animal real, que sugiere que las criaturas con cerebros más lateralizados son mejores para realizar simultáneamente múltiples tareas.[54] Las deducciones que se extraen de los estudios sobre diferencias cerebrales suelen ser, por utilizar otro término de Fine, neuronas sin sentido.

En realidad, las funciones cerebrales surgen de redes neuronales distribuidas y de una enorme complejidad de conexiones, sistemas de neurotransmisores y funciones sinápticas. La arquitectura estructural del cerebro no proporciona por sí sola demasiada información del tipo que se busca, y, para que quede claro, como bromea Fine, aquí está el patrón oro de los descubrimientos apasionantes: «Por fin he encontrado los circuitos neuronales que organizan el cuidado de los niños, planifican la cena y se aseguran de que todo el mundo tenga ropa interior limpia. ¿Ven cómo desplazan a los circuitos para la carrera, la ambición y el pensamiento original?».[55]

---

[54] Lesley J. Rogers, Paolo Zucca y Giorgio Vallortigara, «Advantages of Having a Lateralized Brain», *Proceedings of the Royal Society of London: Biological Sciences* 271, n.º 6 (7 de diciembre de 2004), S420-22.

[55] Cordelia Fine, *Delusions of Gender* (Nueva York: W. W. Norton & Company, 2010), p. 167.

Sin embargo, como explica Eliot, las diferencias de sexo venden. «Siempre tienen un matiz extravagante y políticamente incorrecto. Mira, nos hemos estado engañando a nosotros mismos cuando la ciencia está demostrando lo contrario». Eliot, madre de tres hijos adultos, me dice: «Todo lo que llamamos diferencia de sexo, si se adopta una perspectiva diferente —cuál es el ángulo de potencia en esto—, a menudo explica las cosas. A los hombres les ha venido muy bien suponer que las diferencias entre hombres y mujeres son innatas. Ha sido perjudicial para las mujeres vivir así». Hoy en día, mientras la «ciencia» popular sigue insistiendo en que los patrones de comportamiento arraigados en el cerebro son innatos, o algo con lo que se nace, la ciencia real ha aterrizado en un lugar totalmente diferente. La neurociencia contemporánea gira en torno a la plasticidad, «la capacidad del sistema nervioso de cambiar su organización y funcionamiento con el tiempo».[56] Los cerebros no están programados, sino que se reconfiguran constantemente en respuesta a la experiencia en tiempo real.

Un estudio de 2014 de la Universidad Bar Ilán de Tel Aviv ejemplifica esta idea. Los investigadores compararon los datos de FMRI de tres grupos de padres primerizos: madres principales cuidadoras, padres cuidadores secundarios y padres homosexuales cuidadores principales que criaban a sus hijos sin mujeres. Si una resonancia magnética es una foto fija del cerebro, una resonancia magnética funcional es una película. Permite a los investigadores observar tanto la función como la estructura del cerebro. La actividad cerebral de los tres grupos de sujetos no era idéntica. En las madres cuidadoras primarias, el comportamiento parental provocaba una mayor actividad en la amígdala, la estructura evolutivamente más antigua implicada en el procesamiento de las emociones. En los padres de cuidado secundario, los mismos comportamientos parentales iban acompañados de una mayor actividad en las estructuras sociocognitivas más recientes del neocórtex. En ambos grupos, la crianza integraba el funcionamiento de esas dos redes

---

[56] Janet Shibley Hyde, «New Directions in the Study of Gender Similarities and Differences», *Current Directions in Psychological Science* 16, n.º 5 (octubre de 2007), pp. 259-63.

neuronales, y cuanto mayor era la implicación de los padres, más integradas estaban las redes. Los investigadores también descubrieron que los hombres que habían dedicado tanto tiempo a sus bebés como las madres mostraban una activación en la amígdala comparable a la de las mujeres, así como una mayor activación en las estructuras sociocognitivas, similar a la de los padres secundarios.

Los investigadores llegaron a la conclusión de que las diferencias entre los tres grupos no se debían tanto al sexo biológico o al parentesco genético con el bebé —los padres que eran los cuidadores primarios habían adoptado— como al tiempo que los sujetos habían pasado en contacto íntimo con sus bebés. Escriben: «Asumir el papel de padre implicado y dedicarse al cuidado activo de la criatura puede desencadenar *una* red global de cuidado parental tanto en mujeres como en hombres, en padres biológicos y en aquellos genéticamente no emparentados con el niño.[57] Estos hallazgos concuerdan con la hipótesis de que la crianza humana puede haber evolucionado a partir de un sustrato de aloparentalidad evolutivamente antiguo que existe en todos los miembros adultos de la especie y que puede activarse de forma flexible mediante el cuidado receptivo y el compromiso con el bienestar de los niños».

Los padres de cuidados secundarios nacieron para ser compañeros, no ayudantes. Pero, en muchos sentidos, asumir el papel secundario juega en contra de la igualdad desde el primer día, no debido a lo que se denomina programación, sino a la incapacidad de hacerlo por falta de experiencia. Es decir, la incapacidad de aprender.

Las consecuencias de las disparidades de comportamiento que comienzan con predisposiciones muy leves y posiblemente innatas en los padres cuando nace el niño aumentan a medida que el bebé crece. Cuando las parejas toman el camino de menor resistencia, la profundidad y amplitud de experiencia de la madre

---

[57] Eyal Abraham, Talma Hendler, Irit Shapira-Lichter, Yaniv Kanat-Maymon, Orna Zagoory-Sharon y Ruth Feldman, «Father's Brain Is Sensitive to Childcare Experiences», *Proceedings of the National Academy of Sciences* 111, n.º 27 (julio de 2014), pp. 9.792-97.

acaba superando el alcance del padre. ¿Cuántas reuniones de padres y profesores, cuántas llamadas de la enfermería y cuántas invitaciones a fiestas de cumpleaños tendrá que atender una madre sola antes de que su experiencia se vuelva inigualable?

Fue en otoño del primer curso de Liv cuando comprendí que habíamos llegado a un punto de difícil retorno. El papa vino a Nueva York, y su visita generó retrasos y cancelaciones en los trenes. Era lunes, el día que yo trabajaba de noche y a George le tocaba recoger a los niños. Mi marido me envió este mensaje: «No sé si llegaré a casa a tiempo. Necesitamos un plan alternativo». Por «necesitamos» se refería a que yo lo necesitaba. Le tocaba recogerlos y no tenía un plan alternativo. Durante años me había hecho cargo de ellos, de una forma u otra, y dejar que lo intentara y fallara ahora (como siempre) no era una posibilidad apetecible. Si fracasaba, serían Liv y Tess quienes estarían esperando, por no hablar del personal de sus escuelas. Aun así, podría haber reculado. George se lo habría imaginado. Pero eso me parecía mal. Se suponía que éramos un equipo. Llamé a otra madre y me dijo que iría a por las niñas. A pesar de nuestras buenas intenciones, George y yo estábamos en el mismo lugar de siempre.

El estudio de Tel Aviv nos dice: «*Si bien* el embarazo, el parto y la lactancia [...] proporcionan poderosos cebadores para la expresión del cuidado materno a través de la sensibilización de la amígdala, la evolución creó otras vías para la adaptación a la función parental en los padres humanos, y estas vías alternativas vienen con la práctica, la sintonización y el cuidado cotidiano».

April, jefa de operaciones y neoyorquina que cría a sus dos hijos junto a su mujer, fue inicialmente la cuidadora secundaria en su familia. Eso le hizo sentirse menos capaz con sus hijos. Dice: «Cuando no sueles desempeñar el papel principal y te ves obligado a hacerlo durante uno o dos días, se te da fatal. Yo he estado en esa situación. Soy horrible. No sé dónde se supone que deben estar los niños, ellos están tensos y todo el mundo está esperando que Jill vuelva para hacerlo mejor. Cuando es algo que solo está presente en tu vida esporádicamente, estás abocado al fracaso. En las parejas heterosexuales, eso parece exacerbar la teoría de que los hombres no son buenos para esto».

La paternidad, como la maternidad, está biológica y socialmente definida. Es la experiencia cotidiana de atender a los hijos —y no el sexo biológico— lo que engloba lo que hoy denominamos maternidad. Cuanto más entendemos que se trata de una experiencia disponible para ambos sexos, menos sentido tiene caracterizar la crianza de los hijos como un talento especialmente femenino. Tal discurso solo sirve para afianzar la desigualdad, para reforzar en nosotros mismos, y luego inculcar en nuestros hijos, la creencia de que solo las madres deben inclinarse bajo el peso de todas las tareas.

III

Nos educan para ser dos tipos de personas diferentes

Mi marido se detuvo en Walgreens, el chat de un grupo de mujeres

A finales del invierno de 2018, en uno de los grupos de madres más activos a los que me uní por Facebook, se estaba produciendo un animado debate sobre las orientaciones sociales contrapuestas de hombres y mujeres en la ciudad de Chicago. Al parecer lo había instigado, aunque no iniciado, una mujer llamada Arianne, que escribió: «Estoy embarazada de siete meses y un día vomité de camino a casa, cuando volvíamos de las clases de natación de mi hijo, porque mi reflujo gástrico es pésimo. Literalmente, tuvimos que salirnos de la carretera para poder vomitar en un *parking*. Luego, mi marido tuvo la audacia de parar en Walgreens, para comprar *spray* nasal mientras yo le esperaba sentada en el coche con ganas de llegar a casa. Los hombres no lo pillan. A menudo son desatentos con las necesidades de los demás y solo piensan en sí mismos».

La conversación continuó exponiendo las diferentes maneras en que las mujeres consideraban las preocupaciones de los demás, en comparación con los hombres. Sugirieron algunas estrategias para lograr que los hombres tuvieran en cuenta sus necesidades, como poner notas adhesivas en los espejos del baño que les recuerden abrazar a sus mujeres o pintar el baño, o para ayudarles a percibir el sufrimiento de las mujeres, por ejemplo «declarándose en huelga» para que «sean capaces de ver todo lo que ellas hacen». También ofrecían consejos sobre cómo una mujer podía adaptarse más fácilmente a las realidades desagradables de las relaciones heterosexuales; no solo al hecho de que los hombres sean incapaces de imaginar que sus esposas embarazadas prefieran ir directamente a casa para vomitar sin pasar antes por un Walgreens, sino también a su falta de reconocimiento de la atención y los cuidados que sus mujeres llevan a cabo a diario. «Seguramente no te moleste hacer todas las cosas que haces», escribió una mujer llamada Kim, en respuesta al comentario de una técnica de emergencias médicas que decía que su marido, entre otras barbaridades, no había ido nunca al supermercado en los once años que llevaban casados. «Lo único que quieres es sentirte valorada por hacer todo lo que haces. Un simple gracias ayuda mucho».

Yo disfrutaba sintiéndome valorada, pero también necesitaba tener oportunidades para ser de igual modo agradecida con mi marido. No es que nunca tuviera la oportunidad. George, durante tres años consecutivos, y a costa de su bienestar, era quien se levantaba en medio de la noche con Tess, que nunca durmió bien. Después del nacimiento de Liv, se convirtió en un «campeón del pañal», una aptitud similar a la del *origami*, que yo jamás desarrollé, y que él retomó con Tess. Sin embargo, su tendencia a no ver las necesidades incipientes —las no rutinarias, que formaban el entramado de la vida familiar— nunca dejó de sorprenderme. Había algo muy básico que no conseguía comprender en alguien tan trabajador y por lo general tan cariñoso: la incapacidad, que compartía con muchos de su género, de tener en cuenta a los demás.

Una tarde de verano de 2018, llegamos a casa tras un largo día de playa, justo a la hora de dormir de las niñas. No habían cenado y en el coche decidimos que les daríamos pollo rebozado que teníamos congelado. En cuanto llegamos a casa, empecé a bañar a las niñas para sacar la arena incrustada, tras ver a George entrar en nuestra cocina. Di por sentado que iba a calentar la cena. Cuando terminé de duchar y secar a mis pequeñas, cinco o diez minutos más tarde, él estaba de pie frente a la encimera bebiendo una cerveza fría.

Saqué la caja, la abrí y puse las piezas en la bandeja del horno. Me vio hacerlo, incapaz de ofrecer ni siquiera un «¡Uy!». No se le había pasado por la cabeza calentar el pollo, que era justamente lo que esperaba de él, o que nuestras hijas estaban cansadas, hambrientas y listas para irse a la cama. No era pereza. Era una cosa sin nombre, algo que no podía llegar a entender.

La crianza

Si el esencialismo de género defiende las cualidades innatas distintivas de la mujer y el hombre, el existencialismo de género ofrece una alternativa. Entiende el género como una construcción social que influye radicalmente en nuestra forma de pensar, actuar y vernos a nosotros mismos, y que está vinculada al sexo no por la biología, sino por la cultura.[1] Hay más mujeres existencialistas de género que hombres.[2] De una encuesta reciente del Centro de Investigaciones Pew Research se extrae la siguiente información: del 64 por ciento de estadounidenses que creen que las mujeres y los hombres tienen distintos enfoques sobre la crianza, el 61 por ciento de las mujeres consideran que estas diferencias son determinadas socialmente (y no biológicamente), frente al 41 por ciento de los hombres, que creen lo contrario.

Deanna, de 42 años, maestra y madre de dos hijos en San Diego, dijo: «Está muy arraigado a varios niveles. Culturalmente, por la forma en que describimos a las mujeres; históricamente, por la forma en la que las tratamos durante miles de años en todo el mundo. A las mujeres se las considera menos importantes. No era del todo consciente de esto hasta las elecciones de 2016. Entonces lo vi claro. Lo veo en algunas bromas que hacen mis amigas, en cómo hablo de mí misma. A las mujeres se les falta más al respeto. Importan menos».

Deanna describió el impacto que tuvo en su propia vida el hecho de ser menos importante. Renunció al mejor trabajo que había

---

[1] Jennifer Hockenberry Dragseth, *Thinking Woman: A Philosophical Approach to the Quandary of Gender* (Eugene, OR: Cascade Books, 2015), p. 78.

[2] Kim Parker, Juliana Menasce Horowitz y Renee Stepler, «On Gender Differences, No Consensus on Nature vs. Nurture», en *Pew Research Center Social & Demographic Trends* (5 de diciembre de 2017). <http://www.pewsocialtrends.org/2017/12/05/on-gender-differences-no-consensus-on-nature-vs-nurture>.

tenido para adaptarse a la carrera de su marido. No le pidió que redujera sus viajes por trabajo los fines de semana, ni siquiera cuando estaba embarazada de su segundo hijo y trabajaba a tiempo completo como maestra, luchando contra la ansiedad y cuidando de una criatura pequeña: «Sentía que todo era responsabilidad mía». Los padres de Deanna se divorciaron cuando ella tenía 2 años, y fue criada por una madre soltera enfocada en encontrar un hombre. «Recuerdo sus relaciones rotas y lo que me decía que significaba ser mujer». Esto es lo que significaba ser mujer: tener un marido era de vital importancia, por lo que el trabajo de una esposa era conseguir que él gozara de una comodidad absoluta.

El existencialismo de género sostiene que intentar encajar en una u otra categoría humana impide vivir con autenticidad. Es difícil imaginar a una persona que no se haya sentido limitada por el mandato de pertenencia al grupo. Nuestras preferencias son relegadas a un segundo plano por las reglas del sistema de género. No puedo ser la única mujer adulta que recuerda pasar tiempo a escondidas con coches Matchbox cuando ninguno de mis compañeros de clase estaba mirando. Los estudios de observación sobre la elección de juguetes por parte de las niñas y los niños demuestran que los niños de 3 y 4 años dedican el 21 por ciento de su tiempo a jugar con «juguetes para niñas» cuando están solos; esta cifra cae al 10 por ciento cuando algún coetáneo está jugando cerca. Desde el principio, las niñas son menos controladas en relación con las infracciones de género, y disfrutan de una mayor libertad al elegir los juguetes. El 34 por ciento de las veces, las niñas eligen «juguetes de niños» cuando juegan solas y el 24 por ciento de las veces cuando otra niña u otro niño participa del juego.[3] Los corazones y las mentes permiten un abanico de posibilidades mayor que el que permiten las presiones sociales.

La socialización de los sexos empieza al nacer. Los padres tienen diferentes expectativas con respecto a sus hijos y sus hijas desde la infancia, y la percepción que tienen de sus hijos se va formando junto con estas expectativas. Los bebés de ambos sexos

---

[3] Lise Eliot, P*ink Brain, Blue Brain: How Small Differences Grow into Troublesome Gaps—and What We Can Do About It* (Nueva York: Mariner Books, 2010), p. 121.

se diferencian solo en estos aspectos: de media, los bebés varones tienen más dificultades para autorregularse y suelen tardar más en pasar de una actitud unilateral a otra de compromiso mutuo.[4]

Incluso en ausencia de otras diferencias que son medidas objetivamente, los padres con hijas tienen más probabilidades de calificar a estas como más sensibles, más pequeñas, de rasgos más finos y más dispersas que los padres que tienen hijos varones. Cuando se pide a madres y padres que vean el vídeo de un bebé al que no conocen, describen al bebé de forma diferente cuando se les dice que se trata de un niño que cuando se les dice que es una niña. Las madres de niñas subestiman sistemáticamente las capacidades locomotoras de sus hijas, mientras que las madres de niños sobrestiman las de sus hijos. Las expectativas estereotipadas influyen en la adquisición de comportamientos sexistas, convirtiendo las expectativas en profecías.

La evidencia histórica sugiere que, a medida que hombres y mujeres han pasado a desempeñar papeles públicos más similares, hemos empezado a destacar el sexo desde el nacimiento —o incluso antes— de forma más dramática. En la época de las esferas separadas, los juguetes y la ropa eran neutrales en cuanto al sexo. Los niños usaban camisones.[5] En la actualidad, la revelación del sexo no es solo resultado de las redes sociales, sino también un esfuerzo por recuperar la prevalencia del sexo en un mundo en el que los papeles masculino y femenino son cada vez más indiferenciados.

Clasificamos a las personas en dos categorías. De cada una de ellas se espera que se comprometa con un modelo específico de pensamiento, sensibilidad y comportamiento. Estas expectativas se refuerzan de infinitas maneras a lo largo de innumerables interacciones en una amplia gama de entornos. Las expectativas son universales y tienen un propósito moralista, transmiten pautas y normas que son fundamentales para obtener un comportamiento adecuado. Las chicas aprenden a comportarse de forma femenina,

---

[4] Marilyn Stern y Katherine Hildebrandt Karraker, «Sex Stereotyping of Infants: A Review of Gender Labeling Studies», en *Sex Roles* 20, n.º 9/10 (1989), pp. 501-22.

[5] Jo B. Paoletti, *Pink and Blue: Telling the Boys from the Girls in America* (Indiana: Indiana University Press, 2012), pp. 100-16.

lo que indica adaptación, y los chicos, a comportarse de forma masculina, lo que denota seguridad.

Sin ser muy conscientes de ello, los adultos orientan a los niños pequeños hacia el comportamiento «correcto», no solo de manera evidente apartando las muñecas de los niños. Tomemos como ejemplo las interacciones entre docente y alumnos en las aulas de preescolar: según los estudios, los niños y las niñas de trece meses actúan de la misma forma, pero los adultos no responden de la misma manera. Las niñas reciben más atención de los maestros cuando gesticulan y balbucean, y los niños cuando lloriquean y gritan. A los trece meses, niñas y niños son igual de proclives a agarrar, empujar y dar patadas. Pero los profesores intervienen para modular el comportamiento agresivo de las niñas tan solo el 20 por ciento de las veces. En cambio, la agresividad de los niños acaba con la intervención del docente el 66 por ciento de las veces. En términos de teoría del aprendizaje, la agresividad de los niños se refuerza más del triple de veces que la de las niñas. A los veintitrés meses, las niñas son menos agresivas y los niños lo son más. Ambos grupos han aprendido a optimizar el potencial de atención de los adultos comportándose de la manera que más llame su atención.[6]

Está claro que la socialización contribuye a las diferencias de comportamiento entre los sexos. Se ha demostrado, por ejemplo, que los niños criados en hogares igualitarios muestran el mismo interés por los bebés que las niñas, mientras que los niños criados en hogares tradicionales muestran menos interés.[7] Nunca será posible analizar los aportes que conciernen específicamente a la biología o la cultura, que siempre interactúan. En su libro de 1999, *Why So Slow?*, la psicóloga Virginia Valian, de la Universidad Hunter, explica: «Los efectos hormonales [...] dependen del contexto. Incluso en las ratas, los efectos de las hormonas sexuales difieren según el trato que reciben los animales, el tipo y la cantidad de estímulos proporcionados por su entorno, y el tipo de cuidado

---

[6] Virginia Valian, *Why So Slow?: The Advancement of Women* (Cambridge: MIT Press, 1999), pp. 50-1.

[7] Judith Blakemore, «The Influence of Gender and Parental Attitudes on Preschool Children's Interest in Babies: Observations in Natural Settings», en *Sex Roles* 38, n.º1/2 (enero de 1998), pp. 73-94.

maternal que reciben. [...] Los efectos hormonales y ambientales actúan conjuntamente para influir en los rasgos y en los comportamientos de personas y animales».[8]

Las diferencias que podrían manifestarse entre niños y niñas quizás se deban en parte a la genética y a las hormonas. Desde una perspectiva multicultural, los antropólogos identificaron siete comportamientos que difieren mucho entre niños y niñas cuando alcanzan los tres años de edad, sin importar dónde han sido criados. Estos incluyen: las niñas trabajan más, los niños juegan más; los niños pasan más tiempo a una mayor distancia de sus madres que las niñas; las niñas pasan más tiempo en contacto con la infancia y con los cuidados que los niños; los niños se involucran más en juegos bruscos con golpes; las niñas juegan más a acicalarse; y los niños juegan más a pelearse.

Aunque sea fácil asumir que los comportamientos multiculturales son el resultado de una programación predeterminada, hay que considerar en primer lugar que lo que prácticamente todas las culturas comparten de manera universal es que son patriarcales: el 85 por ciento de ellas y sumando, según una encuesta de mediados del siglo XX.[9] En segundo lugar, a pesar del hecho de que no haya casi diferencias de comportamiento entre bebés de ambos sexos, los comportamientos parentales hacia las hijas con respecto a los que tienen hacia los hijos varían de manera consistente y cuantificable. Hay muchos datos sobre esto, pero, para ser concisa, diré solo que, en primer lugar, los progenitores con hijos varones les proveen de más juegos de estimulación física que los progenitores con hijas. En segundo lugar, que las madres con hijas se implican durante más tiempo en los cuidados que las madres que tienen hijos varones.[10]

La inclinación por los juegos bruscos o de acicalamiento podría ser consecuencia de las primeras experiencias de los bebés.

---

[8] Virginia Valian, *Why So Slow?: The Advancement of Women* (Cambridge: MIT Press, 1999), p. 69.

[9] Sarah Blaffer Hrdy, *Mother Nature* (Nueva York: Ballantine Books, 1999), p. 252.

[10] Anne Fausto-Sterling, Jihyun Sung, David Crews y Cynthia Garcia-Coll, «Multimodal Sex-Related Differences in Infant and in Infant-Directed Maternal Behaviors During Months Three Through Twelve of Development», en *Developmental Psychology* 51, n.º 10 (2005), pp. 1.351-66.

La nostalgia empieza en la infancia. Si un recuerdo emocional cálido se asocia a la experiencia física de ser empujado o acicalado, es probable que recreemos estas experiencias a medida que crecemos. En consonancia con esta idea, los estudiosos del género hablan ahora de «el cuerpo representado por el género», en lugar de hablar de un cuerpo cuya expresión de género está simplemente formada por la biología o la sociedad. En este modelo, las características de género no son rasgos innatos o socializados, sino procesos dinámicos que dependen de la historia vital del individuo.

Criar es autoperpetuarse

La teoría de la estructura social sugiere que la división del trabajo por razones de género determina las diferencias de comportamiento relacionadas con el género y, por tanto, también las acciones de hombres y mujeres en la vida familiar. Históricamente, el tamaño y la fuerza de los hombres les permitía realizar actividades como la guerra, que les otorgaba más estatus y poder que a las mujeres. Una vez en esos roles, los hombres se volvieron más dominantes y el comportamiento de las mujeres se adaptó.[11]

A pesar de la irrelevancia contemporánea de la fuerza para obtener éxito y estatus, esta dinámica no ha cambiado mucho. En su libro de 1994, *The Lenses of Gender*, la ya fallecida psicóloga y teórica del género Sandra Bem analizó por qué el declive del enfoque en la maternidad y la guerra en las sociedades contemporáneas no conducía, a largo plazo, a un comportamiento menos estereotipado en mujeres y hombres. Sugirió tres principios para explicar la preservación de los roles de género: el androcentrismo, la polarización de género y el esencialismo biologicista. El androcentrismo es la creencia en la supremacía masculina y en el estatus superior asociado a lo masculino. La polarización de género es la organización de la vida social en torno a dos mitades distintas y desiguales

[11] Alice H. Eagly y Wendy Wood, «The Origins of Sex Differences in Human Behavior: Evolved Dispositions Versus Social Roles», en *American Psychologist* 54, n.º 6 (1999), pp. 408-23.

de una población.[12] El esencialismo biologicista sostiene que las diferencias de género están directamente relacionadas con las cromosómicas. En medio de todo esto, cargamos con nociones culturales profundamente arraigadas sobre aquello en lo que son mejores los hombres y las mujeres y sobre cómo deben comportarse.

Los hombres deben hacer por sí mismos y pensar en sí mismos (*comportamiento agéntico*), mientras que las mujeres deben hacer y pensar por y para los demás (*comportamiento comunitario*). Aunque esto ha perjudicado a los hombres de muchas maneras —la llamada epidemia de la soledad les afecta desproporcionadamente—, sigue siendo el precursor del estatus y el éxito. En palabras del filósofo australiano Neil Levy: «No es casual que no exista un premio Nobel por hacer que la gente se sienta incluida».[13]

Katrina, de 35 años, trabajadora social y madre de dos hijos en Chicago, dice ser una mujer *comunitaria* casada con un hombre *agéntico*: «En general, me siento abrumada. A menudo, me siento frustrada. Esta mañana me enfadé cuando mi marido bajó las escaleras a las 7:05 y yo ya había pasado media hora sola gestionando el caos de la mañana. Me enfada. ¿Por qué no puede levantarse antes, bajar y estar disponible? ¿Por qué duerme los sábados hasta las ocho? ¿Cómo es posible que ocurran estas cosas?». «¿Por qué ocurre?», le pregunté. «¡Por qué no se levanta de la cama! Yo también podría dormir hasta tarde, pero entonces las necesidades de los demás no estarían cubiertas, y la perra no saldría».

Continué preguntando: «¿Alguna vez le pides que se levante?». «Si se lo pidiera, seguramente no lo haría. O yo no conseguiría seguir durmiendo y me levantaría. O se convertiría en una situación molesta justo en la mañana que tenemos libre. "¡Oye, levántate! ¡Levántate! ¡Levántate!". No soy su madre. Así que es una situación complicada. Una mañana me fui temprano al gimnasio. Le dije: "Tienes que levantarte a tal hora y prepararlos y darles el

---

[12] Alice Eagly, «Bridging the Gap Between Gender Politics and the Science of Gender», reseña de *The Lenses of Gender*, de Sandra Lipsitz Bem, en *Psychological Inquiry* 5, n.º 1 (1994), pp. 83-85.

[13] Neil Levy, «Understanding Blindness», reseña de *The Essential Difference*, de Simon Baron-Cohen, en *Phenomenology and the Cognitive Sciences* 3, n.º 3 (septiembre de 2004), p. 323.

desayuno antes de las ocho para llegar a tiempo a gimnasia rítmica. Volví a casa a las nueve. Todavía no habían desayunado. La perra seguía en su caseta».

Los naturalistas asumen que la estructura de la crianza es biológicamente evidente, que lo evidente es instintivo y que lo instintivo es inevitable. Por el contrario, en la actualidad, la evolución biológica sostiene que las mujeres son los progenitores primarios sencillamente porque siempre lo fueron. La división del trabajo fue el punto de partida de las sociedades humanas primitivas y lo sigue siendo. El psicoanálisis feminista se expande con esa idea, al señalar que «todas las criaturas tienen la experiencia de haber sido criadas en primer lugar por mujeres». La socióloga y psicoanalista Nancy Chodorow describe un proceso que llama la *reproducción de la maternidad*, un proceso social y psicológico, pero no biológico o intencional, en el que la maternidad femenina se reproduce cíclicamente.

En su libro, *The Reproduction of Mothering*, Chodorow escribe: «Las mujeres, como madres, producen hijas con capacidades maternas y el deseo de ser madres. Estas capacidades y necesidades se construyen y crecen dentro de la propia relación madre-hija. En cambio, las mujeres como madres (y los hombres como no madres) producen hijos cuyas capacidades y necesidades de crianza han sido sistemáticamente reducidas y reprimidas».[14] Chodorow teoriza que en los primeros meses y años del desarrollo de la personalidad, las niñas se sienten conectadas con las madres en virtud de su sexo, mientras que los niños se sienten desconectados por el suyo.

En consecuencia, el desarrollo de un niño implica la represión de la necesidad de tener relaciones y el sentido de conexión, y también, eventualmente, «la reproducción de la dominación masculina». O, como lo describió el actor y escritor Michael Ian Black en un artículo de opinión de *The New York Times* sobre los hombres jóvenes y la violencia: «Muchos chicos están atrapados en el mismo modelo sofocante y anticuado de masculinidad, donde la

---

[14] Nancy J. Chodorow, *Feminism and Psychoanalytic Theory* (New Haven: Yale University Press, 1989), pp. 6-7.

hombría se mide con la fuerza, donde no hay manera de ser vulnerable sin ser castrado, donde la virilidad consiste en tener poder sobre los demás».[15]

El énfasis en el poder masculino entre los niños empieza pronto. A los diecinueve meses, los niños responden positivamente a otros niños solo cuando participan en actividades masculinas. Por el contrario, las niñas reaccionan positivamente ante otras niñas, independientemente de su estilo de juego. En *Why So Slow?*, Valian describe diferentes estudios sobre el juego de niñas y niños pequeños: «Las actividades masculinas adquieren gradualmente un estatus superior, inicialmente a través de las reacciones de los padres ante la elección por parte de sus hijos de actividades femeninas y, más tarde, por la desaprobación de los compañeros masculinos [...]. Los niños son especialmente propensos a castigar a sus compañeros varones que escogen juegos femeninos, ridiculizando o interfiriendo en sus juegos física o verbalmente. Los niños aprenden así a devaluar las actividades femeninas y a evitarlas para no comprometer su estatus superior. No pueden arriesgarse al estigma de ser femeninos».[16]

Tampoco lo pueden hacer algunos hombres adultos. Así me explicó Shannon, la madre de Oklahoma City, la negativa de su marido a doblar la ropa: «No querrás que mis colegas me vean haciendo estas cosas. Pensarán que soy un calzonazos». Aunque frustrada por lo que significa para ella, Shannon también siente cierta compasión hacia la vulnerabilidad social de su marido. Se traga su orgullo para proteger el de él; ese es el ubicuo coste femenino de la fragilidad masculina.

Algunos estudios de observación de niños de dos años en aulas de preescolar demuestran que mientras que las niñas cambian su comportamiento de juego en respuesta al deseo de los compañeros de clase de ambos sexos, los niños no se dejan influir por las niñas. El comportamiento social de los niños se vuelve más sofisticado

---

[15] Michael Ian Black, «The Boys Are Not All Right», en *The New York Times* (21 de febrero de 2018). <https://www.nytimes.com/2018/02/21/opinion/boys-violence-shootings-guns.html>.

[16] Virginia Valian, *Why So Slow?: The Advancement of Women* (Cambridge: MIT Press, 1999), pp. 53-55.

hacia los tres años, cuando empiezan a intentar controlar la actividad de sus amigos con una frecuencia cada vez mayor. A medida que los intentos de influir aumentan con la edad, las niñas y los niños empiezan a participar de diferentes maneras: las niñas, con sugerencias más educadas y los niños, con exigencias más directas. Con el tiempo, los chicos se vuelven cada vez menos receptivos a las peticiones amables. Y mientras los niños mantienen la influencia sobre todos (niñas y niños), las niñas solo pueden influir sobre otras niñas.[17]

Sin intención ni dirección explícita, nos convertimos en dos tipos de personas diferentes. A partir de los tres años, la mitad de nosotros empieza a pedir las cosas educadamente, y a tener en cuenta las necesidades y los sentimientos de los demás, mientras que la otra mitad exige e ignora los deseos de sus amigos, sobre todo si estos pertenecen al segundo sexo.[18]

Si saliste con chicos cuando tenías 20 años, ya sabes cómo funciona esto en la edad adulta. Y si has leído la obra del psicólogo e investigador de parejas John Gottman, también sabes cómo se manifiesta esta dinámica en el matrimonio. Tras ver muchas horas de vídeos de parejas heterosexuales en conflicto, Gottman descubrió que a menudo los maridos se «cierran en banda», quitándose de en medio mental y emocionalmente de la conversación, cuando sus esposas plantean ciertos problemas.[19] Como se ha descrito, «el comportamiento *muro de piedra* impide que las mujeres influyan en los maridos, o que puedan abandonar la sensación de no ser escuchadas. Las esposas, por otro lado, tienden a comprometerse con las preocupaciones de sus maridos».

En mis propias entrevistas con madres sobre su incapacidad para cambiar las cosas en casa, oí una y otra vez alguna versión del sentimiento de Monique, la madre de Queens: «¿Hasta qué punto

---

[17] Lise Eliot, *Pink Brain, Blue Brain: How Small Differences Grow into Troublesome Gaps-and What We Can Do About It* (Nueva York: Mariner Books, 2010), pp. 266-67.

[18] Eleanor E. Maccoby, *The Two Sexes: Growing Up Apart, Coming Together* (Cambridge: Harvard University Press, 1999), pp. 64-65.

[19] Anne Rankin Mahoney y Carmen Knudson-Martin, «The Social Context of Gendered Power», en *Couples, Gender, and Power*, ed. por Carmen Knudson-Martin y Anne Rankin Mahoney (Nueva York: Springer Publishing Company, 2009), p. 8.

se puede intentar persuadir a la otra persona?». No es de extrañar que algunas investigaciones encuentren que, entre todas las configuraciones de pareja de cualquier género, las lesbianas son las que ejercen la coparentalidad de forma más armoniosa.[20]

Cuando le pregunto a la neoyorquina April, que cría junto con otra mujer, qué opina de este hallazgo, descubro que lo atribuye al hecho de que las parejas del mismo sexo tienden a tener más flexibilidad en general. «En este momento, las dos hemos pasado tiempo reduciendo la carga del trabajo para ser las madres principales. Cuando has hecho eso, sabes lo que realmente se necesita y te aseguras de dar un paso al frente de otras maneras. Tengo una amiga heterosexual cuyo marido nunca ha sido el padre principal, y está claro que no lo entiende». Pero son las parejas homosexuales femeninas, y no las masculinas, las que no tienen problemas con la coparentalidad, como demuestran las investigaciones.

David, uno de los padres homosexuales que entrevisté, reconoció que los problemas a los que se enfrenta con su marido «son muy similares a los de los hogares heterosexuales, y el principal tiene que ver con el reconocimiento mutuo». Cuando dos hombres crían juntos a sus hijos, es más probable que cada uno se enfrente a las mismas dificultades que tienen las mujeres cuando crían a sus hijos con hombres, esa variante del «marido que hace una paradita en Walgreens».

En su libro de 2011, *Joining the Resistance*, la psicóloga y psicoanalista Carol Gilligan analiza el género en la infancia, en la etapa comprendida entre los seis y los doce años. Años después de que los procesos descritos por Chodorow se hayan establecido, Gilligan observa las reproducciones de masculinidad y feminidad de niños y niñas en acción. Los niños se despojan de su lado sensible, y las niñas, de su firmeza. Esos aspectos de sus personalidades pasan a la clandestinidad. Los psicólogos lo llaman disociación, la incapacidad de saber lo que sabemos y sentir lo que sentimos. La disociación es el resultado de una experiencia traumática, e incluye fuertes sentimientos de culpa. Gilligan no cree

---

[20] Timothy J. Biblarz y Judith Stacey, «How Does the Gender of Parents Matter?», en *Journal of Marriage and Family* 72, n.º 1 (febrero de 2010), pp. 3-22.

que sea una coincidencia que los chicos sean proclives a la depresión hacia los 8 años, cuando las expresiones de ternura y vulnerabilidad se vuelven socialmente inaceptables. Las chicas, con la correa de género más larga, tienen más probabilidades de deprimirse cuando llegan a la adolescencia, momento en el que se espera de ellas que se conviertan en señoritas «silenciosas en nombre de la bondad femenina». Gilligan escribió: «No sorprende [...] que en los momentos del desarrollo en que los niños se inician en los códigos y guiones de la virilidad y la feminidad patriarcales [...] estos [...] estén marcados por la angustia psicológica».[21]

Aunque las diferencias de género se refuerzan a través de los procesos sociales desde la cuna hasta la tumba, la llegada de un bebé parece intensificar las prescripciones y expectativas de comportamientos habituales para mujeres y hombres. Se ha dicho que la maternidad es la experiencia que más refuerza el género en la vida de una mujer.[22] El hogar en sí mismo ha sido llamado la *fábrica del género*.[23] La transición a la paternidad, a pesar de su magnificencia, es una época marcada por la angustia emocional. Según la Organización Mundial de la Salud, el 13 por ciento de las mujeres que dan a luz tienen síntomas de depresión posparto,[24] y datos recientes sugieren que también es común en los hombres.[25] Muchos creen que estos casos no se comunican lo suficiente. ¿Retorcerse en estas rígidas posturas masculinas y femeninas es un imperativo inconsciente?

Nos esforzamos por mantener la posición relativa que nos corresponde y nos sentimos incómodos cuando no lo logramos. Una mujer recién divorciada que conozco admitió con cierta sorpresa que sentía que estaba «traicionando» a su sexo ahora que su

---

[21] Carol Gilligan, *Joining the Resistance* (Cambridge: Polity, 2011), p. 26.

[22] Bonnie Fox, «The Formative Years: How Parenthood Creates Gender», en *Canadian Review of Sociology & Anthropology* 38, n.º 4 (2001), pp. 373-90.

[23] Sarah Fenstermaker Berk, *The Gender Factory: The Apportionment of Work in American Households* (Nueva York: Plenum Press, 1985).

[24] «Maternal Mental Health», *World Health Organization*. [Consultado el 27 de octubre de 2018]. <http:www.who.int/mental/maternal-child/maternalmentalhealt/en/>.

[25] «Even Men Get the Blues After Childbirth», *American Psychological Association* (19 de agosto de 2018). <https://www.apa.org/news/press/releases/2018/08/men-after-childbirth.aspx>.

exmarido tiene la mitad de la custodia y, por primera vez, hace la mitad del trabajo. Vidya, de 41 años, es madre en Los Ángeles. Dice que cocina y limpia menos que su marido, antes de señalar: «¡Siento que tengo que convencerte de que no soy una cocinera terrible!». Reflexiona sobre su actitud y concluye: «No hacer las tareas domésticas pone en duda mi competencia como mujer». Vidya no se sentía así antes de casarse, aunque su participación en las tareas del hogar era igual de exigua. Al parecer, se trata de algo que solo le hace sentir fuera de lugar en la medida en que hay un hombre que hace más que ella.

La psicóloga Eleanor Maccoby y otros no creen que sea exactamente la socialización en sí misma lo que explica el comportamiento de género, sino más bien el «contexto relacional social». Las mujeres y los hombres nunca se comportan tanto como mujeres y hombres como cuando se encuentran en mutua compañía. Maccoby dice: «El comportamiento ligado al sexo se convierte en una función omnipresente del contexto social en el que se produce. [...] Todo lo vinculado al género en el comportamiento de un individuo entra en juego a partir del género de los demás».[26]

Gilligan coincide y escribe: «La buena mujer cuidaba de los demás: les escuchaba y respondía a sus necesidades y preocupaciones».[27] Lo que también observa es que los hombres, incluso los buenos, no reciben este recordatorio. Quizás lo hayas notado viviendo con uno. Al principio es desorientador ver a otro ser humano moverse por el mundo de esta forma tan extraña, sin estar obligado a fijarse en los demás, a anticipar sus necesidades.

Mi marido, tumbado en la cama por la noche, leyendo en su teléfono, ni se mueve para hacerme sitio cuando entro en la habitación. Es algo insignificante, pero yo, acostumbrada a la feminidad, soy físicamente incapaz de permanecer inmóvil en las mismas circunstancias. Lo he intentado y no me siento bien. En Nueva York es habitual ver a los hombres sentados con las piernas abiertas en el metro, ocupando más asientos de los que les corresponden.

---

[26] Eleanor E. Maccoby, *The Two Sexes: Growing Up Apart, Coming Together* (Cambridge: Harvard University Press, 1999), p. 9.

[27] Carol Gilligan, *Joining the Resistance* (Cambridge: Polity, 2011), p. 17.

Esta práctica ha sido llamada *manspreading*, y se ha ganado una notoria reputación. Las mujeres no pueden permitirse ponerse tan cómodas a expensas de otro viajero. Nos enfurecemos cuando lo vemos, y nuestra indignación se dirige, al menos en parte, hacia ese expansivo y desafortunado ser. Se convierte en cada tío que hemos conocido, cada hombre que nos resistimos a condenar.

¿Quién quiere sentir esa indignación hacia una persona a la que ama? Antes de tener hijos, George y yo teníamos una discusión bianual sobre el acto de cocinar, que era solamente mi responsabilidad. Cada vez que yo protestaba por este acuerdo, él decía con gran sinceridad, pero sin tener en cuenta la reciprocidad: «Soy perfectamente feliz con comida para llevar». Siempre que la discusión se elevaba al nivel de una pelea, él preparaba una comida muy agradable y luego no volvía a cocinar hasta nuestra siguiente pelea. Al final, me rendí. ¿Hasta qué punto se puede intentar persuadir a otra persona? De todos modos, me gusta cocinar, me dije: es más fácil para mí porque llevo más tiempo haciéndolo; y al menos él limpia.

Se hizo más difícil sofocar mi frustración mediante la racionalización en el momento en el que hubo dos personas más en nuestra casa, ambas hambrientas y con la necesidad de cenar cada noche. Yo también quería que me prepararan la cena de vez en cuando, aunque lo que también anhelaba a medias era la comodidad de George, con su derecho a disfrutar pero nunca proporcionar esa comida. En 2018, al escribir en *Glamour* sobre los últimos años de su matrimonio, Lyz Lenz, madre de dos hijos, explicó: «Dejé de cocinar porque quería sentirme tan libre como un hombre que entra por la puerta de su casa con la expectativa de que habrá algo listo para él». Las mujeres a las que entrevisté me explicaron que ellas ya se ocupaban más de todo tipo de cuidados incluso antes de tener hijos. Decían: «Estaba más en casa», «Me preocupaba más por el aspecto de la casa», «Nos criaron de forma diferente». Obviaban el factor más destacado de todos: no es que tuvieran padres con normas y expectativas diferentes, sino más bien que habían sido educadas para ser mujeres, y sus maridos, para ser hombres.

Inmediatamente, comprendemos que la maternidad y la paternidad no son lo mismo. Según la poeta Adrienne Rich, la maternidad es continuada, mientras que la paternidad es un acto discreto. Los hombres no son madres porque no son mujeres, y no se espera de ellos que se ocupen de los demás de la misma manera, negándose a sí mismos «la experiencia de ser plenamente humanos», como afirmaba Jonah Gokova, activista de Zimbabue por la igualdad de género.[28] Por eso ninguna de las mujeres que entrevisté podía imaginarse cerrándose en banda ante sus maridos de la forma en que a menudo lo hacían ellos.

«En el universo de género del patriarcado —escribe Gilligan—, el cuidado es una ética femenina, no universal. Cuidar es lo que hacen las buenas mujeres, y las personas que cuidan están haciendo trabajo femenino».[29] Si los hombres han sido socializados prácticamente desde su nacimiento para mantener su posición de superioridad diferenciándose de las mujeres, ¿qué mejor manera de hacerlo en la edad adulta que durmiendo hasta tarde, no cocinando y dejando al perro en su caseta? Resistirse a estas asignaciones de género, dar o negar cuidados, es una tarea que ni las madres ni los padres están haciendo tan bien como deberían.

No es fácil luchar contra la crianza recibida

Imaginad mi excitación cuando, al inicio de mi investigación, encontré el libro de 2010 *Equally Shared Parenting: Rewriting the Rules for a New Generation of Parents,* de Marc y Amy Vachon. Ahí estaba el plan de acción que necesitaba para avanzar. La dinámica cotidiana que teníamos con George, que a mí me agotaba y a él lo ponía a la defensiva, podía rectificarse, así que nos abocamos a ello.

Podréis imaginar mi corazón roto cuando vi que la primera sugerencia del libro, así como la más potente, proponía que los aspirantes a compartir los cuidados de forma paritaria solo trabajaran media jornada. Los Vachon escriben: «Ser padres a partes iguales

[28] Jonah Gokova, «Challenging Men to Reject Gender Stereotypes», en *The Essential Feminist Reader*, ed. por Estelle B. Freedman (Nueva York: Modern Library, 2007), p. 422.

[29] Carol Gilligan, *Joining the Resistance* (Cambridge: Polity, 2011), p. 19.

significa elegir deliberadamente optimizar tu vida en lugar de maximizar tu sueldo».[30] En teoría, era atractivo. Los Vachon recomiendan el autoempleo; cumplo con ese requisito. Pero, como la mayoría de las parejas que crían dos hijas, George y yo no estábamos en condiciones de trabajar menos horas. A lo largo de los años, habíamos reducido un poco el trabajo, pero trabajar menos significa ganar menos, y ninguno de nuestros grandes gastos se había reducido. Cancelar la suscripción a la tele por cable: ese fue el único recorte que pudimos prever para nuestro presupuesto, y apenas se notó.

La imposibilidad de trabajar media jornada no es un impedimento para la paternidad compartida, pero los Vachon concuerdan en que, cuando las parejas no pueden hacerlo, contratar ayuda se convierte en una necesidad. Las madres que pueden permitírselo lo hacen instintivamente. Los datos muestran que las mujeres en parejas de dos carreras que ganan más que sus compañeros se benefician no porque sean capaces de negociar un reparto más equitativo del trabajo con sus cónyuges, sino más bien porque utilizan sus recursos para contratar a quien haga esa tarea.[31] Según la investigación, a medida que aumentan los ingresos de la mujer, también aumenta el gasto doméstico en servicios de limpieza y en comer fuera. No puede decirse lo mismo de la relación entre los ingresos de los hombres y estos gastos. De hecho, cada dólar de más que gana una mujer será más importante para su hogar que cualquier dólar adicional que gane su marido.[32]

Hacía ya tiempo que había contratado a una mujer para limpiar nuestro apartamento dos veces al mes. Estaba prácticamente enamorada de ella. Sin embargo, los puntos de consternación en nuestro matrimonio con hijos no podían ser solucionados pagando por ese servicio. Hay cosas que el dinero no puede comprar. No

---

30 Marc y Amy Vachon, *Equally Shared Parenting* (Nueva York: Penguin Group, 2010), p. 125.

31 Scott Coltrane, «Fatherhood, Gender and Work-Family Policies», en *The Real Utopias Project: Gender Equality, Transforming Family Divisions of Labor* (Brooklyn: Verso, 2009), p. 391.

32 Saniv Gupta, «Autonomy, Dependence, or Display? The Relationship Between Married Women's Earnings and Housework», en *Journal of Marriage and Family* 69, n.º 2 (mayo de 2007), pp. 399-417.

quería un asistente personal que hiciera el seguimiento de todos los correos electrónicos de la escuela, incluso si hubiera podido permitírmelo. Quería un marido que estuviera al tanto de los correos electrónicos conmigo —o, por lo menos, que no los enviara a su carpeta de correo no deseado sin decírmelo—, un marido que me evitara la molestia de tener que enviar una docena de recordatorios para cada tarea que se comprometía a realizar.

Cuanto más leía *Equally Shared Parenting*, más se desvanecían mis esperanzas. Aparentemente, había creído que un cambio tan drástico podría lograrse de manera informal, tan solo con una instrucción adecuada. Por supuesto, era una idea ingenua. Como la describen los Vachon, la crianza compartida es un trabajo a media jornada en sí misma. Sus cuatro ámbitos de igualdad —crianza de los hijos, ganarse el pan, tareas domésticas y autonomía— requieren de «buena voluntad», «valor», «superación de obstáculos» y dar prioridad a «vivir por debajo de las propias posibilidades».[33]

En pocas palabras, sugieren reducir dos carreras en lugar de mantener solo una para minimizar la necesidad de contratar cuidado infantil externo y garantizar que ninguna de las partes se sienta sola con las presiones de la vida familiar. El reto para los hombres, escriben, es aceptar más trabajo en casa y con los niños, mientras que el reto que corresponde a las esposas es compartir las cargas económicas mientras ceden su tradicional control del hogar. No se trata de dividir las tareas por la mitad con un hacha de guerra, sino más bien de «preocuparse en detalle del funcionamiento del hogar, asumiendo la responsabilidad de transformarlo en un sitio feliz que compartir.[34] Ambos os comprometéis a encontrar la mejor manera posible de cuidar a vuestros hijos y a poner ese plan en acción. Estáis igualmente comprometidos con vuestras carreras, y podéis estar seguros de que el otro no tiene intención de abandonar su trabajo remunerado solo para escapar de la frustración o de la política. Creemos que esto conduce a una vida auténtica, porque nadie se esconde tras falsas excusas para

---

[33] Marc y Amy Vachon, *Equally Shared Parenting* (Nueva York: Penguin Group, 2010), p. 55.

[34] Ibíd., p. 30.

evitar el verdadero trabajo de cuidar de la familia, de uno mismo y de los demás». Yo estaba igual de comprometida con mi vida profesional y con mi papel de sostén de la familia que mi marido. Al igual que otras parejas que conocía. Simplemente no habíamos conseguido la correspondiente preocupación por nuestros hijos y nuestros hogares por parte de los hombres.

He aquí un ejemplo de lo que supone la paternidad compartida de manera equitativa. Los Vachon presentan una pareja llamada Marci y David. Ninguno de ellos «quería una vida centrada en el estereotipo del sueño americano: las posesiones y la posición social, que son señales de éxito y que dirigen inconscientemente muchas de nuestras decisiones». David describió su principal deseo: «*Principalmente, lo que queríamos era ser iguales*»[35] (la cursiva es mía). Tan sincero, tan dulce…, pero tocaba una fibra estridente. ¿Por qué la concreción de algo que debería ser un hecho obvio debería requerir tal primacía de propósito? Por lo visto eso es lo que ocurre. Si descuidamos esa prioridad, nos arriesgamos a una vida que va en contra de los intereses de las mujeres. «Los vínculos no funcionan *per se,* requieren entrenamiento». Eso está muy bien. El matrimonio es duro. Pero, por favor, dediquemos un momento a interiorizar que se requiere de un esfuerzo intenso y coordinado, y de un acuerdo muy especial de sustento, para que una mujer y un hombre vivan juntos como si tuvieran el mismo valor. *Principalmente, lo que queríamos era ser iguales.*

Sentados juntos en el sofá de su salón de Massachusetts, Mark y Amy Vachon son cálidos y simpáticos, una pareja de la que me gustaría ser amiga. Se compenetran fácilmente y se turnan para responder a mis preguntas. Parecen descansados, como las personas que trabajan media jornada y que ya no tienen hijos pequeños. Sus dos hijos son adolescentes y Amy dice que la carga de trabajo parental se ha aligerado en algunos aspectos. «Hemos pasado del trabajo físico al trabajo mental. Estamos en esa etapa en la que somos conductores de taxi que intentan mantener conversaciones profundas en el coche. También tenemos más tiempo para nosotros mismos».

---

[35] Ibíd., p. 9.

Mark y Amy acordaron en su primera cita el tipo de vida familiar que cada uno quería construir. Amy perdió a su padre a los 8 años, y vio a su madre hacer todo como madre soltera. Parecía una vida solitaria, que le hizo considerar cuidadosamente desde pequeña lo que quería en la vida. «Pensé: si voy a casarme con alguien, quiero recorrer la vida con esa persona. Quiero que nos pongamos en el lugar del otro. Pero si estoy en casa cuidando de los niños o si soy el progenitor primario, habrá una separación. Para mí, se trata de que podamos hacer estas cosas juntos, entrar en la cabeza del otro. Esa es una buena relación. Mark se dijo a sí mismo: "Vaya, eso encaja mucho con lo que me gustaría. Tengo miedo de casarme con alguien que espere que yo sea su proveedor. No quiero un trabajo típico de estatus masculino. Quiero una vida equilibrada". Su gran objetivo era divertirse. Ninguno de los dos queríamos lo que veíamos a nuestro alrededor. Así que éramos muy conscientes de ello, hablábamos de ello. Hablamos mucho. Eso es muy importante para las parejas, o de lo contrario se encuentran por defecto cayendo en todo aquello que es una construcción cultural».

Y prosigue: «Empieza inmediatamente. Entras en una escena social y la gente se dirige a la mujer cuando se trata de cosas de niños y de bebés, pero, eso sí, el padre es maravilloso, se le considera un héroe si hace algo. Eso es seductor. ¿Quién no querría ser llamado héroe? Los papás empiezan a pensar: "Hago solo un poco y soy genial", que es diferente a decir: "Dejad de llamarme héroe, simplemente hago mi trabajo como padre". Tenemos un presidente que se jacta de no tener que cambiar pañales. Así que no creo que hayamos progresado mucho. Hoy nuestro libro podría escribirse sin decir prácticamente nada nuevo».

Según Mark: «Se nos ocurrieron dos fundamentos. Igualdad, que es lo que aportó Amy, y equilibrio, que es lo que aporté yo. Al principio no buscaba una relación igualitaria. Simplemente no quería perder la vida divertida que había estado cultivando como soltero. Ya trabajaba menos horas antes de casarnos. Mis amigos me decían: "¿Qué haces? ¡Sube a la oficina de la esquina!". Y yo les contestaba: "¡No!, me gusta tener los viernes libres". Eso es lo que aporté a la relación. Busquemos la manera de disfrutar de nuestra vida».

Su compromiso con el equilibrio y la igualdad funcionó tan bien (y divergía tanto de lo que veían a su alrededor) que quisieron compartir sus ideas con el mundo. Mark recuerda: «Me puse las pilas desde el principio, cuando oía a la gente decir: "Somos muy afortunados, mamá puede quedarse en casa y papá puede salir a trabajar". Yo pensaba: eso no es suerte». Los Vachon entrevistaron a medio centenar de parejas que compartían la crianza a partes iguales durante el proceso de escritura. Amy recuerda: «Eran personas extraordinariamente apasionadas que hacían todo lo posible para poder vivir de esa manera».

Mark: «Comprometerse con ello es un reto. Por eso la gente no lo hace. Crea tensión. Es fácil vivir según los roles estándar esperados. Es difícil trabajar para intentar algo diferente. Aprendemos desde pequeños. A las niñas se les enseña: "Aquí tienes una muñeca, cuídala". Los niños no reciben el mismo tipo de estímulo. Se les permite ser más físicos, más activos, convertirse en hombres adultos fuertes al crecer, en vez de ser reconocidos por sus capacidades de cuidar y criar».

Amy: «A medida que nuestro hijo crece, veo como la cultura en la que se ha criado construyó unas ideas concretas sobre la masculinidad, y si se desvía de ellas, se arriesga a hacer el ridículo o a bajar de categoría. Él ha visto otro modelo en acción en casa, pero, aun así, es difícil hasta para él».

Más allá de lo que hayan logrado en su propia familia, Mark y Amy saben que los roles de género más tradicionales impregnan el exterior y que también forman parte indeleble de la educación de su hijo. Yo fui testigo de eso mismo. Mi propio padre era un progenitor principal, al menos desde que cumplí los 8 años, cuando mi madre volvió a la escuela. Nunca se perdió un concierto mío. Hizo la mayoría de las cenas durante años. Pero yo vivía en un mundo diferente, y sabía que mi casa no era normal. Me encantaba la atención de mi padre, pero también quería ser como los otros niños de mi bloque, quienes tenían padres teóricamente presentes y madres que llegaban pronto a casa, que se tomaban los veranos libres y mantenían las despensas repletas de malvaviscos Swiss Miss. Desde mi perspectiva de niña, esa composición me parecía la correcta.

Puede que me pareciera menos correcta a medida que fui creciendo, pero mi mirada no estaba puesta en ese objetivo. A los 20 años, apenas pensaba en el matrimonio y menos aún en la crianza. Podría haber estado bien pensarlo.

Conocí a Elizabeth, una madre primeriza de 32 años del norte de California, después de que ella respondiera en Twitter a un artículo de la periodista Jessica Valenti titulado «Los niños no perjudican las carreras de las mujeres; los hombres sí». Elizabeth tuiteó: «Si tienes una pareja igualitaria, tener hijos es genial. Si no, estás jodida. He visto a muchísimas amigas al borde del agotamiento (y, hablando en serio, de la depresión) por la desigual repartición de las responsabilidades. Es algo que "simplemente ocurre". Aunque es perfectamente evitable». ¿Cómo lo habéis evitado?, le escribí, explicándole mi trabajo de investigación. «Mi truco: cásate con un sueco», me contestó antes de aceptar que la entrevistara.

Al parecer, una década antes, hacia el final de sus estudios universitarios, Elizabeth se encontró en una conversación informal con sus compañeras de clase del Middlebury College sobre sus planes profesionales una vez que tuvieran hijos. Le sorprendió que la mayoría de ellas estuvieran seguras de tomarse un par de años sabáticos. Esto le llevó a interesarse por las políticas de excedencia por razones familiares, descubriendo que en los Estados Unidos eran «absurdamente terribles», lo que a su vez le llevó junto con su amiga Ingrid a obtener una subvención que les permitió viajar por EE. UU. y Europa entrevistando a jóvenes profesionales acerca de su trabajo y sus planes familiares. «Llevo pensando en esto mucho tiempo —me dijo—. Seguramente nadie más pensó a los 22 años: "Esto es muy importante para mí, voy a dedicarle todo este tiempo a investigarlo, y cada conversación a la hora de cenar será acerca de esto". Luego fui a la universidad y estudié Trabajo y Familia».

Cuando ella y su marido empezaron a salir, Elizabeth lo reclutó para que se uniera a su reflexión en torno al reparto equitativo, y, como ella misma señaló, fue de gran ayuda que él proviniera de una cultura donde la equidad de género se da por descontada; de una cultura en la que, por ejemplo, los hombres se ofrecen voluntariamente a pagar la mitad de los costes de la píldora anticonceptiva de sus novias.[36]

Elizabeth comenzó sus estudios de posgrado durante un periodo en el que su marido viajaba mucho por trabajo. Empezó a ocuparse más de la casa y se lo comentó inmediatamente. «Así es como empieza todo. Es el patrón sobre el que leemos, las mujeres simplemente están más en casa y, por lo tanto, la mayoría de tareas domésticas recaen sobre ellas. Ninguno de los dos quería que eso sucediera. Pensé que debíamos crear un Excel para dividir el trabajo de la casa. Él quería que fuera más natural. No fue una única cosa la que lo resolvió, pero ambos teníamos esa conversación con frecuencia. Antes de tener a nuestra hija, le dedicábamos el mismo tiempo de reflexión al tema. Quién se tomaría más tiempo sabático, qué haríamos acerca de los cuidados infantiles, quién la llevaría al colegio e iría a buscarla. Era una conversación eterna sobre el meollo del asunto.

»Ingrid y yo, que habíamos pensado en todo esto hasta niveles absurdos antes de casarnos, terminamos con unas parejas que realmente hacen su parte proporcional, y con carreras que intentamos que funcionen. Las amigas que pensaban que éramos demasiado intensas lo están pasando mal. Tenemos otras dos amigas muy cercanas con hijos. Una de ellas es ama de casa. Ambas están exhaustas y resentidas. Hay muchos problemas estructurales en EE. UU., pero, al final, la decisión de tener esas conversaciones complejas y reiteradas sobre las expectativas es una cuestión personal. Mucha gente no tiene esas conversaciones porque piensa que las cosas se solucionarán por sí solas».

Al igual que los Vachon, Elizabeth propone un plan, y como en el caso de los Vachon, ese plan implica una atención constante e inquebrantable para mantener la equidad: el antídoto aparentemente necesario para que una historia no degenere. Después de hablar con los tres, entendí en qué habíamos fallado George y yo. Ni una sola vez nos sentamos uno frente al otro para declarar nuestro compromiso mutuo con el reparto paritario de responsabilidades (*Principalmente, lo que queríamos era ser iguales*). Como no habíamos

---

[36] Rebecca Traister, *All the Single Ladies* (Nueva York: Simon & Schuster, 2016), p. 239.

hecho que la repartición paritaria fuera un objetivo inequívoco del equipo desde el principio, mi enfado nos enfrentó, en lugar de reconciliarnos serenamente para alcanzar un objetivo mutuo.

Elizabeth dijo: «Nuestra especial atención a esta cuestión ha hecho que las cosas funcionen bien. Ayuda que yo sea una trabajadora autónoma, por lo que mis horarios son flexibles, y que mi marido trabaje solo de nueve a cinco, lo que ya es genial de por sí. Pero las personas que conozco que están en dificultades —la clase socioeconómica de la que hablamos— tienen opciones. La que peor lo está pasando de mi grupo de amigas tiene un marido que es médico de urgencias. Su trabajo es muy duro, y además es jefe de residentes. ¿Hace falta ser también jefe de residentes? Tienen un hijo pequeño, ella está embarazada y él está entrenando para un triatlón. De hecho, él es uno de mis amigos más cercanos. Le he regañado por esto. Pero siente que lo merece porque trabaja muy duro. Creo que todo comenzó cuando ella amamantaba, ya que no quisieron hacer el entrenamiento del sueño, y como él trabaja de noche, dormía en otra habitación, así que fue ella quien asumió despertarse por las noches. Una vez que haces esto, es difícil volver a "Somos igual de responsables y tenemos que tener en cuenta las necesidades del otro". Ella tiene que estar más en casa, y él va buscando cada vez más tiempo para sus cosas. No es malicia. Pero no me resulta fácil decirle que no tiene ni idea de lo que está haciendo. Él dice: "Cuando acabe la residencia, todo irá mejor", pero no creo que puedas decir que más adelante será diferente. Debes hacerlo cuando es difícil y duro».

Quizá no quieras luchar contra la crianza recibida

En la primera temporada de la serie de Netflix *The Crown*, una recreación dramatizada de los primeros años del reinado de Isabel, el esposo de esta, Felipe, se lamenta amargamente de los costes de casarse con una princesa convertida en soberana. Tras el acuerdo entre el primer ministro Winston Churchill y la reina madre, en contra de los deseos de Isabel, de que los hijos de la pareja deben tener los apellidos de la madre, Felipe explota ante su joven esposa: «¡Me has quitado mi carrera! […] ¡Me has quitado el apellido! ¿Qué tipo de matrimonio es este? ¿Qué tipo de familia?». La rabia del duque es palpable, y por un segundo empatizo con él. Pero luego, por supuesto, recuerdo que es exactamente esa la unión que las mujeres siempre debieron aceptar. Estas reglas anticuadas de renunciar al apellido y a las ambiciones son profundamente inaceptables cuando se intercambian los roles.

En la serie, Felipe pasará los años siguientes resentido con Elizabeth, descuidando su matrimonio, tomando whisky y (quizá) durmiendo con otras. Elizabeth es castigada por su posición de poder, que además ni siquiera ha escogido. La teoría *backlash* sugiere que similares consecuencias les esperan a las mujeres que no logran encajar en las normas de género. No tienes que leer el clásico de Susan Faludi, *Backlash* —aunque deberías hacerlo— para descubrir la sombra que desciende sobre las mujeres que se colocan la corona prohibida de la agencia.

Ponerse la corona de la libertad sigue estando prohibido. De hecho, mientras que la actitud hacia las mujeres se ha vuelto más liberal en la última mitad del siglo, las opiniones hacia el papel de la mujer en el hogar se han movido en dirección opuesta. Desde 1975, el Instituto de Investigación Social de la Universidad de Míchigan ha encuestado a estudiantes de bachillerato acerca de sus valores. En 1976, el 82 por ciento estaba de acuerdo con que se debía considerar a las mujeres con la misma seriedad que a los hombres para los puestos empresariales o dentro de la esfera política. Subió a un 91 por ciento en 1994, donde se mantiene. En 1976, el 76 por ciento estaba de acuerdo con que las mujeres debían tener las mismas oportunidades laborales que los hombres. En 1994, esta cifra aumentó un 89 por ciento y se ha mantenido constante desde entonces. En ese mismo grupo de datos, las opiniones positivas hacia las madres trabajadoras siguen en aumento.

Sin embargo, y en fuerte contraposición, el apoyo a la paridad de género en la familia empezó a caer a partir de 1994 —año en que terminé la universidad y me mostraba optimista en cuanto a encontrar un marido con quien compartir todas las responsabilidades por igual— y ha seguido haciéndolo desde entonces. En

1994, por ejemplo, cuando se les presentó a los estudiantes de bachillerato la declaración «Suele ser mejor [...] si es el hombre quien triunfa fuera de casa y la mujer quien cuida del hogar y de la familia», el 58 por ciento discreparon. Pero ese fue el punto álgido de la igualdad doméstica. En 2014, la discrepancia cayó hasta el 42 por ciento, al mismo nivel en que estaba a mediados de los años ochenta. Sentimientos similares siguieron las mismas trayectorias en diferentes estudios. La Encuesta Social General, con sede en la Universidad de Chicago, que evalúa anualmente las opiniones de los estadounidenses desde 1972, informa que las personas mileniales son progresistas en el marco laboral, pero cada vez adoptan posturas más tradicionales en cuanto al hogar.[37]

¿A qué se debe? Los sociólogos Joanna Pepin y David Cotter, que participaron en 2017 en el Consejo de Familias Contemporáneas, afirman que estas desviaciones desafían las expectativas y no se pueden contabilizar mediante variables como la raza, la región, la religión, la estructura familiar o el empleo y la educación de la madre. En su lugar, sugieren que la «igualdad esencialista», la creencia de que hombres y mujeres tienen derecho a las mismas oportunidades, pero que, en última instancia, tomarán decisiones diferentes debido a la biología, es la ideología que ha sustituido el mandato de las esferas separadas. Explican que «en los años ochenta y principios de los noventa, la gente parecía acercarse a la idea de que las mujeres y los hombres podían trabajar igual de bien, tanto en la esfera pública como en la privada. Sin embargo, la narrativa que acabó surgiendo se convirtió en un híbrido de [...] dos enfoques, promoviendo la opción de la mujer de participar en cualquiera de las dos esferas mientras se intentaba igualar el valor percibido de la esfera del hogar, que se percibía aún como marcadamente femenina. La perspectiva de la igualdad esencialista mezclaba valores de equidad (la discriminación por género está mal) con creencias sobre la naturaleza esencial de hombres y

[37] Jenny Anderson, «Are Millennials More Likely Than Their Parents to Think Women's place Is in the Home?», en *Quartz* (31 de marzo de 2017). <https://qz.com/946816/millennials-are-more-likely-than-their-parents-to-think-womens-place-is-in-the-home/>.

mujeres, como que los hombres son de manera natural [...] más adecuados para ciertos roles y las mujeres para otros».

Desde 1994, los estudiantes de la escuela secundaria están cada vez más de acuerdo con que «los maridos deben tomar todas las decisiones importantes de la familia». El desmantelamiento del patriarcado no será lineal. Pepin y Cotter llegaron a una conclusión obvia pero a la vez sorprendente: el creciente estatus de las mujeres fuera del hogar aumenta nuestra inclinación a reforzar la dominación masculina dentro de él.[38]

En 2017, según la Oficina del Censo, un 28,8 por ciento de las esposas trabajadoras ganaban más que sus maridos trabajadores,[39] una reducción si lo comparamos con el 29,4 por ciento de 2013 (esta cifra no incluye los hogares con un marido desempleado, que representaban el 7,1 por ciento en 2015, según la Oficina de Estadísticas Laborales).[40] Pero las mujeres que ganan más dinero que sus maridos son reacias a visibilizar este hecho. Investigadores de la Oficina del Censo de los Estados Unidos compararon los ingresos declarados en formularios del censo con los completados por los trabajadores en el Servicio de Impuestos Internos. Descubrieron que en las parejas en las que las esposas ganaban más, se exageraba el ingreso del marido y se disminuía el de la esposa.[41]

En las décadas de los años ochenta y noventa, la teoría de los recursos relativos planteaba que las mujeres realizaban más trabajo no remunerado porque aportaban menos dinero. Hoy en día esa teoría se ha puesto patas arriba. La socióloga Verónica Tichenor,

---

38 David Cotter y Joanna Pepin, «Trending Toward Traditionalism? Changes in Youths' Gender Ideology», en *Council on Contemporary Families* (30 de marzo de 2017). <https://contemporaryfamilies.org/2-pepin-cotter-traditionalism/>.

39 U.S. Census Bureau, «Historical Income Tables: Families, Table F-22, Married Couple Families with Wives' Earning Greater than Husbands' Earnings: 1981-2017». <https://www.census.gov/data/tables/time-series/demo/income-poverty/historical-income-families.html>.

40 «Husband and Wife Employed in 48 Percent of Married Couple Families in 2015», Bureau of Labor Statistics (2 de mayo de 2016). <https://www.bls.gov/opub/ted/2016/husband-and-wife-employed-in-48-percent-of-married-couple-families-in-2015.htm>.

41 Claire Cain Miller, «When Wives Earn More Than Husbands, Neither Partner Likes to Admit It» en *The New York Times* (17 de julio de 2018). <https://www.nytimes.com/2018/07/17/upshot/when-wives-earn-more-than-husbands-neither-like-to-admit-it.html>.

autora de un libro de 2005 sobre las mujeres que ganan más que sus maridos, titulado *Earning More and Getting Less: Why Successful Wives Can't Buy Equality,* me dijo: «Las mujeres que entrevisté insinuaban que no pedían más en casa porque tratar de ejercer poder sobre el marido es ser una mala esposa. Algunas decían: "No quiero que me llame zorra". Nosotras dejamos que los hombres lo hagan. Es poco atractivo cuando las mujeres se muestran dominantes. No es femenino. No es propio de una esposa». En lugar de utilizar su poder adquisitivo para equilibrar la balanza, las esposas con ingresos altos optan por restarle importancia a las prerrogativas masculinas. *El creciente estatus de la mujer fuera del hogar ha aumentado nuestra inclinación a reforzar el dominio masculino dentro de él.*

Esta inclinación se manifiesta de diversas maneras. En una encuesta de *YouGov* de 2016 entre adultos británicos, el 59 por ciento de las mujeres y el 61 por ciento de los hombres expresaron su preferencia por cambiar el apellido femenino al contraer matrimonio.[42] Esta preferencia era mayor entre el grupo de mujeres más jóvenes (de 18 a 29 años) que entre sus hermanas mayores (de 30 a 44 años): el 59 por ciento frente al 55 por ciento. En una encuesta realizada en 2010 a mil doscientos estadounidenses, más del 70 por ciento de los encuestados expresaron que creían que una mujer debe adoptar el apellido del marido al casarse, mientras que la mitad de los encuestados dijo que el cambio del apellido femenino debería ser obligatorio por ley. La razón más citada fue la creencia de que las mujeres, pero no los hombres, deben dar prioridad a su matrimonio y a su familia antes que a sí mismas.[43]

Unamos estas piezas, aunque sea vagamente: en 2010, el 50 por ciento de los adultos estadounidenses creía que las mujeres, pero no los hombres, debían estar legalmente obligadas a poner sus matrimonios y sus familias por encima de sí mismas. En un guiño a la teoría *backlash*, el estudio también observó las posibles

---

[42] YouGov Survey Results, «YouGov: What the World Thinks» (12 de septiembre de 2016). <https://d25d2506sfb94s.cloudfront.net/cumulus_uploads/document/8jcokpgzqgInternalResults_160912_NameswithRela_AgeGenderBreak_W.pdf>.

[43] Emily Fitzgibbons Shafer, «Hillary Rodham Versus Hillary Clinton: Consequences of Surname Choice in Marriage», en *Gender Issues* 34, n.º 4 (diciembre de 2017), pp. 316-32.

consecuencias para aquellas mujeres que no renuncien a su apellido. Tras leer breves viñetas sobre mujeres que lo habían cambiado y que no, algunos grupos de hombres expresaron posturas más duras hacia la mujer ficticia que había conservado su apellido.[44]

Incluso entre las parejas que desafían la tradición y mantienen sus diferentes apellidos tras casarse, solo una minoría está a favor de darle el apellido de la esposa al hijo. En el estudio de *YouGov*, solo el 12 por ciento de los hombres cuyas esposas habían conservado sus propios apellidos y el 18 por ciento de las mujeres que habían mantenido sus apellidos apoyaban pasarlos a los hijos.[45]

Cuando Rich, nacido en Filadelfia en 1977, se casó con Michelle, nacida en Kansas en 1973, quiso que ella conservara su propio apellido. Ella recuerda la conversación que mantuvieron entonces: «Él dijo: "Yo no te daría mi apellido, porque es un vestigio de la sociedad patriarcal"». Cuando dio a luz a su hijo unos años después, «quise ponerle los apellidos de ambos, pero Rich dijo: "No. Es confuso. Si tenemos una niña, podrá llevar tu apellido". Había un agujero donde solía tener una vagina, y como me sentía fatal, simplemente acepté. A fin de cuentas, no me disgustó, pero me sorprendió mucho. Es interesante que surjan estas cuestiones que nunca esperarías. Algunas están tan arraigadas culturalmente que salen a la luz cuando ni siquiera somos conscientes».

Pocos hombres se plantean adoptar los apellidos de sus esposas. El estudio de *YouGov* reveló que solo el 1 por ciento de los hombres y el 2 por ciento de las mujeres están a favor de que el marido cambie su nombre. En EE. UU., un estudio de la Universidad Estatal de Portland descubrió que, en una muestra representativa nacional de 877 hombres heterosexuales casados, menos del 3 por ciento había adoptado el apellido de la esposa, lo que le valió al fenómeno el término de *micropraxis*.[46]

---

44 Ibíd.

45 YouGovSurveyResults, «YouGov: What the World Thinks» (12 de septiembre de 2016). <https://d25d2506sfb94s.cloudfront.net/cumulus_uploads/document/8jcokpgzqg/InternalResults_160912_NameswithRela_AgeGenderBreak_W.pdf>.

46 Emily Fitzgibbons Shafer y MacKenzie A. Christensen, «Flipping the (Surname) Script: Men's Nontraditional Surname Choice at Marriage», en *Journal of Family Issues* (2018), pp. 1-20.

Los hombres que han participado de esta particular micropraxis afirman que sufren diferentes consecuencias sociales, miradas extrañas y burlas, y que algunos familiares se negaron a asistir a la boda. En 2009, California se convirtió en el séptimo estado del país en simplificar el cambio de nombre tras el matrimonio, tanto para los hombres como para las mujeres. Seis años después, el redactor de *Business Insider* James Kosur, cuyo apellido de nacimiento era McKinney, describió el proceso que tuvo que seguir en Illinois para adoptar el apellido de su mujer tras el nacimiento de su hijo. Una vez completado el papeleo y recibida la carta de intenciones del tribunal, debió publicar un anuncio en un periódico durante tres semanas para dejar constancia del cambio propuesto, lo que forma parte de una ley muy antigua destinada a impedir los intentos de fraude. Nadie se opuso al cambio de apellido, así que finalmente compareció ante un juez. Kosur escribió: «Si yo fuera una mujer recién casada habría presentado mi libro de familia en el juzgado, habría pagado las tasas de cambio de apellido y habría seguido adelante con mi vida».[47]

La socióloga de la Universidad de Nueva York Paula England escribe: «Lo que más sorprende de la asimetría del cambio de género en el ámbito *doméstico* es lo poco que ha cambiado el género en las relaciones heterosexuales diádicas. Siguen siendo los hombres los que invitan a las mujeres a salir y los que inician el comportamiento sexual. La permisividad sexual ha aumentado, pero la doble moral persiste obstinadamente. Todavía se espera que los hombres propongan matrimonio. Los niños reciben el apellido del padre. El incentivo para cambiar estas cuestiones es menos claro que el incentivo para entrar al mercado laboral remunerado y a los trabajos «masculinos» mejor pagados. Los incentivos que existen son en gran medida no económicos».[48] O al menos no son tan obvios e inmediatos económicamente hablando.

---

[47] James Kosur, «When I Decided to Take My Wife's Last Name, I Was Shocked by How Different the Process Is for Men», en *Business Insider* (19 de diciembre de 2015). <https://www.businessinsider.com/i-took-my-wifes-last-name-and-was-shocked-by-how-different-the-process-is-for-men-2015-12>.

[48] Paula England, «The Gender Revolution: Uneven and Stalled», en *Gender & Society* 24, n.º 2 (marzo de 2010), pp. 149-66.

Muchos resultados respaldan un titular de *Bloomberg Markets* de 2017: «La economía de EE. UU. iría mejor si los hombres realizaran más tareas domésticas».

La crianza es clave

Para la madre moderna e implicada, *The Journal of Marriage and Family* se lee como una galleta de la fortuna. No es exactamente una predicción, sino la expresión de una circunstancia. He aquí el fragmento de un artículo de un grupo de científicos sociales australianos en 2008: «Las expectativas culturales [...] indican [...] que las tareas domésticas son un deber femenino, como muestra de amor a la familia y de supeditación al marido. Los hombres, por su parte, muestran su masculinidad y refuerzan su poder, limitando el tiempo dedicado a las tareas del hogar, especialmente aquellas que son femeninas».[49]

Hemos asignado y seguimos asignando diferentes responsabilidades a los progenitores masculinos y femeninos, aunque no está claro exactamente qué tareas de cuidado infantil se asignan habitualmente a los padres, si es que se les asigna alguna. Una madre de mi barrio llamada Ivy me habló de un viaje que estaba organizando con su marido, Davin, y sus dos hijos pequeños. Las vacaciones incluían un vuelo y la estancia en casa de unos amigos. Mientras planeaban qué hacer con la familia que iban a visitar, hubo una cadena de mensajes de texto entre Ivy, Davin y la madre de la otra familia. En un momento de la larga y persistente conversación, la otra madre envió un mensaje: «Ivy, ¿necesito asientos de coche para los niños cuando os recoja en el aeropuerto? (Siento molestarte con esto, Davin)». Ivy era el único sustento de su familia en aquel momento. Davin llevaba mucho tiempo tan comprometido como Ivy con la seguridad de sus hijos en la carretera.

---

[49] Janeen Baxter, Belinda Hewitt y Michele Haynes, «Life Course Transitions and Housework: Marriage, Parenthood, and Time on Housework», en *Journal of Marriage and Family* 70 (mayo de 2008), pp. 259-72.

Incluso en la era del padre moderno e implicado, las discusiones públicas sobre el equilibrio entre el sustento y el cuidado de los hijos se centran en las mujeres y no en los hombres. Las madres que viajan por trabajo afirman que siempre se les pregunta quién cuida de sus hijos, mientras que los padres casi nunca escuchan la misma pregunta. La científica climática Zoe Courville recuerda estas palabras de un colega que, como ella, se desplazaba a menudo por trabajo: «Me dijo: "Siempre agradecí que mi mujer se quedara en casa con los niños, porque los niños necesitan a sus madres"».

Courville, que ya se sentía culpable por dejar a su hijo, explica: «Él quería hacerme saber que pensaba que eso era importante».

La conciliación entre trabajo y familia se concibe como un problema femenino y no como una cuestión humana. En 2018, la novelista Lauren Groff «se negó respetuosamente» a responder a la pregunta de un periodista sobre el equilibrio entre trabajo y familia, «hasta que vea que a un escritor del sexo masculino se le hace esta misma pregunta» (Internet recibió su negativa con un aplauso virtual masivo). En su discurso realizado en un evento de mujeres en Hollywood en 2014, la actriz y madre de tres hijos Jennifer Garner señaló que le preguntaban por la conciliación del trabajo y el cuidado de los hijos en todas las entrevistas, mientras que a su marido, que también estaba en el mundo del espectáculo, jamás le habían hecho esa pregunta.

Sin embargo, aún se sigue recurriendo a los hombres como expertos en el ámbito de la conciliación de la vida laboral y familiar. Asistí a un seminario sobre este tema en una conferencia de la Asociación Americana de Psicología en 2015, y me quedé atónita (en una sala llena de mujeres —en su mayoría jóvenes— de mi sector dominado por las mujeres) mientras el conferenciante nos informaba de que a veces tenía que rechazar oportunidades laborales para ayudar a su mujer, que se quedaba en casa y cuidaba de sus (¡seis!) hijos, pero que sacaba tiempo para entrenar para triatlones.

Me tragué mi malestar cuando una vieja amiga, cuya hija estaba solicitando una plaza en la Universidad de Medicina, reflexionó en voz alta sobre las especialidades *family-friendly*, aquellas que facilitan la conciliación familiar, que su hija podría elegir cómodamente. Era una conversación razonable, pero sabía que no la tendríamos si el asunto afectara a sus hijos varones. Oír a mi amiga reducir tan despreocupadamente las opciones de su hija (sin pensárselo dos veces y a pesar del evidente orgullo que sentía ante los logros de su primogénita) me hizo sentir consternación por todas las chicas anteriores a ella. Nada de aquello era asunto mío, pero no podía evitar esperar que su hija suspirara y pusiera los ojos en blanco en respuesta a las anticuadas preocupaciones de su madre.

Pero ¿cómo iba a hacerlo? Aún hoy a las niñas se les enseña implícitamente a pensar en el matrimonio y la familia desde una edad temprana. Es un aspecto más de la educación, un rasgo nada desdeñable. «Mamá, ¿cuándo tengo que empezar a preocuparme por tener un novio?», me preguntó Liv cuando tenía 6 años. «Nunca», le contesté, sorprendida por la pregunta y arrepintiéndome de todos los episodios de *Barbie: Life in the Dreamhouse* que le había permitido ver.

Como escribe la novelista Chimamanda Ngozi Adichie en su obra de no ficción *A Feminist Manifesto in Fifteen Suggestions*, condicionamos a las niñas para que aspiren al matrimonio y no condicionamos a los niños para que aspiren a él, así que hay un terrible desequilibrio desde el principio. Las niñas crecerán para ser mujeres preocupadas por el matrimonio. Los niños crecerán para ser hombres despreocupados por el matrimonio. Las mujeres se casan con esos hombres. La relación es automáticamente desigual porque la institución importa más a unas que a otros. ¿Es de extrañar que, en tantos matrimonios, las mujeres se sacrifiquen más, en detrimento de sí mismas, porque tienen que mantener constantemente un intercambio desigual?».[50]

Las investigaciones de finales de los años noventa sugieren que el bienestar psicológico de la mujer se ve más afectado que el del hombre por la disolución marital. Incluso controlando la situación socioeconómica, las mujeres tienen más probabilidades que los hombres de sentirse cada vez más deprimidas tras el divorcio. No ocurre lo mismo con las mujeres tras otras pérdidas, como el despido o la muerte del cónyuge. De hecho, las mujeres

[50] Chimamanda Ngozi Adichie, *Dear Ijeawele, or A Feminist Manifesto in Fifteen Suggestions* (Nueva York: Knopf, 2017), localización 258, en Kindle.

son el sexo más resiliente en la viudedad.[51] Si las mujeres están condicionadas a ver el matrimonio como un logro, como una meta crucial de éxito, y los hombres no lo están, tiene sentido que el fin de una relación mediante el divorcio, pero no la muerte, tenga un mayor impacto en el bienestar de la mujer. El divorcio causa un dolor a la mujer que la muerte de la pareja, con toda su profunda desesperación, no ocasiona. Se avergüenza de fracasar en su tarea más importante.

Aunque en general no se han encontrado disparidades raciales en los estudios sobre la distribución desigual del trabajo de cuidados en la pareja o el impacto psicológico del divorcio —y eso que los investigadores las han buscado—, la escritora Tamara Winfrey-Harris, autora de *The Sisters Are Alright: Changing the Broken Narrative of Black Women in America,* sugiere que los dictados de género en el hogar son aún más fuertes en la comunidad negra que en otras comunidades de Estados Unidos. «Las mujeres negras tienen una historia particular que creo que lo empeora; nos dan consejos no sobre cómo ser nosotras mismas o cómo buscar la felicidad en las relaciones, sino sobre cómo hacer felices a los hombres para que te elijan y no te abandonen. Toda una industria que, sobre todo en la última década, ha dicho a las mujeres negras que deberían ser más pequeñas, más femeninas y más sumisas a sus maridos para restaurar la familia negra. No se trata solo de decir "Hazlo porque es lo que hacen las *mujeres*", sino también de decir "Hazlo porque las familias negras sanas dependen de las mujeres negras". Lo que necesitamos es un nuevo paradigma para las relaciones adultas comprometidas que reconozca la humanidad de ambos miembros de la pareja. Nosotras no podemos salvar a nuestras comunidades con un modelo que solo permite a la mitad de nosotros ser libres».

Adichie aconseja en su manifiesto: «Nunca hables del matrimonio como un logro. Encuentra la forma de dejarle claro a ella que el matrimonio no es un logro ni algo a lo que deba aspirar. Un

---

[51] Kei M. Nomaguchi, «Are There Race and Gender Differences in the Effect of Marital Dissolution on Depression?», en *Race, Gender & Class* 12, n.º 1 (2005), pp. 11-30.

matrimonio puede ser feliz o no serlo, pero no es un logro».[52] Quizá esto no pueda repetirse lo suficiente.

Consideremos las aspiraciones profesionales de las mujeres solteras en 2016. En un estudio realizado en una universidad de la Ivy League, se preguntó a estudiantes recién admitidos en el máster de Dirección Empresarial sobre sus preferencias laborales. A algunos estudiantes se les dijo que la información se mantendría en privado. Entre ellos, los hombres y las mujeres comprometidos en relaciones serias y las mujeres solteras respondieron lo mismo. A otros se les dijo que sus respuestas serían públicas, compartidas con los compañeros de clase. En estas circunstancias, las mujeres solteras, pero no las demás, declararon aspirar a sueldos más bajos, a menos viajes de negocios y a horarios menos exigentes que los de los demás grupos.[53] También renunciaron a su propia ambición y al deseo de desempeñar papeles de liderazgo. Durante el semestre siguiente, estas mujeres solteras obtuvieron los mismos resultados en los exámenes teóricos y en las prácticas, pero obtuvieron notas más bajas por su participación en clase. Probablemente, bajo cierta presión para asegurarse una pareja masculina, estas mujeres se sintieron obligadas a ocultar sus ambiciones extrafamiliares con tal de ser apropiadamente femeninas.

«Lo que los individuos interiorizan sobre el género y utilizan para dar sentido a su vida personal no favorece necesariamente su bienestar individual», escriben la socióloga Anne Rankin Mahoney y la psicóloga Carmen Knudson-Martin en *Couples Gender and Power: Creating Change in Intimate Relationships.*[54] Esto está claro. Anne, de 42 años, a quien conocí en el grupo de madres primerizas de mi barrio, me dice: «Si estamos los dos en casa un sábado,

---

[52] Chimamanda Ngozi Adichie, *Dear Ijeawele, or A Feminist Manifesto in Fifteen Suggestions* (Nueva York: Knopf, 2017), localización 258, en Kindle.

[53] Leonardo Bursztyn, Thomas Fujiwara y Amanda Pallais, «Acting Wife:' Marriage Market Incentives and Labor Market Incentives», en *American Economic Review* 107, n.º 11 (2017), pp. 3.288-3319.

[54] Anne Rankin Mahoney y Carmen Knudson-Martin, «The Social Context of Gendered Power», en *Couples, Gender, and Power*, ed. por Carmen Knudson-Martin y Anne Rankin Mahoney (Nueva York: Springer Publishing Company, 2009), p. 17.

él me hará saber que está cansado, se levantará y se echará una siesta de cuatro horas. "Estoy cansado, me voy a dormir la siesta". Yo estoy cansada. Soy la cuidadora principal. Siempre estoy cansada. Cuando se despierta, me dice que debería echarme una siesta, pero eso nunca sucede. Lo que he hecho es tener un jueves *sin mamá*. Cada jueves después del trabajo, me cojo mi tiempo, aunque signifique simplemente quedarme en la oficina limpiando mi bandeja de entrada. Pero él tiene todos los demás días. Incluso los fines de semana».

Como ha señalado la autora y activista social bell hooks: «Todos, hombres y mujeres, hemos sido socializados desde que nacemos para aceptar el pensamiento y la acción sexistas. Como consecuencia, las mujeres pueden ser tan sexistas como los hombres».[55] Así que somos sexistas contra nosotras mismas, y junto a nuestros maridos, igualmente sexistas, vivimos en nuestras familias con unas formas que reafirman y reproducen ese sexismo. «¿Por qué conduce siempre papá?», me preguntó Tess cuando tenía 4 años, y en ese momento empecé a ponerme en el asiento del conductor más a menudo. Durante años me estuve peleando con Liv para que me dejara peinar su pelo revuelto, mientras me preguntaba si me habría tomado la misma molestia con un chico. A petición suya, George le compró a Liv un kit de maquillaje para su séptimo cumpleaños. «Las reseñas de Amazon dicen que es perfecto para niñas pequeñas», me informó George al recibir la entrega de un surtido de sombras de ojos y pintalabios en forma de mariposa por las que mis abuelas habrían matado. «¡Ponerte guapa no es una actividad!», le gritaba a Liv cada vez que me pedía usarlo, aunque lo más probable era que lo utilizara para transformar a su hermana en una especie de zombi con la cara verde.

Las mujeres no solo controlan la temperatura emocional del hogar, llevan las listas mentales y realizan la mayor parte de las tareas domésticas rutinarias y el cuidado de los niños; también se sienten más responsables que los hombres de este trabajo, independientemente de sus ingresos, compromisos externos o

---

[55] bell hooks, *Feminism Is for Everybody* (Nueva York: Routledge, 2015), cap. XII.

ideología.[56] Una mujer tras otra lo reconocían. Pero reconocerlo sin intentar cambiarlo es dar continuidad a lo establecido. Yo misma lo hago constantemente.

Dara Mathis, escritora del área de Washington D.C. y madre bloguera, dijo: «Oigo decir a muchas de las personas que conozco que son madres que tienden a sentirse más agobiadas. Incluso cuando saben que su cónyuge está predispuesto a asumir algo más a nivel de los cuidados, se agobian porque quieren ponérselo más fácil. Así me sentía yo». Es sabido que los hombres comparten esta actitud favorable a que se les faciliten las cosas. La crítica cultural británica Jacqueline Rose, autora de *Mothers: An Essay on Love and Cruelty*, ha señalado que, mientras las mujeres sienten que la crianza supone un exceso de cargas, los hombres experimentan esas mismas cargas no como algo excesivo, sino como un déficit: como una responsabilidad que les impide dedicarse a algo mejor y que, según ellos, merecen.[57]

Las mujeres aceptan la historia moral —también puedes llamarla opresiva, tú eliges—, que en realidad sería bastante encantadora si se aplicara a más de la mitad de nosotros. Sarah Damaske, socióloga de Penn State, que estudia la familia y el trabajo, dice: «Descubrí en mi investigación que las mujeres se sienten obligadas a hacer las cosas como si las hicieran por sus hijos. Es culturalmente más aceptable decir "Es bueno que mi hija vea que trabajo" que decir "Trabajo porque quiero, y si es bueno para ella, es un beneficio añadido". Yo sostengo que, en cierto modo, ese marco ha sido positivo, ya que permitió a las mujeres presionar contra las exigencias culturales de abnegación y crear un espacio para ellas. Pero también ha sido negativo, porque no ha cambiado esa narrativa de la obligación con la familia por encima de la afirmación de los propios deseos y ambiciones».

---

[56] Rebecca Erickson, «Why Emotion Work Matters: Sex, Gender, and the Division of Household Labor», en *Journal of Marriage and Family* 67 (mayo de 2005), pp. 337-51.

[57] Jacqueline Rose, «Mothers: An Essay on Love and Cruelty», entrevista de Tracy Morgan, *New Books in Psychoanalysis*, New Books Network, audio, 9:50 min. <https://newbooksnetwork.com/jacqueline-rose-mothers-an-essay-on-love-and-cruelty-farrar-straus-and-giroux-2018/>.

Aunque las cambiantes condiciones socioeconómicas sirven para modificar las actitudes culturales en torno al género, las creencias que las sustentan no son fáciles de erosionar. Como escribieron los sociólogos Ridgeway y Correll: «El sistema de género solo se debilitará mediante la acumulación persistente y a largo plazo de los desafíos cotidianos al sistema derivados del cambio socioeconómico y *la resistencia individual*». La cursiva es mía.[58]

La resistencia individual —véanse los Vachon y Elizabeth— no es poca cosa. Requiere muchas conversaciones y mucho esfuerzo en medio de una lista de tareas ya de por sí larga. El precio de apenas intentarlo también puede ser alto. Carissa, la mujer de Seattle que acababa de operarse el pie, ve el dilema de la siguiente manera: «Mi marido y yo estaremos bien. Para mí es un problema más complejo. Tengo dos hijas, y no estamos dando el ejemplo que quiero para ellas. En mis peores momentos, digo las cosas en voz alta después de que él salga por la puerta. Con irritación. Mis hijas lo saben. Nos dicen cosas tanto a él como a mí. "¿Por qué tiene que hacer eso mamá?". Cuando quieren que haga algo con ellas, yo les digo: "No, tengo que terminar de limpiar la cocina", y ellas me contestan: "¿Por qué no puede hacerlo papá?". No es sano. ¿Y luego qué pasará?».

[58] Cecilia L. Ridgeway y Shelley J. Correll, «Unpacking the Gender System: A Theoretical Perspective on Gender Beliefs and Social Relations», en *Gender & Society* 18, n.º 4 (agosto de 2004), pp. 510-31.

IV

El progenitor por defecto

La participación paterna es flexible y opcional

Cuando empecé a buscar, descubrí que hay un número prácticamente infinito de formas de medir el compromiso familiar y el grado de ese compromiso en función del sexo. En 2008, el sociólogo David Maume, de la Universidad de Cincinnati, abordó la cuestión de los *cuidados urgentes*. Redujo la responsabilidad parental en las parejas formadas por dos progenitores a una sola pregunta: si tu hijo cae enfermo, ¿quién se ausenta del trabajo? A partir de los datos del National Study of the Changing Workforce, una encuesta a trabajadores estadounidenses, descubrió que el 77,7 por ciento de las mujeres y el 26,5 por ciento de los hombres declaran ser los únicos que asumen esta responsabilidad (la encuesta se realizaba a individuos y no a las parejas, de ahí que sea superior al 100 por ciento de la suma total). Maume llegó a la conclusión de que las cosas no habían cambiado mucho desde que, a finales de los años ochenta, los investigadores sobre asuntos familiares escribieran que los hombres «aceptan» la responsabilidad del cuidado de los hijos cuando no están trabajando, pero las mujeres «adaptan» su trabajo a los horarios de sus maridos y a las necesidades de sus hijos.[1] En la mayoría de los casos, la mujer sigue siendo el progenitor por defecto.

En 2009, un grupo de investigadores de la Universidad de Utrecht, Ámsterdam, examinó esta misma cuestión desde una

[1] David J. Maume, «Gender Differences in Providing Urgent Childcare Among Dual-earner Parents», *Social Forces* 87, nº. 1 (septiembre de 2008), pp. 273-97.

perspectiva diferente. Plantearon una hipótesis neutra en cuanto al género que denominaron enfoque de la relación demanda/capacidad de respuesta. Este enfoque postulaba que la implicación en el cuidado de los hijos depende de modo uniforme de la demanda que se hace a uno de los progenitores y de la medida en que este es libre de responder a esta demanda. Tener una pareja con empleo e hijos pequeños supone un aumento de las cargas familiares. Sin embargo, las obligaciones laborales limitan la capacidad de respuesta. Los autores analizaron a 639 parejas holandesas con hijos para demostrar la teoría de que si uno de los dos cónyuges no puede dedicarse al cuidado de los hijos debido a sus obligaciones laborales, el otro compensará esa carencia.

Lo que descubrieron no era en absoluto neutral en cuanto al género. Mientras que las madres y los padres apenas presentaban diferencias en su compromiso con el trabajo retribuido, las madres hacían mayores esfuerzos para evitar que su trabajo interfiriera en su vida familiar. El enfoque demanda/capacidad de respuesta solo se aplicaba a los padres. El tiempo que las madres dedican a sus hijos apenas varía independientemente de su propia carga de trabajo o de la de su pareja. Estos investigadores exponen: «Nuestro estudio muestra que las madres, en particular, experimentan una baja flexibilidad con respecto al tiempo que pasan con sus hijos. Como resultado, las exigencias laborales pueden cubrirse a expensas de otras actividades, como el tiempo de ocio individual o en pareja sin los hijos. Los padres dedican más tiempo a divertirse que a tareas básicas de cuidado [...]. El patrón general que se desprende de nuestro estudio sugiere que los padres tienen más capacidad de decisión que las madres respecto a las actividades relacionadas con los hijos. Las madres tienen un mayor sentido de la responsabilidad».[2]

Miranda, de 38 años, planificadora medioambiental con dos hijos en la escuela primaria en Vermont, lo ha descubierto: «A la hora de la verdad, si los dos tenemos cosas que hacer, es mucho más probable

[2] Anne Roeters, Tania Van Der Lippe y Esther S. Kluwer, «Parental Work Demands and the Frequency of Child-Related Activities», *Journal of Marriage and Family* 71 (diciembre de 2009), pp. 1.193-204.

que yo diga: "Dejaré de lado el trabajo". En nuestros distintos trabajos, Lowell siempre ha tenido un cargo de más responsabilidad, dejando claro que no puede marcharse. A veces ha sido así, pero también es cierto que yo tengo permisos muy limitados. Él tiene mucho más tiempo libre que yo. Así que digo: "Si me cojo este día libre para hacer algo por quien sea, me quedo sin ese día de permiso", mientras que él se lo puede tomar y no importa. Pero eso nunca se tiene en cuenta cuando tomamos decisiones. Me cabrea muchísimo». El dilema de Miranda, su ambivalencia sobre su papel como progenitora por defecto, surge de la escasa correspondencia entre el cambio de la clase media del siglo XIX hacia esferas de género separadas y los cambiantes patrones laborales de finales del siglo XX.

Como ha señalado la historiadora Stephanie Coontz sobre los Estados Unidos del siglo XIX: «La domesticidad femenina y el individualismo masculino se desarrollaron juntos, como alternativa a unos vínculos sociales, unos lazos emocionales y unas interdependencias materiales más dispersos».[3] Una vez que tanto el trabajo como la familia extensa salieron del hogar, quedó en manos de los sectores público y privado asimilar esos cambios, y todos sabemos cómo resultó. Las madres se hicieron cargo del cuidado de los demás, los padres abrazaron la autonomía personal y, al menos en Estados Unidos, la sociedad se retiró por completo de la ecuación. Escribe Coontz: «La autosuficiencia y la independencia funcionaban para los hombres porque las mujeres asumían la dependencia y las responsabilidades».[4] Cuanto más cambian las cosas, más permanecen igual.

La socióloga Annette Lareau ha observado que en algunas familias los padres envían a los niños directamente a sus madres cuando necesitan ayuda con los deberes, incluso cuando esas madres están preparando la cena. «Cuando los hombres hacen algo, suele ser porque las mujeres no están disponibles *físicamente*», me dice. La profesora de estudios familiares Claire Kamp Dush se da cuenta de que ella misma valida excesivamente a su marido cuando

---

[3] Stephanie Coontz, *The Way We Never Were* (Nueva York: Basic Books; Revisado, edición actualizada, 2016), p. 50.

[4] Ibíd., p. 63.

él se ocupa de las tareas domésticas. «En lo referente a los maridos, me ha tocado la lotería. Le doy reconocimiento. Pero a veces quiere que se le reconozca solo por no ser un gilipollas, cuando en realidad está haciendo simplemente lo que se supone que debe hacer un padre». La psicóloga del desarrollo Holly Schiffrin se cuestiona su falta de gratitud: «Mi marido es un padre muy implicado, más que la media, y cuando me quejo a mi madre, ella me dice: "Oh, es tan maravilloso". Lo compara con mi padre. Yo lo comparo conmigo, ¡y sé que yo hago mucho más que él!». La psicóloga del desarrollo Sarah Schoppe-Sullivan ve cómo su marido se queda mirando el teléfono mientras su hija de 11 años compite por su atención. «Es un gran padre en general, pero veo eso y pienso: "Esto no está bien". No se da cuenta de nada. Si lo hiciera yo, mi hija se enfadaría. "¡Mamá, no me ignores!". Ella no tiene las mismas expectativas con su padre».

Han pasado veinte años desde que la psicóloga social Francine Deutsch publicara *Halving It All: How Equally Shared Parenting Works*, un estudio de 150 parejas, los dos miembros con ingresos. Al igual que otros ensayos en este campo, el proyecto de Deutsch surgió de su propia experiencia como mujer que criaba a sus hijos con un hombre, del hecho de que «cuando llegó la maternidad, los ideales igualitarios se esfumaron».[5]

Deutsch identificó las familias no igualitarias entre sus sujetos, aquellas en las que las mujeres eran las progenitoras por defecto. Dividió a los maridos de estas parejas en tres categorías de cuidadores secundarios: los que ayudan, los que comparten y los holgazanes. Por ejemplo, una madre dijo: «Eric hace cosas, pero quiere que se lo pidan. Quiere anotarlo en su lista de cosas por hacer. No es algo en lo que vaya a pensar a no ser que yo se lo recuerde, aunque es muy servicial».[6] Eric es un *ayudante*. Los que comparten se implican a fondo en la crianza, pero solo cuando otros compromisos laborales o de ocio no se interponen.[7] Los *holgazanes* se relajan

[5] Francine M. Deutsch, *Halving It All* (Cambridge: Harvard University Press, 1999), p. 228.

[6] Ibíd., p. 45.

[7] Ibíd., p. 89.

mientras sus esposas hacen turno doble en casa. En todas las familias no igualitarias estudiadas por Deutsch, «se asume que los horarios de las mujeres son más libres. Siempre es más fácil vulnerar a la madre; se supone que a las madres hay que vulnerarlas».

Carissa, de Seattle, me dijo: «Uno de los problemas son todas estas suposiciones poco claras sobre quién se va a encargar de las cosas. Mi marido se adelanta y hace planes con sus amigos para el viernes. Asume que puede hacerlo. Si quiero hacer algo, sé que primero tengo que convencerle para que se quede en casa. No es un tío fiestero. No hace nada que no deba hacer. Pero él tiene ese tiempo. Y yo, no».

Meg, de 24 años, guardia de seguridad y madre de gemelos de 2 años y un bebé en Las Vegas, Nevada, trabaja en turnos nocturnos, desde las doce de la noche hasta las ocho de la mañana. Su marido trabaja las mismas horas como taxista. Meg llega a casa, releva a la canguro y prepara el día para sus hijos: baños, comidas, cepillos de dientes, ropa. Su pareja llega a casa y se va directamente a la cama. Ella dice: «Estoy prácticamente sola. Es que casi no ha aprendido a ser padre». Le pregunto a Meg cuándo duerme. «Nunca», me responde.

Las madres evitan no solo el conflicto interpersonal, sino también su propio conflicto, cuando se resisten a imponerlo a sus parejas. Cuando los hombres deciden convertirse en padres a partes iguales, pueden renunciar al dinero o al estatus, pero a cambio de algo más virtuoso, la elevación de la vida familiar. Cuando las mujeres rechazan su papel de progenitoras por defecto, no asumen esa misma bondad. No pueden regodearse en su pálido resplandor moral. Se enfrentan a renunciar a su virtud en nombre del interés propio, o incluso de una siesta ocasional.

No es un lujo que veamos con buenos ojos a las mujeres. Un estudio reciente de la Universidad de California en Irvine, por ejemplo, descubrió que los sujetos a los que se presentaban imágenes de padres que dejaban a sus hijos sin supervisión para atender sus preocupaciones laborales juzgaban a los padres con menos severidad que a las madres.[8] Un padre que asume un reparto

---

[8] Ashley J. Thomas, P. Kyle Stanford y Barbara W. Sarnecka, «No Child Left Alone: Moral Judgments about Parents Effect Risk Estimates to Children», *Collabra* 2, n.º 1 (2016), p. 10.

equitativo puede enfrentarse a las críticas del mundo exterior por reducir el papel masculino tradicional. La madre de esa pareja se enfrenta a una ambigüedad moral, tanto a la desaprobación social como a su consecuencia, el miedo a que cualquier deseo de autonomía solo pueda hacerse realidad a costa de sus hijos.

La conciencia parental y la moralidad de la maternidad

A principios de 2018, un tuit de una mujer desconocida me llamó la atención mientras procrastinaba en Twitter una tarde de invierno: «Organizar campamentos de verano es una puta pesadilla y esto a pesar de tener todos los privilegios. ATENCIÓN ESTADOS UNIDOS: LAS MUJERES AHORA TRABAJAN». Una madre llamada Deb mostró empatía, respondiendo: «La pesadilla de toda madre de febrero a marzo», antes de que una tercera tuitera replicara: «¿Y por qué no es la pesadilla de todo *padre* de febrero a marzo?». Me pareció una pregunta pertinente, así que les escribí a las tres pidiéndoles su opinión. Deb respondió: «Los padres no lo tienen en cuenta, las madres no insisten. Los padres pierden rápidamente el contacto con el millón de detalles y con la logística de la vida de sus hijos».

En el lenguaje de los estudios sobre la familia, las mujeres y los hombres no desarrollan la misma «conciencia parental» cuando se convierten en madres y padres; siguen caminos separados y desiguales con relación al conocimiento o el desconocimiento a medida que sus hijos cambian y crecen. La conciencia parental es la conciencia de las necesidades de los hijos, acompañada del proceso constante de pensar en esas necesidades. Las mujeres han llegado a llamarlo carga mental, y en esos hogares relativamente igualitarios en los que los hombres comparten la recogida de la guardería y guardan la ropa limpia, es el aspecto de la crianza con más probabilidades de «generar tensión conyugal», según la socióloga de la facultad de Skidmore Susan Walzer».[9]

[9] Susan Walzer, «Thinking About the Baby: Gender and Divisions of Infant Care», *Social Problems* 43, n.º 2 (mayo de 1996), pp. 219-34.

Francine Deutsch sostiene: «A veces, incluso cuando ambos progenitores intentaban cumplir los principios de igualdad de género, las madres y los padres no vivían la crianza de la misma manera. Eso significaba que las madres hacían más. El trabajo mental de la crianza era todo suyo».[10] Otros investigadores han observado que incluso los hombres que valoran la paternidad suelen seguir siendo ayudantes de las madres; su enorme potencial de conciencia parental permanece latente.

Molly, de 27 años, trabajadora de acogida en Tennessee, me dijo: «No podemos permitirnos una guardería a tiempo completo, así que nos turnamos un poco a la hora de gestionar la jornada, pero cuando se trata de programar, me toca a mí. Mi marido nunca se va a sentar y decir: "Vamos a ver los planes de la semana". Si queremos que algo suceda, voy a tener que ser yo la que tome la iniciativa. Es agotador. Soy la encargada de la casa. Él hace lo que hay que hacer, pero no sin que yo se lo pida. Si se lo planteo, me dice: "Ya lo entiendo". Lo ve cuando se lo planteo, pero no es una conciencia continua. Y entonces me dice: "¿Cómo puedo ayudar?", y ni siquiera sé cómo decírselo».

Christine, una contable de 41 años con un bebé y un niño de seis en Illinois, dice: «No puedo confiar en que se acuerde de las cosas mínimas que le pido que haga. Tengo que recordárselo. Sea cual sea la actividad, sigo pensando que está en mi lista. Así que pedirle que haga cosas no me libera de ningún estrés ni de ninguna responsabilidad. Para empezar, el mismo hecho de tener una lista..., por supuesto él no tiene ninguna. Mi hijo no tendría lo que necesita si una mañana me despertara enferma o me pasara algo».

Uno de los problemas de la conciencia es que no se puede ver. La implacable invisibilidad de la carga mental dificulta la cogestión entre dos partes desigualmente motivadas. También hace que sea difícil de ilustrar, por lo que una viñeta de 2017 que sí lo conseguía (*Fallait demander*, traducido como «Deberías haber preguntado», de la artista francesa Emma) se hizo rápidamente viral. La viñeta mostraba a una mujer dibujada con sencillez que

---

[10] Francine M. Deutsch, *Halving It All* (Cambridge: Harvard University Press, 1999), p. 159.

dejaba al descubierto el esfuerzo que supone ser madre por defecto: «La carga mental significa tener que recordar siempre. Recordar que hay que añadir bastoncillos de algodón a la lista de la compra, recordar que hoy vence el plazo para encargar el reparto de verduras de la semana, recordar que ya deberíamos haber pagado al conserje por el trabajo del mes pasado. Que el bebé ha crecido otros tres centímetros y ya no le caben los pantalones, que tiene que ponerse la dosis de recuerdo o que a tu pareja no le queda ni una camisa limpia. Así que, aunque la mayoría de los hombres heterosexuales dicen que hacen su parte correspondiente de las tareas domésticas, sus compañeras tienen una perspectiva bastante diferente: "Siempre pone la lavadora, pero nunca cuelga la colada para que se seque. "Las sábanas podrían estar tiesas antes de que se le ocurriera cambiarlas". "Nunca ha preparado una sola comida para el bebé"».

Los psicólogos sociales tienen su propio nombre para la carga mental. Lo llaman *trabajo mnemotécnico*. Los estudios han demostrado que las parejas dividen intuitivamente, en lugar de consciente y explícitamente, el trabajo de planificar y recordar. Y también de forma intuitiva, recae sobre todo en las esposas. En el mundo de la coparentalidad, la palabra *intuitivo* es en realidad un código para «La madre lo asume»; la coparentalidad intuitiva en lugar de consciente es la forma en que las parejas modernas se meten en este atolladero.

La psicóloga Elizabeth Haines y sus colegas de la Universidad William Paterson de Nueva Jersey pidieron a hombres y mujeres que reflexionaran sobre la tendencia a ayudar a los demás a recordar sus obligaciones, necesidades y compromisos personales frente a la tendencia a depender de otros para esos recordatorios. Ambos géneros asumieron que son las mujeres las que recuerdan y que los hombres son los beneficiarios de este esfuerzo. En opinión de hombres y mujeres, los hombres sencillamente no son responsables para ese tipo de cosas.[11]

---

[11] Janet N. Ahn, Elizabeth L. Haines y Malia F. Mason, «Gender Stereotypes and the Coordination of Mnemonic Work within Heterosexual Couples: Romantic Partners Manage their Daily To-Dos», *Sex Roles* 77, n.º 7 (marzo de 2017), p. 1-18.

Cuando se les pidió que ilustraran la carga mental en su propia relación, el 64 por ciento de las mujeres dieron un ejemplo en el que ellas eran las que recordaban. Ante la misma pregunta, prácticamente el mismo porcentaje de hombres citó un ejemplo en el que sus esposas eran las que realizaban el trabajo mental. Además, en el caso poco frecuente de que fueran los hombres los que ejecutaban el trabajo mnemotécnico, solía ser porque se beneficiaban directamente de la tarea; por ejemplo, «Le recordé a mi mujer que me dijo que me compraría una chaqueta». Los psicólogos concluyen: «Hacer más trabajo mnemotécnico es una de las formas en que se manifiesta la tendencia de las mujeres a ser comunitarias [...].[12] El aspecto prescriptivo de este estereotipo indicaría entonces que las mujeres y los hombres se rigen por normas diferentes: la norma social para que los hombres realicen este tipo de trabajo es más relajada que para las mujeres, lo que da lugar a que los hombres realicen menos trabajo mnemotécnico que ellas».

Vanessa, una madre de 34 años de Queens, Nueva York, con dos hijos pequeños, que montó su propio negocio cuando su trabajo en la empresa resultó incompatible con la maternidad, me dijo: «Con mi marido es difícil estar en el mismo punto. Es bueno en muchas cosas, pero no en el día a día. Si necesitamos lo básico, si hay que dar de comer a los niños, tengo que darle hojas de ruta, instrucciones, gestión. No tiene la intuición de anticiparse a las necesidades. Eso no ocurre ni remotamente. He dejado de esperarlo. La fiesta del primer cumpleaños de mi hija es mañana. No ha hecho nada. Me dice: "Dime lo que tengo que hacer mañana por la mañana". Tengo que organizarlo. Es frustrante planificar, gestionar y ejecutar todo. Es el trabajo de cinco personas».

A Meredith Michaels, profesora de Filosofía en el Smith College y coautora del libro de 2004 *The Mommy Myth: The Idealization of Motherhood and How It Undermines Women*, se le ocurrió la idea después de comprobar hasta qué punto se había intensificado su sentimiento de la maternidad entre el nacimiento de su primer hijo en 1972 y el del cuarto en 1989. Describe cómo interactúa hoy con su hijo adulto en torno a sus responsabilidades como madre. «Vive

[12] Ibíd.

cerca, y yo me ocupo mucho del cuidado de los niños. Le pregunto: "¿Quién va a recoger a fulanito?". Me contesta: "Pregúntale *a mi mujer*. No me corresponde a mí saber quién hace qué y dónde". Y yo pienso: "¿Por qué? ¿Y qué haces tú para compensar el hecho de que no sea tu área? ¿Cuál es tu área?"».

A finales de la década de 1990, Walzer, de Skidmore, entrevistó a veinticinco parejas heterosexuales de clase media con bebés en el norte del estado de Nueva York para tratar de entender la llamada conciencia parental y su desarrollo: ¿cómo ocupan los niños las mentes de sus padres, y qué piensan los padres de sus hijos? En el libro en el que relata su trabajo, *Thinking About the Baby*, Walzer señala: «Los padres a los que entrevisté tenían imágenes particulares de lo que se suponía que debían pensar las madres y los padres, de cuáles debían ser sus responsabilidades y sentimientos, y debían hacerse cargo de esas imágenes». Los padres de su estudio hablaban sobre todo de responsabilidad económica, mientras que las madres, que también eran el sostén de la familia, afirmaban que debían pensar en sus hijos en todo momento, pasara lo que pasara.

Una mujer que lleva su bebé a una guardería dijo que, aunque en realidad no estaba preocupada por su bebé mientras trabajaba, sentía que tenía que comportarse como si lo estuviera. Lo contrario la haría parecer, ante sí misma y ante el mundo, insensible e inmoral. Walzer escribe: «La preocupación formaba parte de la maternidad hasta tal punto que su ausencia podía poner en entredicho la propia definición de buena madre. Los padres no piensan necesariamente en sus hijos mientras están en el trabajo, ni se preocupan de que no pensar en su hijo pueda tener algún impacto en su condición de padres».[13] Como ha señalado la crítica cultural británica Jacqueline Rose, «las expectativas que se depositan en las madres» están cargadas de «adulación y odio, que, por supuesto, van a menudo de la mano».[14]

---

[13] Susan Walzer, *Thinking About the Baby: Gender and Transitions into Parenthood* (Filadelfia: Temple University Press, 1998), p. 33.

[14] Jacqueline Rose, «Mothers: An Essay on Love and Cruelty», entrevista con Tracy Morgan, *New Books in Psychoanalysis*, New Books Network, audio, 4:20 min. <https://newbooksnetwork.com/jacqueline-rose-mothers-an-essay-on-love-and-cruelty-farrar-straus-and-giroux-2018/>.

Preocuparse sin un fin determinado es lamentable, pero la preocupación productiva estimula la acción: la programación de visitas de control, la instalación de enchufes, la introducción de alimentos sólidos. Los padres del estudio de Walzer patologizaban a sus esposas por su vigilancia y la relacionaban con el bienestar de sus bebés.[15] Pero no con el bienestar de la madre. La investigación ha demostrado que los «desbordes» familiares en el trabajo (pensar en asuntos familiares mientras se está técnicamente ocupado) se asocian con un aumento del estrés, la depresión y el malestar psicológico general. Las investigaciones demuestran que la transición entre pensar en la familia y pensar en el trabajo puede provocar dificultades de concentración, así como autoevaluaciones negativas que hacen que las personas —las madres en particular— sientan que están fracasando en ambos roles en todo momento.[16]

La idea de que una madre debe estar siempre pensando en sus hijos no es nueva, pero tampoco es muy muy antigua y, como comprobó Meredith Michaels al ser madre en los extremos opuestos de dos décadas, fluctúa con el tiempo. En la época colonial de EE. UU., a los padres se les asignaba una tarea crucial en la crianza: forjar el carácter de sus hijos. Se hacía menos hincapié en la relación especial y exclusiva entre madre e hijo. Esto empezó a cambiar con la industrialización, después de la Revolución americana, en la primera mitad del siglo XIX. La historiadora de la Universidad de Wisconsin-La Crosse Jodi Vandenberg-Daves, autora del libro de 2014 *Modern Motherhood*, explica: «La diferenciación entre madres y padres se acelera en las décadas de 1820 y 1830. Se ve en el ideal de las revistas femeninas de la madre sentimentalizada que se muestra disponible, hogareña y abnegada».

La pieza de la abnegación se convirtió en algo realmente importante para la construcción cultural de la maternidad. En el florido lenguaje decimonónico, está presente en todas partes. Las mujeres debían enseñar moralidad porque eran la mayor autoridad moral

---

15 Susan Walzer, *Thinking About the Baby: Gender and Transitions into Parenthood* (Filadelfia: Temple University Press, 1998), p. 43.

16 Shira Offer, «The Costs of Thinking About Work and Family: Mental Labor, Work-Family Spillover, and Gender Inequality Among Parents in Dual-Earner Families», *Sociological Forum* 29, n.º 4 (diciembre de 2014), pp. 91-36.

de los dos sexos. Los hombres podían salir al mundo y ser rudos, porque las mujeres mantendrían esa esfera. Todo esto sucedía durante la esclavitud y la industrialización, que por supuesto explotaban a muchas madres e hijos, y hacían imposible una vida doméstica protegida. Pero al comportarse como abnegadas «madres con moral», se pensaba que las madres blancas de clase media hacían una contribución social. Se les dio una idea comprometida de ciudadanía: «No puedes votar, pero sí puedes criar a los hijos que mantendrán la república». La llamada maternidad moral es una ideología que confería autoridad moral a las mujeres como madres, pero les negaba autoridad política o económica. También se centraba en los niños, ordenando a las mujeres que dieran prioridad a sus hijos y confinándolas al interior del hogar. Dotó a la que en realidad es la profesión más antigua del mundo de un imperativo ético que desde entonces ha variado, pero solo en grado. Y no brindó lo mismo a los hombres.

Madres y padres chocan en este desajuste de ideas sobre lo que define a un progenitor adecuado. Si yo creo a pies juntillas que ser una buena madre significa pensar en las necesidades de mis hijos casi todo el tiempo, y mi marido no cree a pies juntillas que ser un buen padre signifique pensar en las necesidades de sus hijos casi todo el tiempo, no estamos en el mismo punto. Me siento desconcertada cuando nuestras presiones internas divergentes muestran sus contornos, cuando él no se da cuenta de que se acercan las vacaciones de primavera y necesitaremos que cuiden de los niños, o de que viene la niñera y los niños necesitan cenar, o de que hace meses que tendrían que haber ido al dentista para la limpieza bucal. Walzer escribe: «Las normas sociales hacen especialmente difícil que las madres sientan que están haciendo lo correcto. Yo llamo a esto preocupación materna, y se genera por la pregunta: ¿Soy una buena madre?».[17]

¿Se digna alguna vez un padre a hacerse esa pregunta? ¿Alguna vez una madre puede liberarse de hacérsela? El mundo no conspira para disminuir su preocupación, precisamente. La socióloga

[17] Susan Walzer, *Thinking About the Baby: Gender and Transitions into Parenthood* (Filadelfia: Temple University Press, 1998), p. 35.

Claire Kamp Dush recuerda un mensaje de texto que recibió del jardín de infancia una amiga suya cuando se encontraba fuera de la ciudad por motivos de trabajo: «¡Te echamos de menos!», escribían sobre la foto de su hijo vestido y dejado en el colegio por su padre con ropa muy desigual y dos zapatos desparejados. «El colegio no le dijo nada al padre. Solo hicieron una foto y se la enviaron a mi amiga. La sugerencia era que era culpa suya. Nos lo dijo a mí y a nuestra otra amiga, y dijimos: "¿El niño estaba vivo y en la guardería? Con eso basta". La sociedad presiona a las mujeres. Si tu suegra viene a tu casa y está sucia, te echa la culpa a ti».

Las madres de hoy en día, independientemente de que actúen o no bajo esa fórmula, siguen siendo conscientes de los imperativos de la misma. A pesar de mis profundas convicciones sobre lo que constituye un progenitor decente —reforzadas por un doctorado en la teoría de la madre suficientemente buena del psicoanalista D. W. Winnicott; una teoría que se centra en la sintonía emocional con el bebé y no en una dieta interminable de autosacrificio—, a menudo me sentía presionada a aparentar que, como dice Michaels, no hacía esto o lo otro para mí misma porque mis hijos me necesitaban. Cuando nuestras hijas eran muy pequeñas, en las raras ocasiones en las que George y yo teníamos tiempo para ir a tomar algo entre el trabajo y la recogida de preescolar, le metía prisa cuando el reloj se acercaba a las cinco y media, para su decepción y consternación. El colegio cerraba a las seis, pero odiaba llegar a última hora. Temía parecer inmoral, que me consideraran una madre descuidada. Esto no tenía nada que ver con la felicidad de mis hijas. Cuando conseguía llegar notablemente temprano, ellas solo pedían quedarse más tiempo para jugar.

Como escribe la psicóloga Alice Miller sobre esta preocupación narcisista por parecer una madre virtuosa: «No puedo escuchar a mi hijo con empatía si estoy pensando preocupada en cómo ser una buena madre; no puedo estar abierta a lo que me está diciendo».[18]

Algunos años más tarde, esta preocupación se quedó obsoleta. Su efecto se manifestaba de otro modo, en sentimientos de leve

---

[18] Alice Miller, *For Your Own Good: Hidden Cruelty in Childrearing and the Roots of Violence* (Nueva York: Farrar, Straus & Giroux, 1983), p. 258.

rebeldía cuando rechazaba, por ejemplo, la petición de Liv de que fuera la delegada de los padres de su curso de tercero. En la escuela primaria, era liberador rechazar una petición de ese tipo. Podía haberlo gritado a los cuatro vientos: «¡No quiero inventar meriendas sanas, ni temáticas, ni manualidades apropiadas para la fiesta de Halloween!». Y, por cierto, Liv nunca se lo pidió a su padre, que también habría dicho que no, y habría sentido solo una momentánea punzada de pesar por lo que se perdía.

Yo soy el progenitor por defecto, aunque Liv adora a George y sabe que él siempre ayuda. Walzer concluye: «Implícita en el uso del verbo "ayudar" está la noción de que la crianza es, en última instancia, responsabilidad de la madre: de que los padres están haciendo un favor cuando crían. La posición por defecto, que es un factor en la conciencia parental de las madres, es que la madre está de servicio a menos que pida o se le ofrezca ayuda. Este estado de cosas crea una disonancia en algunas de las parejas que conocí, y especialmente en las esposas, que esperaban que sus matrimonios fueran relaciones de compañerismo».[19]

Las trampas del conocimiento desigual

No hace muchos años, un Día de Acción de Gracias, Brigid Schulte, periodista galardonada con el Premio Pulitzer, madre de dos hijos y autora del libro *Overwhelmed: Work, Love and Play When No One Has the Time*, decidió divorciarse de su marido. Habían invitado a cenar a dieciocho personas. Ella se había pasado la semana haciendo numerosos viajes al supermercado y encargando manteles especiales. Esa mañana, tanto ella como su marido corrieron el Turkey Trot de su localidad, y Brigid, al llegar a casa, empezó a cortar productos y a preparar guisos.[20] A las dos de la tarde, la

[19] Susan Walzer, *Thinking About the Baby: Gender and Transitions into Parenthood* (Filadelfia: Temple University Press, 1998), p. 41.

[20] *Turkey trot*, el «trote de pavo», son carreras a pie, generalmente de larga distancia, que se llevan a cabo alrededor del Día de Acción de Gracias en los Estados Unidos. El nombre se deriva del uso del pavo como pieza central común de la cena de Acción de Gracias. (*N. de la T.*).

cocina era un caos de verduras y libros de cocina manchados, y Schulte seguía con la ropa de correr. Su marido entró en la cocina y abrió la nevera. Ella supuso que iba a sacar el pavo. En lugar de eso, cogió una caja de cervezas y salió por la puerta. Ella recuerda: «Tenía un cuchillo en la mano cuando salió. Ojalá hubiera sido una lanzadora de cuchillos de feria, porque quería darle en la cabeza de lo enfadada que estaba». Ella pasó el tiempo que él estuvo fuera dividiendo mentalmente sus posesiones: él podía quedarse con el sofá. (Su marido, Tom, admitió más tarde: «No sé qué estaba pensando»).

Pero no fue solo la preparación de la comida para la fiesta lo que llevó a Schulte a ese punto. En aquel momento, recordó más tarde en un ensayo para *Slate*, su marido «no sabía quién era el dentista de los niños, nunca había hecho planes para el campamento de verano, nunca había comprado papel higiénico ni rellenado todos esos malditos formularios del colegio y de las Girl Scouts. Nunca le había cortado las uñas al bebé, ni había sido él quien se las había ingeniado para estar presente cuando una tormenta de nieve, una faringitis estreptocócica o un vómito inesperado desbarataban todo el sistema de trabajo y cuidado de los niños».

En las semanas siguientes, en lugar de buscar un abogado, Schulte empleó las herramientas de su oficio. Sacó un cuaderno y empezó a entrevistar a Tom. Se habían casado con la presunción de igualdad. ¿Cómo se habían desviado de ese camino?

Ella me dijo: «Tienes que preguntarte: "¿Merece realmente la pena destruir el amor y la pareja, el deseo de compartir la vida juntos? En lugar de eso, decidimos pensar en cómo compartir a partes iguales la crianza de nuestros hijos. En el día a día, nadie quiere hacer el trabajo pesado. El trabajo mental es agotador. Mi marido no tenía ni idea de lo que yo tenía en la cabeza. Me apresuraba a dejarlo todo arreglado antes de que él llegara a casa. Estábamos atrapados en las normas tradicionales, en lo que es ser una buena madre. Fue un fallo de imaginación. Los dos teníamos que reconocer que las presiones sociales nos condicionaban de una determinada manera. Teníamos que responsabilizarnos mutuamente. Es importante automatizar todo lo que puedas para no tener que renegociar y discutirte. Establecer una visión amplia. Experimentar sobre la marcha. Porque las discusiones sobre las tareas domésticas no son insignificantes. El injusto reparto del trabajo es una de las principales causas de ruptura del matrimonio». (De hecho, la tercera razón más citada después del adulterio y el distanciamiento).

Para entonces, Schulte había alcanzado un «punto de amenaza», definido en las ciencias sociales como «el umbral de contribución por debajo del cual un individuo puede abandonar el matrimonio en lugar de compensar la menor inversión de su pareja».[21] Los puntos de amenaza surgen de los problemas de negociación, de cómo dos actores se reparten un excedente que generan por sí solos. Provienen de la teoría de juegos, el estudio de modelos matemáticos de conflicto y cooperación. Los puntos de amenaza suelen estar asociados a recursos como el dinero o el atractivo físico, o a la falta de ellos. Tracy, activista contra la violencia doméstica en el estado de Washington, explicó su incapacidad para negociar mejor para sí misma: «Mi marido es ingeniero informático. Él cree que mi trabajo no es tan duro, a pesar de que, además de un empleo, tengo seis coladas que doblar y un perro que pasear. Tengo estudios de bachillerato y un trabajo de quince dólares la hora. Si él se levanta y me dice: "Si no te gusta, vete", ¿qué voy a hacer?». La suerte que podría correr cualquiera de los cónyuges fuera del matrimonio debido a sus respectivos recursos contribuye a la valoración de los puntos de amenaza; por ejemplo: «Cuanto más capaz sea de mantenerme o de encontrar otro cónyuge, más podría exigir a mi pareja para quedarme con ella».

Los puntos de amenaza también están teñidos de expectativas de género específicas que dependen del contexto. En las parejas casadas antes de 1975, el empleo de la esposa se asociaba a un mayor riesgo de divorcio. Ahora ya no es así. Del mismo modo, la responsabilidad de las esposas en las tareas domésticas ya no está asociada directamente a una mayor estabilidad matrimonial, pero sí lo está la disposición de los hombres a contribuir.[22]

---

[21] Michael Gurven y Kim Hill, «Why Do Men Hunt? A Reevaluation of 'Man the Hunter' and the Sexual Division of Labor», *Current Anthropology* 50, n.º 1 (febrero de 2009), pp. 62-74.

[22] Lynn Prince Cooke, «"Doing" Gender in Context: Household Bargaining and Risk of Divorce in Germany and the United States», *American Journal of Sociology* 112, n.º 2 (septiembre de 2006), pp. 442-72.

Schulte cuenta la historia de una amiga con un bebé de nueve meses que estaba tan harta de su marido que simplemente se marchó. «Le dijo: "Tenemos el mismo trabajo. ¿Por qué yo hago mucho más que tú?". Entonces se marchó durante veinticuatro horas. Él reaccionó».

La socióloga del Instituto Politécnico SUNY Veronica Tichenor, autora de *Earning More and Getting Less*, explica lo que escuchó decir a las mujeres que entrevistó. «Todo el mundo a su alrededor está pasando por lo mismo. Pueden reírse y compadecerse de lo duro que es y de lo incompetente que es su marido. Una de las mujeres de mi libro tenía dos hijas pequeñas y se encargaba de cuidarlas. Bromeaba diciendo que, si alguien en su vida iba a abandonarla, mejor que fuera su marido. "Si la persona que te cuida te abandona, es un problema". Solo bromeaba a medias. "Podría arreglármelas sin él. Hace tan poco en casa". Eso es un riesgo para los hombres».

Y aquí está el problema: el riesgo no equivale a la recompensa. O, para ser más exactos, no hay una recompensa clara por «hacer tan poco» en un matrimonio. En 2010, investigadores de la Universidad de Dartmouth, la Universidad de Carolina del Sur y la Universidad de Indiana analizaron los costes emocionales de la desigualdad en la división del trabajo en el hogar. Trabajos anteriores habían establecido que esta desigualdad alimenta la depresión en las mujeres. El grupo quería establecer una visión más matizada de la variación de sentimientos que pueden generarse en ambos miembros de la pareja. La teoría de la equidad propone que la injusticia percibida en todo tipo de situaciones provoca malestar emocional, independientemente del lado de la ecuación en el que uno se encuentre. Independientemente de quién reciba o haga menos o más, es probable que ambos participantes experimenten angustia. Utilizando datos del módulo de emociones de la Encuesta Social General, determinaron: «De acuerdo con la teoría de la equidad, los individuos que se perciben a sí mismos como beneficiados excesivamente o insuficientemente con respecto al trabajo doméstico informan de emociones significativamente más negativas que sus homólogos que juzgan el acuerdo como justo para ambas partes. Las influencias del exceso o la insuficiencia de beneficios en las emociones negativas son prácticamente las mismas».[23]

Las mismas pero diferentes. El grupo descubrió que las percepciones de desigualdad hacia uno mismo estaban relacionadas con la ira y la rabia, mientras que las percepciones de desigualdad hacia los demás estaban relacionadas con el miedo y la culpa: la expresión clara de la dinámica de mi propio matrimonio, si es que alguna vez hubo alguna. Además, las emociones positivas se ven afectadas por la desigualdad. En concreto, la tranquilidad disminuye para ambos miembros de la pareja a medida que aumenta su percepción de la injusticia. No cabe duda de que el reparto desigual de la carga de trabajo tiene un coste elevado. Pero aquí hay otra diferencia entre mujeres y hombres: las mujeres son más sensibles emocionalmente a los beneficios excesivos. Se sienten peor cuando son ellas las que hacen menos. En cambio, los hombres son más sensibles a los beneficios insuficientes.[24] Puede que sientan desazón cuando descansan mientras sus esposas preparan todos los almuerzos, pero sus nervios se disparan más rápido y más alto en caso de que este escenario se invierta.

Erica, de Portland, comenta: «Tengo un par de amigas madres cuyos maridos se quedan en casa. Pero son demasiado complacientes con ellos y facilitan que tengan tiempo para sí mismos. Al final, ellas trabajan y hacen más cosas en casa. Tengo una amiga que es madre y ama de casa que nunca descansa».

Vidya, de Los Ángeles, me dijo: «Curiosamente, incluso cuando mi marido no trabajaba mucho como autónomo y yo trabajaba a tiempo completo, me sentía culpable por no hacer la mitad de las tareas domésticas. Para mí era importante que yo hiciera la mitad en casa, a pesar de que trabajaba muchas más horas que él en general, y además básicamente nos mantenía». Se sentía mejor con menos beneficios.

---

[23] Kathryn J. Lively, Lala Carr Steelman y Brian Powell, «Equity, Emotion, and Household Division of Labor Response», *Social Psychology Quarterly* 73, n.º 4 (2010), pp. 358-79.

[24] Ibíd.

Dara Mathis, escritora del área de Washington DC y madre bloguera, describe cómo evitar beneficiarse en exceso. «Yo cocino y él friega los platos. Pero estamos enseñando a nuestra hija de quince meses a dormir sola, lo que va fatal, y tardamos más en acostarla. Así que termino fregando los platos por él. Aunque yo haya cocinado y haya estado con el bebé todo el día, pienso que es injusto que él, tras lavar los platos, tenga que irse directamente a estar con el bebé media hora».

El rechazo masculino de la responsabilidad y el culto al sacrificio femenino

La mayor comodidad relativa de las mujeres con beneficios insuficientes, yuxtapuesta a la mayor comodidad relativa de los hombres con beneficios excesivos, marca el camino para que los hombres rechacen la responsabilidad y para que las mujeres accedan a su negativa. Los hombres optan por una serie de formas categóricas. Michael Kimmel, sociólogo de SUNY Stony Brook y experto en cuestiones de género, describe las conversaciones que ha mantenido con ellos sobre este tema: «A menudo, los hombres me dicen: "Mi mujer me echa la bronca porque no paso la aspiradora; estoy viendo un partido de béisbol y ella entra y me dice: 'Al menos podrías pasar la aspiradora'. Así que lo hago, y luego vuelve y me dice que no lo he hecho muy bien. Así que decidí no hacerlo más"». Mi propio impulso reacio a respaldar esta postura es tan profundo que la réplica de Kimmel a estos hombres me encanta. «Les digo: "¡Vaya, qué respuesta tan interesante! Si yo fuera tu supervisor en el trabajo y te asignara un informe y no estuviera contento con lo que has entregado y te lo dijera, ¿responderías: 'Bueno, entonces, no volveré a hacerlo'?"».

Kimmel describe una estrategia de rechazo de la responsabilidad que se ha llamado «adhesión a estándares inferiores». Miranda, en Vermont, hablaba de ello así: «Incluso cuando nos pusimos a vivir juntos y tratamos de averiguar quién hacía qué, recuerdo que Lowell me dijo: "Si crees que las cosas deben estar más limpias de lo que están, es que tienes un umbral diferente al mío, tendrás que hacerlo tú". Así que ahora yo hago casi toda la limpieza y la mayor parte de la cocina. A ninguno de los dos nos gusta cocinar, pero yo tengo más experiencia. Él lava casi todos los platos. Así es como lo hemos solucionado. Pero su idea de fregar los platos y la mía son diferentes. Él los mete en el lavavajillas, las encimeras siguen estando asquerosas y la mesa tiene comida salpicada por todas partes. Yo limpio después de que él haya limpiado».

Otras estrategias son la resistencia pasiva, la incompetencia estratégica, el uso estratégico del elogio y la negación rotunda.[25] Todos los padres que entrevisté se refirieron indirectamente a alguna de estas categorías. Yana, de California, tiene tres hijos pequeños y un marido que se queda en casa. Describió así la resistencia pasiva de él: «En algún momento intentamos dividir las cosas de forma más equitativa. Teníamos un horario para acostar a los niños. Yo me quedaba con el bebé, él acostaba a los otros dos niños. Luego me enfadaba porque tardaba mucho. Así que ahora los acuesto yo a todos. En parte, supongo que esto es mutuo. Pero yo le decía: "Por favor, haz los deberes con los niños antes de que yo llegue a casa". Cuando llegaba, él aún no los había hecho. Así que tomé el relevo y ahora los hago yo. En algún momento me di cuenta de que, si quiero que las cosas se hagan, tengo que estar encima». El marido de Yana nunca rechaza explícitamente sus peticiones, pero a menudo no las cumple.

La incompetencia estratégica es algo así: Nicole, de Portland, me dijo: «Cocino porque tengo necesidades dietéticas específicas, y él ahí no se implica. Creo en la salud de mis hijos. Si se lo dejara a él, se alimentarían cada día de comida precocinada». El uso estratégico de elogios es así: Meredith, del grupo de madres primerizas de mi barrio, dice: «Me mira y me dice: "¿Lo estoy haciendo bien?". Tengo sentimientos encontrados al respecto. Como: "¡Ah, hay algo que yo puedo hacer mejor que tú, y lo estás respetando!". Por otro lado, pienso: "Ojalá pasaras el suficiente tiempo con ella para saberlo igual que yo"».

Y por último, la negación (de que el comportamiento de él da forma a las opciones de ella): Mark, el marido de Nicole, dijo: «Tiene

[25] Francine M. Deutsch, *Halving It All* (Cambridge: Harvard University Press, 1999), p. 74.

que ver con la personalidad de mi mujer. Siempre tiene que estar ocupada. No importa qué día de la semana sea, tiene la necesidad de estar haciendo algo». Y Lowell, el marido de Miranda, me dijo: «Lavo la ropa cuando lo necesito. Funciono a mi ritmo. Mientras haya ropa limpia, no le doy prioridad. Tenemos diferentes niveles de confort en cuanto a dejar que se acumule la ropa sucia. Yo podría hacerlo más a menudo, de forma proactiva, pero esa no es mi naturaleza por defecto. Así que suele ser ella la que acaba haciéndolo». La socióloga del Occidental College Lisa Wade resumió su vivencia de esta manera: «Los hombres encuentran formas de hacer que todo sea tan difícil que hacen que no valga la pena. Lo acabas haciendo tú misma».

Nos adaptamos a cómo se desarrolla el juego. Wade dijo: «Cuando la desigualdad es a lo que estamos acostumbrados, la desigualdad parece igualdad. Si en un experimento se muestra una sala en la que hay un 50 por ciento de hombres y un 50 por ciento de mujeres, la gente ve una preponderancia de las mujeres sobre los hombres. Estamos tan acostumbrados a ver salas dominadas por hombres que nuestra visión está deformada. A veces me pregunto: ¿si los hombres hicieran la mitad de las cosas, parecería que hacen dos tercios? Ahora pueden hacer un tercio y parece la mitad».

Los hombres se niegan porque han visto a otros hombres negarse. Casi parece igualdad. Los estudios sobre mujeres y liderazgo han subrayado que la exposición a un género o a otro en un papel concreto tiende a autorreforzarse. Por ejemplo, cuando se pide a los empresarios que dibujen a un líder eficaz, casi siempre dibujan a un hombre. Incluso cuando los bocetos (rara vez) son neutrales en cuanto al género, los adjetivos utilizados para describir un dibujo son típicamente masculinos. Y los estudios sobre liderazgo emergente revelan que los hombres, pero no las mujeres, son reconocidos como líderes potenciales cuando ofrecen ideas a sus colegas.[26] Utilizamos estereotipos para evaluar las situaciones.

---

[26] Heather Murphy, «Picture a Leader: Is She a Woman?», *The New York Times* (16 de marzo de 2018). <https://www.nytimes.com/2018/03/16/health/women-leadership-workplace.html>.

Nuestras valoraciones parecen basadas en el presente, pero en realidad se basan sobre todo en el pasado. Esta tendencia se denomina sesgo de confirmación. Dibuja rápidamente a alguien limpiando bien una mesa o acostando a un niño. Dibuja a un progenitor solo en una habitación.

En Estados Unidos y otras naciones sin una política familiar fuerte, las estrategias de resistencia de los hombres respaldan la incansable inmersión de las mujeres, lo que la periodista Jill Filipovic ha denominado el culto al sacrificio femenino.[27] Pero en algunos países las cosas parecen ser diferentes, aunque no exactamente igualitarias. Donde existe el cuidado universal de los niños financiado por el Estado —como, por ejemplo, en Dinamarca—, los estudios sobre el uso del tiempo muestran que los padres pasan el mismo tiempo con sus hijos que los padres en Estados Unidos. Pero la diferencia entre el tiempo que el padre dedica al cuidado de los hijos y el que dedica la madre es mucho menor en Dinamarca, porque las madres danesas —gracias a ciertas ayudas de las instituciones— se han de ocupar mucho menos de estos cuidados.[28]

Mientras vivía en París, donde también hay guarderías de alta calidad subvencionadas por el Estado, la periodista Pamela Druckerman observó que las madres francesas expresan mucha menos ira hacia sus maridos que sus homólogas estadounidenses. En su libro *Bringing Up Bébé*, Druckerman escribe: «Francia tiene menos retórica feminista, pero cuenta con muchas más instituciones que permiten a las mujeres trabajar. Está el permiso de maternidad nacional retribuido, las niñeras y guarderías subvencionadas, la educación preescolar gratuita y universal a partir de los 3 años, y los innumerables créditos fiscales y pagos por tener hijos. Todo esto no garantiza la igualdad entre hombres y mujeres. Pero sí garantiza que las francesas puedan tener tanto una carrera como hijos».[29] Puede que

---

[27] Jill Filipovic, *The H-Spot: The Feminist Pursuit of Happiness* (Nueva York: Nation Books, 2017), p. 29.

[28] Lyn Craig y Killian Mullan, «Parenthood, Gender and Work-Family Time in the United States, Australia, Italy, France and Denmark», *Journal of Marriage and Family* 72, n.º 5 (octubre de 2010), pp. 1.344-61.

[29] Pamela Druckerman, *Bringing Up Bébé: One American Mother Discovers the Wisdom of French Parenting* (Nueva York: Penguin Books, 2012), p. 194.

las francesas no tengan parejas igualitarias, pero disponen de otras ayudas si deciden aprovecharlas, algo que las hembras primates llevan siglos haciendo.

La antropóloga de la Universidad de Nevada, Las Vegas, Alyssa Crittenden, me dice: «Los que estudiamos la formación familiar y la evolución de la crianza cooperativa no damos prioridad a un cuidador sobre otro. El cuidado distributivo es lo más importante. La forma en que esto afecta a las distintas culturas tiene que ver con las normas del grupo social».

El llamado culto al sacrificio femenino se vio necesariamente frenado durante la Guerra Fría, cuando los grupos sociales occidentales que criticaban los objetivos del feminismo se alinearon con el miedo a los rojos. Tras la Revolución rusa de 1917, la recién creada URSS declaró que la atención infantil temprana financiada por el Estado era una herramienta importante para adoctrinar a los niños o para ayudarles a convertirse en ciudadanos soviéticos ideales. En las décadas siguientes, la oposición estadounidense al cuidado infantil subvencionado por el Gobierno se centró a menudo en la premisa de que solo las madres, y no los centros preescolares financiados por el Estado (o —y esto ni siquiera merece ser mencionado— los padres), podían criar ciudadanos estadounidenses de sangre caliente.[30]

En sus conferencias sobre igualitarismo por todo el país en los años setenta, los psicólogos Sandra y Daryl Bem, marido y mujer, afirmaron: «La gente de clase media no estaba abierta a la idea de proporcionar cuidado infantil fuera del propio hogar del niño. Aunque cueste creerlo, en aquellas primeras ocasiones en que intentamos hablar de guarderías, incluso nuestro público universitario lo tachó de "comunista"».[31] Cuando añadimos «bajo Dios» al Juramento para diferenciarnos de los ateos soviéticos, consolidamos el desagrado de la sociedad por la contribución colectiva

---

[30] Jessica Weiss, «"Fraud of Femininity": Domesticity, Selflessness, and Individualism in Responses to Betty Friedan», en *Liberty and Justice for All? Rethinking Politics in Cold War America*, ed. por Kathleen G. Donohue (Amherst: University of Massachusetts Press, 2012), pp. 124-41.

[31] Sandra Lipsitz Bem, *An Unconventional Family* (New Haven: Yale University Press, 1998), p. 80.

a la crianza de niños sanos.[32] El adoctrinamiento que se materializó en Estados Unidos no iba dirigido a los niños, sino a sus madres. Como señaló Betty Friedan en *The Feminine Mystique*, de 1963, «la realización como mujer solo tenía una definición para las estadounidenses después de 1949: ama de casa-madre».[33]

El *best seller* de Friedan narraba el tedio latente entre las amas de casa de la época. El libro debió su éxito al permiso que dio a las mujeres de mediados de siglo para reconocer que querían otras cosas.

Pero la idea de que tal vez no debieran hacerlo no se desvaneció tan fácilmente. Y así, más de cincuenta años después, en *The H-Spot: The Feminist Pursuit of Happiness*, Jill Filipovic observó: «Las mujeres que creen que tienen derecho al placer y la felicidad o a sí mismas son tachadas de egoístas o inmorales [...]. Las mujeres que persiguen el placer del éxito son arribistas demasiado ambiciosas y, si además son madres, probablemente estén pagando a otra persona para que críe a sus hijos. Las mujeres que anteponen sus propios deseos, aunque sea temporalmente, a los de los demás (especialmente, Dios no lo quiera, a los de sus hijos) no son buenas madres y además son malas personas. Este culto al sacrificio femenino, a menudo disfrazado de amor, tiene consecuencias reales. [...] Las mujeres reciben el tópico de que "la maternidad es el trabajo más importante del mundo". Entonces, no debería sorprendernos que, en contra de los clichés y las promesas, tener hijos reduzca la felicidad de las mujeres».[34]

Para lamentaciones sobre el hallazgo de esta investigación en particular, véase *All Joy and No Fun: The Paradox of Modern Parenthood*, de la periodista Jennifer Senior. El culto al sacrificio femenino adopta

---

[32] El 14 de junio de 1954, el presidente Dwight Eisenhower firmó un proyecto de ley para insertar la frase «bajo Dios» en el Juramento a la Bandera de Estados Unidos que los niños recitan cada mañana en la escuela. Anteriormente, el juramento, escrito originalmente en 1892, no contenía ninguna referencia a la religión. El impulso para añadir «bajo Dios» al juramento cobró fuerza durante el segundo Terror Rojo, un periodo en el que los políticos estadounidenses estaban deseosos de afirmar la superioridad moral del capitalismo estadounidense sobre el comunismo soviético, que muchos conservadores consideraban «impío». (*N. de la T.*).

[33] Betty Friedan, *The Feminine Mystique* (Nueva York: W. W. Norton & Company, 2013), p. 36.

[34] Jill Filipovic, *The H-Spot* (Nueva York: Nation Books, 2017), p. 29.

formas variadas en distintos subgrupos culturales, pero siempre termina con el mismo mensaje. En *Raising the Race*, la antropóloga de Yale Riché J. Daniel Barnes describe el «marco de la mujer negra fuerte» que exige a las madres afroamericanas que —cantad conmigo ahora— lo hagan todo. Las feministas negras desconfían de este marco, que según ellas se disfraza de elogio cuando en realidad solo mantiene el orden patriarcal. Barnes escribe:

«A pesar de las críticas de las académicas feministas negras, la comunidad negra continuó celebrando a las mujeres negras a las que representaban como capaces de manejarlo todo solas: trabajo, hijos e inseguridad económica, política y social. Es una medalla de honor, me decían, y uno de los pocos estereotipos de la mujer negra que son realmente positivos.

»Para las mujeres profesionales negras, sin embargo, este mito, que las anima a ser supermujeres en deuda con sus carreras, sus cónyuges, sus hijos, sus familias de origen y con la comunidad negra en general, tiene un coste cada vez mayor que las mujeres no están dispuestas a asumir».[35]

La socióloga de la Universidad DePauw Tamara Beauboeuf-LaFontant afirma que mantener el mito de la mujer negra fuerte es una «representación costosa».[36] Las mujeres profesionales del estudio de Barnes se vieron doblemente obstaculizadas, no solo por el sexismo, sino también por el racismo. Todavía «luchan contra la idea de que, como grupo, son indeseables; su estatus como esposas es mucho más precario que su estatus como madres y mujeres de carrera y, por tanto, todos sus esfuerzos, o al menos la mayoría de ellos, deben dirigirse a mantener el matrimonio». Según Barnes, ante los puntos de amenaza que la sabiduría convencional les planteaba, estas mujeres parecían reacias a reivindicar o incluso reconocer su deseo de obtener más de sus maridos.[37]

En *Feminism Is for Everybody*, bell hooks escribe: «Cuando la mujer en el hogar pasa todo su tiempo atendiendo las necesidades de

[35] Riché J. Daniel Barnes, *Raising the Race: Black Career Women Redefine Marriage, Motherhood, and Community* (Nuevo Brunswick, NJ: Rutgers University Press, 2016), p. 9.

[36] Ibíd., p. 42.

[37] Ibíd., pp. 104-5.

los demás, el hogar es para ella un lugar de trabajo, no un sitio de descanso, comodidad y placer».[38] Para poner a prueba la hipótesis —también expuesta por Arlie Hochschild en *The Second Shift*— de que las madres se sienten agobiadas en sus hogares por el mandato del sacrificio femenino —o el de la mujer negra fuerte, según sea el caso—, la profesora de Trabajo y Empleo de la Universidad Estatal de Pensilvania Sarah Damaske preguntó a hombres y mujeres sobre sus niveles de felicidad en casa frente a los del trabajo. Cuando hablamos, me pregunté si habría encontrado diferencias de género en el análisis final.

«Sí —dice Damaske, que también es madre—. Las mujeres son más felices en el trabajo y los hombres en casa». Se rio a carcajadas durante un buen minuto antes de continuar: «Tiene mucho sentido. Los hombres tienen menos responsabilidades en casa. Es más un refugio para ellos que para sus esposas». Su equipo también tomó muestras de saliva y midió la hormona del estrés, el cortisol. Damaske dijo: «Las hormonas del estrés de la gente disminuían cuando iban a trabajar. Las de todos. Pensamos en nuestros hogares y en esos maravillosos momentos familiares, pero el hogar también son las tareas diarias de fregar los platos y decir: "¿Puedes recoger tus juguetes?", y nadie te da las gracias por limpiar el váter. Creo que, cuando uno va a trabajar, puede liberarse de parte del estrés diario de esas labores».

Natalie, de 41 años, profesora de educación especial y madre de dos adolescentes en los suburbios de Los Ángeles, recuerda: «Hace unos años, intentaba encontrar más tiempo para mí. Estaba muy enfadada y negativa. No era agradable estar conmigo. Parecía que, como me ponía en último lugar, no quería estar en mi casa. Me causaba mucho estrés. Iba a yoga y me sentía relajada, pero volvía a casa y esa sensación desaparecía en cuanto entraba por la puerta. Mi familia se daba cuenta. Llevaba esa carga y no la expresaba. Intentaba ser la madre, la esposa y la profesional perfecta, sin aceptar la ayuda de nadie. Ni siquiera expresaba: "No puedo hacer todo esto sola"».

---

[38] bell hooks, *Feminism Is For Everybody* (Nueva York: Routledge, 2015), p. 50.

Si sumas estas cosas, no podrás tenerlo todo

Natalie dice que llegó a un punto de inflexión y decidió hacer algunos cambios. Ella y su marido Rob sacaron a sus hijos del colegio, vendieron sus posesiones y pasaron un año recorriendo el país en una vieja autocaravana. Mientras viajaban, ella pensaba en cómo había hecho su propia cama, pero Rob nunca examinó su parte. «Es interesante. Tenemos estas conversaciones. Él dice: "Es culpa del movimiento feminista. Si no lo quisierais todo, probablemente lo tendríais mucho más fácil". Hasta cierto punto lo entiendo». El feminismo suele ser el hombre de paja en estas discusiones, como si lo problemático fuera el mero deseo de igualdad, en lugar del hecho de que la igualdad aún no se haya materializado.

He aquí otra pregunta que los hombres no tienen que hacerse: ¿realmente podemos tenerlo todo? ¿Por qué preguntar si la Tierra es redonda, si los coches son de acero? Por eso las mujeres están atrapadas; lo he visto en Facebook. En 2017, Raquel, una mujer de un grupo de madres del Medio Oeste, respondió a una pregunta sobre tenerlo todo de un miembro que había sido ascendido recientemente: «No me gusta la frase "tenerlo todo". Soy autónoma. ¿Puedo trabajar sesenta horas a la semana y pasar mucho tiempo con mi familia? No. ¿Puedo encontrar el éxito y la satisfacción en mi carrera y pasar mucho tiempo con mis hijos? Por supuesto que sí. ¿Es un asco que mi marido ni siquiera tenga que pensar en esto en su carrera, a pesar de que trabajamos duro para tener una relación igualitaria? Un millón de veces sí».

La cuenta de Twitter @manwhohasitall pone de relieve esta particular forma de ridiculez de los roles de género, planteando preguntas como «¿Se puede tener una carrera de éxito y ser un buen padre?» y «¿Es demasiado arriesgado contratar a hombres atractivos?».

Al igual que Natalie, Rob es profesor. No podía asumir solo la responsabilidad económica de mantener a su familia, aunque hubiera sido su prioridad. A falta de esa capacidad masculina tradicional —cada vez más inalcanzable—, espera que su mujer sea la madre tradicional por defecto. Culpa al feminismo de dar a Natalie grandes ideas: el movimiento de justicia social como creador de espejismos. Nunca cuestionó su derecho a la misma gran idea: la capacidad de tener una familia, una vida laboral y también algo de tiempo para sí mismo.

Vanessa, de Queens, tiene su propio negocio, dos hijos pequeños y un marido que admira su ambición. Sin embargo, ayudarla a tenerlo todo no ha sido lo suyo. «Mi marido acepta y apoya totalmente a las mujeres fuertes. El funcionamiento real de nuestra vida es otra cosa. Sobre el papel, parece estupendo. Pero en la vida real deja que el 85 por ciento recaiga sobre mí. Decidió comprarse un gimnasio después de que naciera nuestro segundo hijo. Decidió empezar el programa de entrenamiento más agotador del planeta dos meses después de que ella llegara. No me pareció el momento adecuado para emprender algo que le alejara de la familia, pero no hizo esa conexión». Así que, mientras él persigue sus sueños sin trabas, las posibilidades de ella se reducen. «Tengo que tomar algunas decisiones. Ya no hago ejercicio como antes. Mi marido sale a correr todos los fines de semana. Yo no puedo permitirme ese lujo. No puedo relajarme. Tengo que decidir lo que hay que hacer el mismo día y lo que se puede posponer. Es una mierda, pero tengo que darle órdenes. Es un gran padre. Ojalá fuera tan buen marido».

La comedia de ABC *Splitting Up Together* presenta a una pareja recién divorciada con tres hijos que decide seguir viviendo en la misma casa por el bien de su prole. Una secuencia de montaje en los primeros minutos del piloto esboza a grandes rasgos las circunstancias de la ruptura. El padre, interpretado por Oliver Hudson, sale por la puerta a correr. La madre, interpretada por Jenna Fischer, baja las escaleras con coleta y gafas, cargada con un cesto de la colada. Él le dice: «Iba a salir a correr un rato antes del trabajo». Ella responde: «Genial. Iba a hacer la colada, pasar el aspirador, desatascar el váter de arriba, llamar a un tipo por el aspersor roto, ir a trabajar, volver a casa y hacer la cena». «¡Genial! —dice él—. ¿Qué hay para cenar?».

La psicóloga y psicoanalista Usha Tummala-Narra, del Boston College, reitera que las mujeres reciben un refuerzo positivo por cuidar de los demás desde una edad temprana. «Ves qué tipo de comportamiento te hace avanzar, y eso se interioriza. Esto es lo que funciona, así es como puedo existir en la sociedad y ser vista y reconocida. En cambio, a los hombres se les sigue reconociendo por su masculinidad y por lo que son capaces de ganar. Así pues, los marcadores sociales externos del éxito siguen impulsando a las mujeres y a los hombres a la hora de elegir. Yo lo veo como algo adaptativo. Te adaptas para sobrevivir dentro de un marco. Pero el marco no parece cambiar. El problema es entonces que el marco *no* cambia.

Es el marco, y no el comportamiento, lo que es patológico. Los hombres no están socializados para sentirse culpables por tener libertad o por no estar ahí para otras personas. Desde el principio, has interiorizado la idea de que eso es lo más importante que puedes hacer. Estar en el trabajo está muy bien, pero no es "lo más importante" que puedes hacer».

Así, los hombres se sienten con derecho a tenerlo todo, aunque llamarlo así implica que es algo fuera de lo común y, por supuesto, no lo es si uno es hombre. En *The Audacity of Hope*, Barack Obama escribe sobre el problema en los primeros años de su propio matrimonio: «En el momento que nació Sasha [...], mi mujer apenas podía contener su ira hacia mí. "Solo piensas en ti", me decía. "Nunca pensé que tendría que criar a una familia sola". Me sentí molesto por esas acusaciones. Me parecía injusto. Después de todo, no era como si me fuera de juerga con los chicos todas las noches. No le pedía que me zurciese los calcetines ni que me preparase la cena cuando llegaba a casa. Siempre que podía, colaboraba con los niños. Lo único que pedía a cambio era un poco de ternura. En lugar de eso, me vi sometido a interminables negociaciones sobre todos los detalles de la gestión de la casa, a largas listas de cosas que tenía que hacer o que había olvidado hacer, y a una actitud generalmente agria».[39]

Más adelante, Obama adopta una postura más comprensiva hacia su esposa, pero aquí suena como los nuevos padres que veo en mi consulta, por no hablar de mi propio marido cariñoso. Mientras que las madres con las que trabajo están casi siempre enfadadas con sus parejas por su tibia conciencia paterna —los

[39] Barack H. Obama, *The Audacity of Hope* (Nueva York: Edición reimpresa de época, 2008), pp. 531-32.

que ayudan, los que comparten y los holgazanes—, los hombres con los que trabajo parecen en su mayoría tan desconcertados por la frustración de sus esposas como Barack lo estaba por la de Michelle o como George lo estaba por la mía. Yo la quiero. Yo colaboro. ¿Qué pasa?

Michelle Obama, por su parte, acabó acomodándose a los intereses de su marido. Durante su primera campaña para la presidencia, en agosto de 2007, la periodista Rebecca Johnson publicó en *Vogue*: «Por muy mal que lo pase ahora, era peor cuando los niños eran más pequeños. Tanto el senador como su esposa han sido francos acerca de sus problemas matrimoniales durante esos años, cuando la mayor parte de la crianza de los hijos recaía sobre los hombros de ella, incluso cuando intentaba mantener su exigente carrera. "Si un váter se desborda", le gusta decir en uno de sus habituales "tochos", "somos las mujeres las que reprogramamos nuestras reuniones para estar allí cuando llegue el fontanero"[...]. "Me gusta hablar de ello", dice, "porque creo que todas las parejas se enfrentan a estos problemas. La gente no sabe cuánto cambian las cosas con los hijos. Creo que mucha gente se da por vencida. Se rompen, pero si podemos hablar de ello, podemos ayudarnos mutuamente". En lugar de dejar su trabajo o divorciarse de su marido, Michelle decidió hacer las paces con la situación.[40] "Pasé mucho tiempo esperando que mi marido arreglara las cosas, pero luego me di cuenta de que estaba ahí en la medida en que podía estarlo. Si no estaba, no significaba que no fuera un buen padre o que no le importara. Me di cuenta de que podía ayudarme mi madre o una niñera estupenda. Cuando lo acepté, mi matrimonio mejoró"». A pesar del evidente pragmatismo de su elección, que respeto, se me encogió el corazón cuando leí esto último. Si eso era lo mejor que Michelle Obama podía sacar de su matrimonio, ¿qué audaz esperanza nos quedaba a los demás?

Con los Obama como ejemplo platónico, está claro que no fue el desprecio del entonces senador por las mujeres o su compromiso con los roles familiares tradicionales lo que hizo que la pareja se

---

[40] Rebecca Johnson, «Michelle Obama: The Natural», *Vogue* (septiembre de 2007). <https://www.vogue.com/article/michelle-obama-the-natural>.

resintiera. Está claro que, cuando llegamos a la conclusión de que los valores igualitarios y las parejas de tendencia feminista producirán padres que compartirán por igual, alguna información crucial se ha perdido por el camino.

Esa información se refiere en parte a los sesgos implícitos. Se cree que los sesgos implícitos —actitudes y estereotipos que afectan a nuestras acciones de forma inconsciente— explican todo tipo de discriminaciones no intencionadas, desde la desproporcionada contratación y promoción de hombres hasta los tiroteos policiales contra afroamericanos desarmados. También está muy presente en la distribución por géneros del trabajo en el hogar. Se puede creer conscientemente que los hombres y las mujeres deben ser iguales y, al mismo tiempo, mantener un compromiso menos consciente con la primacía del deseo masculino. La metacognición, la capacidad de reflexionar más profundamente sobre las creencias automáticas e inconscientes, es un importante contrapeso al sesgo implícito. Por ejemplo, en la selección previa a la contratación de los aspirantes a agentes de policía, los psicólogos evalúan sistemáticamente la competencia metacognitiva; no si los aspirantes son racistas —la mayoría de la gente no se etiquetaría como tal—, sino si son capaces de reflexionar largo y tendido sobre cómo les ha afectado vivir en una sociedad racista. «Se necesitan policías que entiendan esto», me dijo el psicólogo Dave Corey, presidente fundador del Consejo Americano de Psicología Policial y de Seguridad Pública.

Joan Williams, del Center for WorkLife Law, expresó una opinión similar sobre las parejas masculinas. Explicó que el igualitarismo, la creencia de que uno no es sexista, no basta precisamente porque incluso los hombres que no se dan cuenta de ello suelen seguir sintiéndose con total libertad para anteponer su propia autonomía personal a la de sus esposas. «Mi consejo más firme a las jóvenes: no os limitéis a buscar un hombre que apoye a las mujeres. Eso es un umbral. Pero tened en cuenta cuál es su actitud y su ambición. Eso es lo que determina tu futuro. Si es ambicioso *y se siente con derecho a esa ambición*, acabarás asediada, marginada o divorciada». Al igual que Corey, Williams sugiere una especie de examen previo al empleo. ¿Puede un candidato a compartir la crianza reflexionar largo y tendido sobre el impacto de crecer en un mundo sexista?

Summer, abogada de 41 años y madre de un niño de 3 años en Chicago, me explicó las consecuencias de los sesgos implícitos. «Al final, siempre es la mujer la que tiene que elegir entre una carrera limitada o una vida familiar limitada. Mi marido no lo diría abiertamente, pero su actitud siempre ha sido: "Tenemos que mirar hacia mi carrera". Me ofrecieron un trabajo en Atlanta, iban a crear un puesto para mí, duplicar mi salario, y allí el coste de la vida es más bajo. Pese a que él es consultor y acude poquísimo a su oficina, decía: "Sería un paso que limitaría mi trayectoria profesional". He rechazado muchas oportunidades. Tuve que aceptar un puesto para el que estaba sobrecualificada. Es frustrante estar a las órdenes de alguien cuando yo estoy más cualificada. Les explico las cosas a él y a sus jefes. Todas mis compañeras de trabajo han aceptado acuerdos flexibles, han rechazado ascensos o no han sido ascendidas porque tenían horario flexible. Todos los hombres que antes estaban a mi nivel tienen ahora cargos y salarios más altos que yo, independientemente de que tengan hijos; mi jefe tiene tres. Leí *Lean In* antes de quedarme embarazada y pensé: "Esto es genial". Volví a leerlo después de tener un hijo y me dije: "Esto es una mierda". Es inalcanzable a menos que tengas un montón de recursos financieros y emocionales». Summer no menciona un tercer recurso, el que defiende Joan Williams: un compañero que pueda cuestionar su derecho sin límites a la hora de perseguir las propias metas, y que por tanto sea capaz de ceder al respecto.

Las mujeres que no son profesionales soportan el peso de múltiples prejuicios, tanto implícitos como de otro tipo. Mientras que las madres que ganan mucho pueden acabar reduciendo su trabajo en el mercado por falta de tiempo y porque sus maridos no están dispuestos a hacer concesiones, las madres que se encuentran en el extremo inferior de la escala de ingresos pueden verse obligadas a dejar de trabajar, no solo porque sus salarios son inferiores a los de sus parejas masculinas (e inferiores al coste del cuidado de los niños), sino también porque se menosprecia su trabajo. Las parejas de las trabajadoras de cuello rosa a menudo sienten poco respeto por el «trabajo femenino» de bajo salario. La socióloga Sarah Damaske, que realizó el estudio sobre el cortisol, ha entrevistado a mujeres de clase obrera con trabajos transitorios en sectores mal pagados. Según ella, «No tienen acceso al mismo trabajo que los hombres, y ganan menos dinero que sus maridos. Muchas de las mujeres que entrevisté consideraban que sus cónyuges despreciaban su trabajo. Una de ellas me dijo: "Trabajo en Kmart, y mi marido dice que debería dejar el trabajo, que no merece la pena". Ese no es un reto al que se enfrentan las mujeres de clase media: puede que ganen menos dinero, pero trabajan en puestos más respetados. Las mujeres de clase trabajadora suelen hablar de cocina, limpieza o peluquería, tareas que requieren destreza. La mujer de Kmart dijo: "Siempre tengo que ser educada y ayudar a comprar a la persona mayor y a la persona malhumorada que quiere salir corriendo por la puerta". Nadie reconoce que estos trabajos exigen habilidad. Los académicos juegan un papel en eso, llamando a esos trabajos semicualificados. Es una auténtica devaluación de ese trabajo. Y eso repercute en el hogar».

Baby Bust

Ante la certeza de que no pueden tenerlo todo, las mujeres japonesas han abordado el problema perdiendo por completo el interés por el matrimonio y la procreación. Un informe de 2011 del Centro de Población de Japón reveló que el 49 por ciento de las mujeres de entre 18 y 34 años no mantenían relaciones románticas, y que el 39 por ciento de las mujeres de ese grupo de edad nunca habían tenido relaciones sexuales. Los expertos llaman a esta tendencia japonesa «la huida de la intimidad» y creen que se deriva de la yuxtaposición de una economía muy desarrollada y una equidad entre sexos apenas desarrollada en el hogar.[41]

En 2017, el Foro Económico Mundial clasificó a Japón en el puesto 114 de 144 países en igualdad de género; ese mismo año,

---

[41] Drake Baer, «Japan's Huge Sex Problem Is Setting Up a "Demographic Time Bomb" for the Country», *Business Insider* (1 de julio de 2015). <https://www.businessinsider.com/half-of-japanese-people-arent-having-sex-2015-7>.

Estados Unidos ocupó el puesto 49 y Reino Unido el 15. Tradicionalmente, se espera que las mujeres japonesas abandonen el mercado laboral al casarse. A las que no lo hacen se las conoce como *esposas del diablo*. Aunque la tasa de natalidad no ha dejado de caer en Japón desde la década de 1950, en 2014 nacieron poco más de un millón de bebés, un mínimo histórico. Esto pone en marcha lo que se ha denominado «una bomba de relojería demográfica»: el aumento de la longevidad unido a la caída en picado de las tasas de natalidad.[42] La economía se contrae, dejando muchos menos trabajadores para sostener un sistema sobrecargado o un PIB saludable. El primer ministro Shinzo Abe está abordando esta «situación crítica» con medidas que fomentan la creación de relaciones —por ejemplo, citas rápidas organizadas por el Gobierno y clases de paternidad para hombres solteros— y la conciliación de la vida laboral y familiar en general (por ejemplo, con guarderías subvencionadas por el Estado y tiempo libre para los nuevos padres).[43] El Gobierno se ha comprometido a aumentar el tiempo que los hombres dedican al cuidado de los niños de los sesenta y siete minutos diarios actuales a ciento cincuenta minutos al día para el año 2020.

Japón es un ejemplo extremo, pero entre las naciones del mundo desarrollado los demógrafos han mostrado una fuerte relación entre las tasas de natalidad nacionales y los niveles de equidad doméstica de género. El demógrafo de la Universidad Nacional de Australia Peter McDonald afirma que la baja fecundidad es el «resultado de la discordancia en los niveles de igualdad de género en las instituciones sociales orientadas al individuo y en las instituciones sociales orientadas a la familia».[44] Es decir, en países donde

---

[42] Chris Weller, «7 Countries at Risk of Be- coming 'Demographic Time Bombs», *Business Insider* (14 de agosto de 2017). <https://www.businessinsider.com/countries-becoming-demographic-time-bombs-2017-8>.

[43] Julia Glum, «Japan Population Problem: Government Adopts Paternity Leave, Nursery School Measures to Increase Birth Rate», *International Business Times* (20 de marzo de 2015). <https://www.ibtimes.com/japan-population-problem-government-adopts-paternity-leave-nursery-school-measures-1854084>.

[44] Peter McDonald, «Societal Foundations for Explaining Low Fertility: Gender Equity», *Demographic Research* 28, n.º 34 (mayo de 2013), pp. 981-94. <https://www.demographic-research.org/volumes/vol28/34/28-34.pdf>.

las mujeres tienen las mismas oportunidades en educación y empleo, pero siguen siendo las progenitoras por defecto, la tasa de natalidad ha caído a niveles mínimos, como ocurrió en Estados Unidos en 2017. Cuando la maternidad se cobra un precio desproporcionado en «las aspiraciones de capital humano» de las mujeres, algunas de ellas deciden no tener hijos (lo que la periodista inglesa Suzanne Moore ha llamado «el arma no tan secreta de las mujeres: así podríamos acabar con la humanidad»), y muchas decidirán tener menos.[45]

McDonald explica que este fenómeno se convierte en un problema sobre todo en los países cuyas instituciones sociales no prestan apoyo a la conciliación laboral y familiar, y también en aquellos que aún defienden de boquilla la lógica de las esferas separadas. Escribe: «El argumento de que el apoyo estatal a la conciliación entre trabajo y familia es la clave de unos niveles sostenibles de fertilidad se expuso en el *Libro Verde* de la Comisión Europea de 2005 sobre el cambio demográfico. También se ha utilizado para apoyar iniciativas de política laboral y familiar en varios países europeos. Es un planteamiento para que los Gobiernos aumenten o mantengan la fertilidad apoyando la combinación de trabajo y familia para las madres. Si trabajan, pagarán impuestos que podrán utilizarse para pagar los servicios que necesitan. Además, se ha demostrado que la asociación entre una mayor fecundidad y un PIB per cápita más elevado [...] no se debe tanto a la riqueza en sí misma como a las mayores tasas de la fuerza de trabajo femenina en los países con mayores ingresos. A su vez, se trata de países que se han centrado en políticas que apoyan la conciliación laboral y familiar. Los resultados de los países nórdicos y de habla inglesa corroboran este argumento».

Por el contrario, el demógrafo Thomas Anderson escribe: «Allí donde prevalecen las normas tradicionales relativas a la crianza de los hijos, el trabajo doméstico y el papel del hombre como sostén

[45] Suzanne Moore, «The Womb Is a Battlefield», reseña de *Mothers: An Essay on Love and Cruelty*, por Jacqueline Rose, *New Statesman* (8 de abril de 2018). <https://www.newstatesman.com/culture/books/2018/04/jacqueline-rose-s-book-offers-clear-sighted-analysis-what-it-means-be-mother>.

de la familia mientras aumenta la igualdad de género institucional y la participación de la mujer en la población activa, es más probable que las mujeres consideren que tener una familia está reñido con sus aspiraciones profesionales [...] y la fecundidad desciende a niveles bajos».[46]

Anderson y su colega demógrafo Hans-Peter Kohler han estudiado el trabajo de McDonald. Anderson me dice: «Peter argumenta que en los lugares donde hay un alto grado de igualdad de género en la familia dentro de las parejas se tiende a tener una fertilidad cercana a la tasa de reemplazo o ligeramente por debajo. Esta correlación es indiscutible. Si nos fijamos en el número de horas que los hombres dedican al trabajo familiar no remunerado frente al que dedican las mujeres, vemos que, cuando la fecundidad se sitúa en torno a la tasa de reemplazo la diferencia entre hombres y mujeres es menor. En los lugares donde la diferencia es enorme, la fecundidad es baja».

En realidad, EE. UU. pertenece a la primera categoría y, aunque la fecundidad ha caído por debajo de la tasa de reemplazo, sigue rondando el 1,77, cifra superior al 1,5 nacimientos por mujer que ahora se considera formalmente «muy baja fecundidad»; en Japón es de 1,42.

Anderson y Kohler se preguntaron por la interacción de dos cuestiones: 1) la correlación de McDonald entre las tasas de natalidad y la igualdad de género; y 2) las investigaciones que demostraban que los maridos realizan un mayor porcentaje del trabajo no remunerado en los municipios donde la proporción de sexos es mayoritariamente masculina, es decir, que cuantos más hombres hay en relación con las mujeres, más probable es que los hombres participen en el hogar. Los dos empezaron a analizar los datos demográficos y la igualdad de género en el ámbito doméstico en todo el mundo desde la Revolución Industrial. Lo que encontraron fue sorprendente. A medida que se desarrollaban las economías, disminuían las tasas de natalidad. A medida que cada cohorte de edad

[46] Thomas Anderson y Hans-Peter Kohler, «Low Fertility, Socioeconomic Development and Gender Equity», *Population and Development Review* 41, n.º 3 (septiembre de 2015), pp. 381-407.

se hacía más pequeña, los hombres —que tienden a casarse con mujeres cuatro años más jóvenes que ellos— se encontraban en poblaciones matrimoniales que se inclinaban hacia la ventaja femenina (menos mujeres en el rango de edad adecuado para casarse). A medida que los hombres percibían que sus posibilidades eran más limitadas, o que las mujeres percibían un aumento de su poder en el mercado matrimonial, la equidad de género mejoraba.

Anderson y Kohler llamaron a este efecto «el dividendo de la equidad de género». Anderson afirma: «En los hogares suecos o franceses, los hombres están más dispuestos a colaborar que en los países más tradicionales. Mucha gente lo atribuye a la legislación de arriba abajo: el Gobierno legisla en ese sentido. En los países de habla inglesa, el Gobierno no lo hace. EE. UU. es un ejemplo de ello. Tienen políticas de mierda, inexistentes, sobre el permiso parental, pero, aun así, hoy en día, los hombres hacen más en casa. Hay múltiples vías para lograr una mayor igualdad de género en el hogar. Es difícil demostrar empíricamente por qué se ha producido el cambio. Creemos que el dividendo de equidad de género es una vía más. Engrasa las ruedas. Hoy hay treinta y tres millones más hombres que mujeres en China. Mi predicción: un cambio masivo en la igualdad de género se extenderá por todo el país».

Así es como se manifiestan en tiempo real las conclusiones de la demografía. Erica, de 38 años, gestora de proyectos en Portland, ha tenido poco éxito a la hora de conseguir que su marido comparta las tareas con ella. «Si mis hijos están enfermos, me llaman del colegio. Tengo que salir antes del trabajo. Él no se entera de nada. No contesta al teléfono. De vez en cuando, bromea: "Las cosas se hacen solas". Cuando intento señalar que no es así, me dice: "Eres Mamá mártir". Regalos de cumpleaños, vacunas, citas con el dentista. No tiene ni idea de todas las cosas pequeñas. Le pido que haga algo, lo deja para más tarde y se olvida, y entonces me pongo a dar la lata. Les compro ropa, organizo tardes con amigos para jugar. Él bromea con los niños: "Si fuera por mí, llevaríais sacos de patatas". Lo dice en broma. Pero no hace muchas de esas cosas. Llevo a los niños a fiestas de cumpleaños mientras él tiene tiempo para sí mismo. Pasa mucho tiempo solo. Cosa que yo ansío».

Así que la natalidad en la familia de Erica no aumenta. «Bromeábamos sobre eso. La gente me preguntaba: "¿Vas a tener más hijos?" No puedo. Me internarían en un psiquiátrico. Si trabajara menos horas o tuviera apoyo familiar, quizá sería diferente. Con dos hijos, apenas consigo sobrevivir».

V

Turnos de veinticuatro horas de amor incondicional para toda la vida

Maternidad intensiva

«Los niños y las niñas son más importantes que los adultos», me anunció un día Tess cuando tenía 5 años, con el pelo trenzado y enfundada en su falda pantalón; una nueva visión del mundo que emerge afilada como un diente nuevo que rompe la encía. Me encantan ese tipo de proclamas, que mis hijas pronuncian con tal poder declarativo. Pero a menudo sus contenidos me resultan desconcertantes, como cuando Liv, a los 4 años, me dijo que, por lo general, las niñas son enfermeras y los niños son doctores... En ese momento me di cuenta de que tantos meses viendo *Doc McStuffins* a las seis de la mañana no habían dado grandes resultados.

La observación de Tess me sorprendió sobre todo por lo que había leído. Un pez no puede ver el agua. Al parecer, yo tampoco. Mis amigas y yo comentábamos a veces que no recordábamos a nuestros padres, perfectamente adecuados, llegar a los mismos extremos a los que a menudo llegábamos nosotras. En la actualidad, las madres trabajadoras a tiempo completo pasan la misma cantidad de tiempo con sus hijos que las amas de casa de los años setenta. Lo he leído, pero nunca le di demasiada importancia a la idea de que los estándares modernos de la maternidad eran eso: agua en la que nadábamos. Darle demasiadas vueltas a una idea es arriesgarse a entrar en un conflicto de conciencia. Entrar en conflicto significa plantearse el cambio. Cambiar pone en riesgo el estatus de una como madre, estatus que debe mantenerse a pesar de su prohibitivo coste.

Los imperativos modernos de la maternidad hacen hincapié en que las necesidades de los hijos (propios) son muy muy importantes, mientras que las necesidades individuales (de la propia mujer) son muy muy poco importantes, especialmente cuando estas últimas difieren de las primeras. Los niños son más importantes que los adultos. ¿Qué otra cosa iba a pensar Tess de mi incesante atención hacia sus preocupaciones y las de su hermana, de esa forma de estructurar nuestras vidas que George a menudo aceptaba, pero que nunca adoptaba de forma independiente? Bajo mi dirección, las tardes se dedicaban a sus deberes, su cena, su higiene y cualquier programa de veintidós minutos ligeramente inapropiado para su edad que estuvieran viendo en Netflix. Nuestros fines de semana se dedicaban a su entretenimiento, que no implicaba mucho más que ir al patio de recreo detrás de su colegio, pero aun así... Un sábado de invierno, George y yo vimos completa *Wonder Woman,* sin interrupción, mientras las niñas correteaban por el edificio, y fue el mejor sábado de invierno que jamás he pasado. «Hagamos esto cada fin de semana», dijimos. Nunca lo volvimos a hacer.

En un ensayo del *National Review* de 2018, en el que la periodista Heather Wilhelm critica lo que llama «la maternidad es un canon horrible», señala que «por extraño que parezca, los elementos más comunes de tortura invocados [...] parecen en gran medida autoimpuestos. Son fruto del particular perfeccionismo de una madre terrícola estadounidense, unido a la extraña creencia de que una buena crianza implica ser lo más miserable posible, mientras se sacrifica todo aquello que tiene que ver con una misma.[1] Si, por ejemplo, te decides por el colecho, es decir, dormir con tu hijo en tu cama hasta que tenga 2 años, probablemente no duermas demasiado durante dos años. Si decides, en contra de la evidencia científica, que la leche en polvo es cicuta embotellada y que jamás se debería usar —jamás, ni siquiera cuando estás enferma en la cama con faringitis estreptocócica—, pues te deseo buena suerte».

---

[1] Heather Wilhelm, «The Supposed "Horror Show" of Motherhood», en *National Review* (4 de mayo de 2018). <https://www.nationalreview.com/2018/05/motherhood-portrayal-in-media-wrong-benefits-outweigh-cost/>.

Pero incluso las madres que no llegan a esos extremos actúan con ese telón de fondo.

Miranda, en Vermont, enumera sin demasiado entusiasmo una lista de razones por las que no será nunca una madre perfecta. «No hago las cosas desde cero. Uso contenedores de plástico en vez de los de metal. A veces, cuando estoy sola con los niños, juegan con el iPad mientras intento preparar la cena». Lo que hace que la lista de Miranda sea digna de mención es que sus puntos tienen más que ver con sus ganas de complicarse la vida que con el bienestar de sus hijos. *Maternar*, como atestigua Miranda, es una tarea evaluada no solo por los resultados (la salud y la felicidad de los niños), sino también por el número de sacrificios que una mujer esté dispuesta a asumir. La abnegación es una virtud; la autoflagelación es la norma. «Hoy me porté superbién», recuerdo que decían las chicas de mi residencia universitaria, al final del día, calculando lo poco que habían comido; una fijación que, según la autora Naomi Wolf, tenía poco que ver con la belleza femenina y mucho que ver con la obediencia de las mujeres. «Lo hago fatal», insinúa Miranda, por haber dejado a sus hijos utilizar el iPad e intentar preparar una cena sin improvisar.

La ideología de la *maternidad intensiva* —término acuñado por la socióloga Sharon Hays a finales de los años noventa para describir la ética de la maternidad de la época— ordena: las mejores madres siempre ponen las necesidades de sus hijos por encima de las propias, las mejores madres son las cuidadoras primarias, las mejores madres hacen de sus hijos el centro de su universo. Así lo describen Meredith Michaels y Susan Douglas, al final de una maternidad intensiva de treinta años, en el libro *The Mommy Myth,* publicado en 2004.[2]

Según mi propia experiencia una década más tarde, ya no eran las madres *ejemplares* quienes hacían todas esas cosas, sino simplemente las madres *aceptables*. Las madres ejemplares vieron esos estándares y añadieron diez más, como si los beneficios del compromiso

---

[2] Susan J. Douglas y Meredith W. Michaels, *The Mommy Myth: The Idealization of Motherhood and How It Has Undermined All Women* (Nueva York: Free Press, 2004), p. 6.

parental no tuvieran límites. Además de contribuir a los ingresos familiares, asistían a eventos escolares en horas inconvenientes, se ofrecían como voluntarias en la asociación de padres y madres, dedicaban fines de semana enteros a compartir sus coches para llevar y traer niños de eventos deportivos en sitios apartados, proporcionaban cartulina e ingredientes para hacer plastilina, nunca se perdían un viernes divertido, llevaban bocadillos y agua en sus mochilas, colaban verduras en las comidas aptas para niños, hacían pasteles de chocolate para vender en el colegio, participaban en la maratón de matemáticas, salían antes del trabajo para asistir a los espectáculos escolares y convencían a sus hijos para que leyeran treinta minutos por la noche, tal y como decía el profesor.

Yo era una madre aceptable (véase descripción de *madre ejemplar* más arriba). Nunca pude entender lo de dedicarle fines de semanas enteros a eventos deportivos en lugares remotos. Esperaba no estar perjudicando a mis hijas. Me preocupaba esa posibilidad. A continuación están tus opciones en respuesta al ideal de maternidad que la periodista Manhola Dargis ha llamado «un engaño nocivo, que no encaja con las mujeres reales»: culpa por no intentar alcanzar esos estándares imposibles, o vergüenza por intentar alcanzarlos.[3]

Como dice la psicóloga de la Universidad Estatal de Ohio Sarah Schoppe-Sullivan: «Hoy en día no está bien decir que las madres deberían dar prioridad a la familia. Lo que sucede en cambio es que, para ser una buena madre, tienes que hacer todas esas cosas».

En *The Cultural Contradictions of Motherhood*, de 1996, Hays define la maternidad intensiva como un modelo de crianza sexista que está centrado en el niño, guiado por expertos, emocionalmente absorbente, laborioso y económicamente costoso. Hays describe la ideología como «ni natural ni dada, más bien [...] una realidad socialmente construida» que ha trazado su ascenso a lo largo de doscientos años de normas cada vez más intensificadas.[4] Al igual que otros que observan la maternidad moderna, señala que

---

[3] Manohla Dargis, «In the Comedy "Tully" Mom's Struggle Is Real», en *The New York Times* (3 de mayo de 2018). <https://www.nytimes.com/2018/05/03/movies/tully-review-charlize-theron.html>.

[4] Sharon Hays, *The Cultural Contradictions of Motherhood* (New Haven: Yale University Press, 1996), p. 13.

dichas normas, paradójicamente, se aceleraron con la incorporación generalizada de la mujer al mercado laboral. Lo más difícil para las madres —la contradicción a la que se refiere en su título— es que las expectativas desmesuradas dejan a las mujeres trabajadoras en «la encrucijada de dos ideales incompatibles: la trabajadora libre de cargas y la madre siempre presente».[5]

Erica, de Portland, lo ve de la siguiente manera: «Estoy muy agradecida de que las mamás que trabajan a tiempo completo no estén demonizadas como antes, pero siento que ahora está la presión de trabajar y *además* ser una madre genial. Los eventos sociales, los equipos de fútbol, las citas para jugar, las fiestas de cumpleaños y los regalos, entre otras cosas, no son para nada necesarios, pero se han convertido en norma entre mi grupo de colegas. Parece un círculo vicioso. Estamos todas siempre ocupadas y cansadas, y mucho de todo esto es autoimpuesto. Tengo que dejar de beber Kool-Aid y ver qué pasa». Algunas investigaciones de la Universidad Estatal de Ohio sugieren que lo que sucede es lo siguiente: cuando los progenitores establecen y cumplen sus propias normas de crianza, en lugar de adherirse a las sociales, se sienten más satisfechos con la vida familiar.

En sus entrevistas con mujeres, Hays descubrió que ninguna madre se salva del Kool-Aid, independientemente de su edad, raza, clase social o etnia (excepto quizá las francesas, y según a quién se pregunte).[6] Aunque una mujer de clase trabajadora no disponga de recursos para las actividades extraescolares (kárate, clases de apoyo, de piano o de lo que sea), «hace enormes sacrificios económicos por sus hijos. Dedica mucho tiempo y atención para que estén bien alimentados, bien vestidos y, además, se comporten bien. Cree firmemente que el bienestar de sus hijos es mucho más importante que su propia comodidad».[7]

[5] Cameron Macdonald, «What's Culture Got to Do with It? Mothering Ideologies as Barriers to Gender Equity», en *The Real Utopias Project: Gender Equality, Transforming Family Divisions of Labor* (Brooklyn: Verso, 2009), p. 415.

[6] Elisabeth Badinter, *The Conflict: How Overzealous Motherhood Undermines the Status of Women* (Nueva York: Picador, 2010), pp. 153-66.

[7] Sharon Hays, *The Cultural Contradictions of Motherhood* (New Haven: Yale University Press, 1996), p. 85.

La socióloga Cameron Macdonald amplía esta idea: «Incluso las madres que carecen de recursos económicos, tiempo, flexibilidad (u horas de sueño) para parecerse a la madre ama de casa van a esforzarse mucho para producir esa imagen modélica de madre. Producen dicha imagen porque, además de ser responsables ante los demás, también lo son ante sí mismas y ante el ideal de maternidad que defienden».[8]

Carissa, de Seattle, me dijo: «Una parte de mí se alimenta de esta manía de ser una supermamá. Salgo corriendo del juzgado para ir a buscar el libro que mi hijo de primero de primaria ha olvidado en casa, y en medio de mi jornada laboral recojo el pez de la clase que quiere llevarse a casa para el verano. Lo llevo a todas las revisiones médicas que tocan. En febrero, piensas: "¿Cuál es el plan para este verano?". Los hombres no piensan en eso. El plan de cuidado de los niños para el próximo otoño está agendado, es una locura. Muchas otras cosas se caen por el camino».

Las dos estamos sorprendidas e impresionadas a regañadientes con nuestros propios esfuerzos. Una mañana me encontré haciendo una foto al desayuno que de forma rutinaria preparaba a mis hijas entre semana: tortitas de avena y compota de manzana caseras para Tess; huevos estrellados, patatas fritas y fresas cortadas para Liv. No pensaba enseñárselo a nadie. Solo quería un registro. La novelista Laura Lippman señaló en Twitter en 2018: «Cuando se escriba mi biografía o mi obituario, si es que se escribe alguno de los dos, quiero que empiece con la mañana en la que me levanté a las seis e hice mayonesa porque no podía soportar la idea de darle a mi hija un bocadillo de pavo seco para el almuerzo del campamento».

En *Unequal Childhoods: Class, Race, and family Life*, Annette Lareau observó que, aunque la clase social determinaba los aspectos específicos de lo que los padres consideraban óptimo para sus hijos, en todas las categorías las madres expresaban un conocimiento tangencial de los principios básicos de la maternidad intensiva y una adhesión a ellos. La socióloga Anita Garey entrevistó a madres

---

[8] Cameron Macdonald, «What's Culture Got to Do with It? Mothering Ideologies as Barriers to Gender Equity», en *The Real Utopias Project: Gender Equality, Transforming Family Divisions of Labor* (Brooklyn: Verso, 2009), p. 419.

de clase trabajadora que, como todas las demás, destacaron ser conscientes de la importancia de actuar de acuerdo con las «concepciones de la cultura dominante en relación con la maternidad».[9]

Hays atribuye la tenacidad y ubicuidad de la ideología de la maternidad intensiva a nuestra ambivalencia cultural respecto al interés individual sin cargas en busca de beneficios económicos, la otra cara de la moneda. Solo puede ser equilibrada por una categoría de personas que pongan su propio interés en segundo lugar en todos y cada uno de los aspectos posibles. Como escribió la filósofa feminista francesa Élisabeth Badinter: «La tiranía del deber materno [...] no ha generado hasta ahora ni matriarcado ni igualdad sexual, sino más bien un retroceso con respecto a la situación de la mujer. Hemos aceptado este retroceso en nombre de la superioridad moral, del amor que sentimos por nuestros hijos y de esa noción ideal de la crianza, que están demostrando ser mucho más eficaces que las restricciones externas. [...] Los mejores aliados de la dominación masculina han sido, sin saberlo, los niños inocentes».[10]

La historiadora Jodi Vandenberg-Daves dice: «Es una ideología que se aprovecha de los sacrificios que las mujeres se han mostrado dispuestas a hacer por sus hijos. Nuestra economía neoliberal se lo pone muy difícil a los progenitores, y explotamos esos sacrificios de muchas maneras cuando esperamos que las mujeres mantengan el tipo mientras los alquileres aumentan y se recortan las ayudas sociales».

Test: ¿eres una madre intensiva?

A principios del siglo XXI, el estudio sobre la maternidad intensiva fue sobre todo anecdótico y estaba basado en entrevistas. La psicóloga del desarrollo Holly Schiffrin y sus colegas de la Universidad de Mary Washington en Virginia querían analizar el impacto

---

[9] Anita Garey, *Weaving Work and Motherhood* (Filadelfia: Temple University Press, 1999), pp. 26-27.

[10] Elisabeth Badinter, *The Conflict: How Overzealous Motherhood Undermines the Status of Women* (Nueva York: Picador, 2010), p. 97.

de la ideología en franjas más extensas de mujeres. «Nosotras mismas nos planteábamos estas cuestiones. ¿Por qué hay tanta presión sobre las madres? Queríamos cuantificarla», dijo Schiffrin. Así que desarrollaron un cuestionario de 56 preguntas que llamaron el «Cuestionario de las actitudes parentales».[11]

Aclara: «Cuando hablamos de los progenitores, hablamos de "padres", pero la gente piensa en "madre"».

Cada pregunta hacía referencia a una de las cinco categorías, y voy a utilizarlas aquí para darte una idea simplificada del asunto. Lo llamaremos *test*. En una escala de uno a cinco, donde uno corresponde a «Totalmente en desacuerdo» y cinco a «Totalmente de acuerdo», puntúa las siguientes afirmaciones:

1. Las mujeres son las únicas cualificadas para ser el progenitor principal.
2. No existe un trabajo más agradable que el de criar hijos.
3. Una madre debería aspirar siempre a optimizar el desarrollo cognitivo de sus hijos.
4. La maternidad es el trabajo más desafiante del mundo.
5. Las madres deberían organizar sus vidas en torno a sus hijos.

Cuenta tu puntuación. Irá de cinco a veinticinco. Cuantos más Kool-Aid hayas consumido, más alta será tu puntuación.

Schiffrin y sus colegas sometieron a 181 madres con hijos menores de 5 años a este cuestionario, junto con un puñado de indicadores de salud mental. Descubrieron que las creencias en la maternidad intensiva y la satisfacción vital están inversamente relacionadas: cuando una sube, la otra baja. Las mujeres que estaban de acuerdo con que únicamente las madres tienen un talento especial para la crianza se sentían menos apoyadas y más sobrepasadas. Estas encuestadas afirmaban también que a menudo se sentían poco satisfechas e incapaces de afrontar la realidad. Las mujeres que sostenían que la maternidad es muy exigente se

[11] Miriam Liss, Holly H. Schiffrin, Virginia H. Mackintosh, Haley Miles-McLean y Mindy J. Erchull, «Development and Validation of a Quantitative Measure of Intensive Parenting Attitudes», en *Journal of Family Studies* 22, n.º 5 (julio de 2012), pp. 621-36.

sentían también menos satisfechas, y más estresadas y deprimidas. El *puerocentrismo* —las madres deben adaptar su vida a la de sus hijos, que son el centro— predecía menor satisfacción vital.[12]

Schiffrin se preguntaba: «Si la maternidad intensiva se relaciona con tantas consecuencias negativas para la salud mental, ¿por qué la sostienen las mujeres?». Me dijo: «No sé quién subió el listón, pero a partir de ahí aparece la sensación angustiante de que, si no te sumas a la corriente, abandonas a tu hijo. Otros niños y niñas tendrán más ventajas. Mi hija tenía que hacer un diorama en primero o segundo de primaria. Cuando fui a alguna reunión en su aula, vi dioramas que ni yo misma habría podido hacer. Pensé: ¿le pondrán un cero? ¿Cómo puede competir con esto? Su proyecto no era tan bueno como el de otros alumnos, porque el suyo había sido hecho por una niña de 7 años. Intento encontrar el equilibrio para resistir. Pero es difícil no caer en todo eso cuando las demás lo hacen».

Con su ejemplo, Schiffrin demuestra cómo se desenfocan las líneas entre la maternidad intensiva y los progenitores helicóptero. El difamado progenitor helicóptero —y cuando digo progenitor me refiero a la madre— planea sobre su hijo, y luego sobre el joven adulto para asegurar que nunca falla en nada: desde cruzar las barras de trepar hasta escribir un trabajo trimestral. La maternidad intensiva cubre ese terreno, pero su objetivo es diferente. Una madre intensiva no trabaja principalmente para asegurar el éxito total de su descendencia, sino para establecer su excelencia como madre (en aquello que, después de todo, es lo más importante). Como ya se ha dicho, una buena madre se encuentra en el lugar apropiado en el momento apropiado.

Schiffrin estudia tanto la crianza helicóptero como la maternidad intensiva. Sostiene que la primera es nociva para los niños,[13]

---

[12] Miriam Liss, Holly H. Schiffrin y Kathryn M. Rizzo, «Maternal Guilt and Shame: The Role of Self-discrepancy and Fear of Negative Evaluation», en *Journal of Child and Family Studies* 22, n.º 8 (2013), pp. 1.112-19.

[13] Holly H. Schiffrin, Miriam Liss, Haley Miles-McLean, Katherine A. Geary, Mindy J. Erchull y Taryn Tashner, «Helping or Hovering? The Effects of Helicopter Parenting on College Students' Well-Being», en *Journal of Child and Family Studies* 23, n.º 3 (abril de 2014), pp. 548-57.

pero que la segunda, en cambio, es sobre todo nociva para las madres, quienes tienen menos paciencia con los hijos.[14] Brigid Schulte, cuyo marido escogió la cerveza antes que ayudar a hacer magdalenas, recordaba que se había quedado despierta hasta las dos de la madrugada una noche de febrero haciendo pasteles para la fiesta de San Valentín de sus hijos. «Al día siguiente estaba tan cansada que fui una bruja con mis hijos. ¿A quién le estaba horneando magdalenas? ¿Por qué era tan importante? Lo estaba haciendo para las *mamás policía*, como si estuvieran controlándome».

Es complicado sacudirse la sensación de que lo hacen. Las madres trabajadoras son las más vulnerables a la angustia que genera ese control: creen que deben compensar el tiempo que no pasan al servicio de sus hijos. Como consecuencia, firman para lo que las humoristas de Nebraska Kristin Hensley y Jen Smedley llaman *maternar duro* para compensar la búsqueda de la satisfacción de sus propios intereses. Christine, de Illinois, dijo: «Al inicio, mudarnos a los suburbios fue un choque cultural. No había muchas madres trabajadoras, y menos aún a tiempo completo. Fui muy consciente de ello. Quería que nos aceptaran a todos. Las madres enviaban a casa meriendas ecológicas y cualquier cosa casera, las mejores artesanías jamás vistas. Por lo tanto, cuando llegó San Valentín, pensé que deberíamos hacerlas. En ese momento no se me ocurrió comprar la caja de magdalenas *Pokemon,* de noventa y nueve céntimos. Debía hacerlas yo misma. Ahora estoy tratando de ver dónde me puedo sentir cómoda tomando atajos...».

En 2018, un titular de la revista *Parents* resumió la retórica a la que se ven expuestas las madres: «*Hilary Duff Doesn't Feel Guilty About "Me Time" (And You Shouldn't Either!)*» [Hilary Duff no se siente culpable por el tiempo que dedica a sí misma (¡tú tampoco deberías sentirte culpable por ello!)]. La hipótesis que encierra resulta fácil de desentrañar. El propio artículo, así como otros similares, deja claro que el tiempo para sí misma de la actriz Duff solo es loable en el contexto de su adecuada maternidad intensiva.

---

[14] Kathryn M. Rizzo, Holly H. Schiffrin y Miriam Liss, «Insight into the Parenthood Paradox: Mental Health Outcomes of Intensive Mothering», en *Journal of Child and Family Studies* 22, n.º 5 (julio de 2013), pp. 614-20.

Las madres que trabajan a tiempo completo cambian la demonización por postrarse ante sus hijos a la vista de todo el mundo.

En un artículo que aparenta ser sobre el autocuidado, la autora utiliza la mayor parte de su número de palabras para informar de que Duff enseña filantropía a su hijo, le lleva a hacer esquí acuático, juega al pilla-pilla con él hasta la extenuación, se aventura con él bajo la lluvia con el propósito explícito de saltar en los charcos, juega con juguetes, hace galletas y construye castillos. Una vez establecida la maternidad legítima de Duff, podemos celebrar el hecho de que no se sienta culpable por leer «un capítulo de un libro mientras Luca juega a los legos en la habitación de al lado».[15] A cambio de todos esos castillos, ahí tienes tu «tiempo para ti», culturalmente sancionado. ¡Que empiece la fiesta!

Suniya Luthar, psicóloga del estado de Arizona, ha hecho un trabajo similar al de Holly Schiffrin. Luthar ha observado que la presunta culpa de la que la revista *Parents* intenta absolverte, aunque no del todo, está vinculada a la angustia materna. También lo está la «sobrecarga de roles», la consecuencia de *maternar* con tanto ahínco. El estudio de Luthar va un paso más allá, investigando la resiliencia y la adaptación a estos retos. Notó que las mujeres que se adaptaban mejor a la maternidad mantenían relaciones sólidas con otros adultos. Estas mujeres afirmaron sentirse incondicionalmente aceptadas, reconfortadas por las personas queridas, sentían autenticidad en las relaciones y satisfacción en las relaciones de pareja y/o amistad. Luthar escribió: «Estos descubrimientos son muy alentadores, al demostrar el fuerte potencial protector de las relaciones cercanas y auténticas a la hora de amortiguar la infinidad de retos de la maternidad».[16] Su conclusión me recordó algo que un profesor mayor dijo en mi clase en la universidad: «Es el trabajo de la madre cuidar del bebé, y el trabajo del padre cuidar de la madre». Antes de tener a mis hijas,

---

[15] «Hilary Duff Doesn't Feel Guilty About "Me Time"(And You Shouldn't Either!)», en *Parents.* <https://www.parents.com/parents-magazine/parents-perspective/hilary-duff-doesnt-feel-guilty-about-me-time-and-you-shouldn't/>.

[16] Suniya S. Luthar y Lucia Ciciolla, «Who Mothers Mommy? Factors that Contribute to Mothers' Well-Being», en *Developmental Psychology* 51, n.º 12 (diciembre de 2015), pp. 1.812-23.

esta afirmación me pareció benévolamente sexista. Ahora, me parece también incompleta. Porque que un padre cuide de la madre ¿no significa también que cuida del hijo?

He aquí dónde los perdemos: los padres no nadan en nuestras aguas. De hecho, ha disminuido la presión tradicional sobre los hombres como principales sostenes de la familia, pero no lo ha hecho la presión tradicional sobre las mujeres como principales cuidadoras. A menudo, a George le parece absurdo que priorice las necesidades de mis hijas. Pero es amable. Me suele decir: «Eres muy buena madre», y me sorprende que me guste oírlo.

Por otra parte, me parece extravagante que se concentre de forma inquebrantable en sus propias necesidades, y mi respuesta suele ser más tajante. «Cuando lleguemos a casa, iré a por un café», me dice en el coche un domingo por la tarde, de vuelta a casa, tras la revisión familiar de piojos, mientras yo planeo la cena en mi cabeza. Antes de responder con el lenguaje que aprendimos en terapia de pareja, hago una pausa y digo: «Preferiría que te llevaras a las niñas al parque mientras yo cocino». Él accede, aunque con cierta irritación, porque en realidad no se siente más obligado a cumplir mis normas de crianza que a renunciar a los hidratos de carbono para poder entrar en sus vaqueros más viejos. Si los pantalones le aprietan, se compra unos más grandes. Si hay una hora libre antes de la cena, pone a las niñas delante de la televisión. Si quiere un café, sale a buscarlo.

«Mi ex puede seguir durmiendo mientras los niños dicen "Papá, tengo hambre"», me dijo Nancy, de 38 años, que trabaja en comunicaciones en Las Vegas. «Yo no puedo».

Erica, de Portland, dijo: «Me pregunto si mi marido y yo tenemos expectativas diferentes. A él le parecería bien que no fueran a las fiestas de cumpleaños. Yo quiero que se diviertan. Quiero pasar tiempo con ellos. No quiero sentarme con el teléfono mientras ellos ven la televisión. No sé si él tiene el mismo deseo. Si bajara mis expectativas, tal vez me sentiría menos resentida».

Es difícil relajarse con eso si una es mujer y vive en una cultura que pretende celebrar la maternidad mientras propugna estándares inefables. Ya no se nos demoniza por trabajar. A cambio, nos postramos ante nuestros hijos a la vista de todo el mundo.

Hacemos señas a nuestras parejas para que se unan a nosotros. A ellos no les interesa demasiado *paternar*. Yana, de California, me dijo: «Creo que los hombres tienden a ser más relajados. No piensan en el futuro ni prevén los problemas. Si surge un problema, lo solucionan, pero son libres de hacer otra cosa mientras no surja. Las mujeres somos más proactivas. No dejamos que los niños coman demasiado azúcar o vean demasiada televisión. Estamos en modo superpreventivo. Muchas veces los tíos nos miran y dicen: "Acabas de inventarte lo que para mí es un trabajo innecesario". Y nosotras sentimos que no se preocupan lo suficiente o que no se implican lo suficiente». Heather, de 39 años, abogada y madre de un niño de 4 años en Las Vegas, fue más tajante: «Los hombres son perezosos y tienen menos exigencias». No pude evitar pensar: ¿no estaría bien probar eso?

La psicóloga y psicoanalista del Boston College Usha Tummala-Narra lo expuso de manera más gentil: «Sé que puede ser muy frustrante. Las madres piensan: ¿cómo puede ser que no lo sientas? Y creo que muchos padres se preguntan: ¿por qué tienes que hacerlo de forma tan intensa? Cuando un progenitor está sintonizado con las necesidades de su hijo y responde en consecuencia, y el otro progenitor tiene la capacidad de desentenderse, ambos están en posiciones psicológicas diferentes y deben aprender el uno del otro (cómo criar y cómo soltar). Ambas posiciones son necesarias». Las mujeres quizá relajen sus estándares, pero solo acompañadas de parejas que intentan subir los suyos, las que son leales al compromiso de estar a cargo a medias.

Madres controladoras de tipo A y padres proveedores incompetentes

Con toda la presión que se ejerce sobre las mujeres para que se regocijen saltando en charcos bajo la lluvia, se podría perdonar a las madres por hacer pasar un mal rato a sus compañeros por su paternidad poco entusiasta. Cuando un niño es vestido de forma descuidada por su padre, es la madre la que recibe una gentil reprimenda de la escuela en forma de mensaje sobre el atuendo. La conversación sobre la supuesta tendencia de las mujeres a criticar el trabajo de crianza de los hombres a menudo se reduce a esto: si tu pareja masculina no hace su parte, probablemente sea mejor, porque eres muy controladora. Eso es lo que me dijo hace años una madre amiga mía cuando me lamenté porque quería que George hiciera más en casa. «Oh, en realidad no lo permitirías», me dijo en un susurro entre amigas. «No estarías satisfecha con su forma de hacer las cosas y acabarías discutiendo por ello. Al final es mejor que sea así». Mi amiga era entonces ama de casa (acababan de despedirla del trabajo) y vivía una vida de esferas separadas. Cuando ella estaba en la otra habitación cambiando los pañales, su marido, a quien jamás vi cambiando un pañal, se quejó de que mi amiga se hubiera olvidado de lo duro que es trabajar. En ese momento tenían dos hijos de menos de 4 años. Por alguna razón, él creyó que yo iba a empatizar con su experiencia. Estas interacciones no me acercaban a ninguno de los dos.

La sabiduría de mi amiga formaba parte del agua en la que nadan las madres. Los padres son incompetentes y las madres son intolerantes. Es el contenido de las viejas publicidades y las series cómicas blandas. También tiene una designación académica: *control materno*. Hay una valla en torno a los niños, y las madres la controlan manteniendo fuera a los desafortunados padres. Son más bien las características maternas las que impiden la implicación paterna. Para la literatura, el control materno es «un conjunto de creencias y comportamientos que inhibe el esfuerzo colaborativo entre hombres y mujeres para los trabajos domésticos», y «un fenómeno que ni alienta ni desalienta a los padres a actuar en base a su identidad paterna».[17] Si el papá de tu bebé no hace gran cosa, ten claro que la culpa es tuya.

Vidya, en Los Ángeles, cuyo marido cocina y limpia mientras ella cuida de su hijo, sabe cómo hacerlo funcionar. Su marido se pone tenso cuando ella intenta asar el pollo. Ella no lo asa como a él le gusta. «Las mujeres deben relajarse. Mi marido y las mujeres

---

[17] Sarah M. Allen y Alan J. Hawkins, «Maternal Gatekeeping: Mothers' Beliefs and Behaviors That Inhibit Greater Father Involvement in Family Work», en *Journal of Marriage and Family* 61, n.º 1 (febrero de 1999), pp. 199-212.

deben relajar su idea de cómo se hacen bien las cosas. Si no quieres hacerlo todo, no puedes decir: "Esto lo tienes que hacer exactamente así". Eso tiene consecuencias. Estás cavando tu propia tumba. Aunque la cena sea terrible. Las mujeres de mi grupo de madres sacan fotos a las deplorables cenas que preparan sus maridos y luego las publican en Internet. Es desalentador. Es comprensible que quisieras sentirte mejor en el momento. Aunque es una narrativa autocomplaciente».

El estudio del *comportamiento de guardián* detectó que la forma en que las mujeres entienden el papel doméstico de sus parejas puede tener un impacto sobre la participación de los hombres. Las creencias y actitudes de la madre no son la historia completa, pero tienen un efecto regulador. Un estudio de 2005 de la Universidad de Illinois en Urbana-Champaign plantea que la percepción que tiene un padre de sí mismo como progenitor comprometido se manifiesta en una alta accesibilidad paterna solo cuando su esposa cree que él debe desempeñar un papel importante. En cambio, la percepción del padre sobre su compromiso no está significativamente relacionada con su implicación cuando la madre tiene ideas más tradicionales.[18]

Lo que complica aún más la cuestión es la pregunta del huevo o la gallina. ¿Acaso los hombres se están reprimiendo porque las madres transmiten que así debe ser, o las madres cuyas parejas se reprimen llegan a la conveniente conclusión de que la paternidad se desempeña mejor con moderación? Un estudio de 2008 de la Universidad Estatal de Ohio parece sugerir esto último. Se observa que cuando los padres tienen valores igualitarios las madres tienden a facilitarles la participación.[19]

Un estudio israelí del mismo año señala que la mujer guardiana típica se caracteriza por una baja autoestima, una fuerte identificación con el género femenino y una destacada identidad

---

[18] Brent A. McBride, Geoffrey L. Brown, Kelly K. Bost, Nana Shin, Brian Vaughn y Bryan Korth, «Paternal Identity, Maternal Gatekeeping, and Father Involvement», en *Family Relations* 54, n.º 3 (julio de 2005), pp. 360-72.

[19] Sarah J. Schoppe Sullivan, Geoffrey L. Brown, Elizabeth A. Cannon y Sarah C. Mangelsdorf, «Maternal Gatekeeping, Co-parenting Quality, and Fathering Behavior in Families with Infants», en *Journal of Family Psychology* 22, n.º 3 (2008), pp. 389-98.

maternal.[20] Un estudio de 2015 de los investigadores Sarah Schoppe-Sullivan y sus colegas de la Universidad Estatal de Ohio indica a su vez que las expectativas maternas y los funcionamientos psicológicos son mejores indicadores del control materno que las actitudes de género. Las madres con estándares perfeccionistas, relaciones románticas inestables y una salud mental prenatal más débil tenderían a cerrarles la puerta a los padres de sus criaturas. Por su parte, los padres más inseguros parecen invitar a sus parejas a cerrarles la puerta.

Para ilustrar el control materno, la socióloga de la Universidad Estatal de Ohio Claire Kamp Dush enseña a sus estudiantes vídeos de diferentes parejas que interactúan con sus bebés.[21] «Un estudiante de posgrado entra y les dice: "Aquí tenéis un *body*, uno debe desvestir a la bebé y el otro vestirla. Vosotros decidís quién hace qué". El hombre coge a la bebé, la acuesta y le saca la ropa. La madre parece mortificada. Le indica dónde están los botones de broche. Le dice qué debe hacer. Él juega con la bebé. Ella se la quita. ¿Le está dando órdenes porque lo está haciendo mal o porque él nunca ha hecho eso? ¿Él lo está haciendo mal debido a que nunca lo hace porque ha renunciado a este tipo de cuidados, o lo hace mal porque ella siempre lo vigila y le dice qué hacer? La sociedad pone toda la presión de tener hijos perfectos en las mujeres. Lo traducimos en una microgestión de la crianza masculina. No es culpa nuestra, exactamente. Es culpa de la sociedad». La socióloga Sharon Hays escribe que el comportamiento maternal no es «ni una elección de las mujeres ni un símbolo de amor y progreso en la sociedad; más bien es un indicio del poder de los hombres, los blancos, la clase alta, los capitalistas y los dirigentes estatales para imponer una forma particular de vida familiar a los menos poderosos que ellos».[22]

---

[20] Ruth Gaunt, «Maternal Gatekeeping: Antecedents and Consequences», en *Journal of Family Issues* 29, n.º 3 (2008), pp. 373-95.

[21] Sarah J. Schoppe-Sullivan, Lauren E. Altenburger, Meghan A. Lee, Daniel J. Bower y Claire M. Kamp Dush, «Who Are the Gatekeepers? Predictors of Maternal Gatekeeping», en *Parenting: Science and Practice* 15, n.º 3 (2015), pp. 166-86.

[22] Sharon Hays, *The Cultural Contradictions of Motherhood* (New Haven: Yale University Press, 1996), p. 153.

La autora del Reino Unido Rebecca Asher concuerda con ello en *Shattered: Modern Motherhood and the Illusion of Equality*, donde escribe: «Abrumadas al entender que la crianza de los hijos va a recaer ampliamente sobre nosotras, las madres se vuelven frías y huraňas. Los esfuerzos parentales de los hombres son habitualmente objeto de burla y mofa, con comentarios sarcásticos sobre su incompetencia. [...] Esta caricaturización de los hombres es un mecanismo de supervivencia de las mujeres que han tirado la toalla de la paridad. [...] El control materno no es el motor fundamental a la hora de empujar a los hombres fuera de todo lo que tiene que ver con el hogar (de todas maneras, ya estaban en la periferia o ausentes), pero agudiza un problema ya existente».[23]

Algunas de las mujeres con las que hablé reconocieron ejercer cierta microgestión sobre los padres de sus hijos. Molly, la trabajadora del sistema de acogida de Tennessee, dijo: «A veces me pregunto si restamos poder a nuestros compañeros. Soy bastante perfeccionista. Quiero que las cosas se hagan correctamente. Le quito poder. Y me pregunto, como mujer fuerte que soy, si eso no influirá en algo. Pero he observado a mujeres más relajadas pasar por la misma situación».

Natalie, de los suburbios de Los Ángeles, dijo: «Mi marido, si no le doy indicaciones, va a lo suyo. Esta mañana yo estaba repasando la lista de las actividades extraescolares y él me pregunta: "¿Dónde es el entrenamiento?". Yo le contesto algo así como: "No lo sé, ¡lo tienes que buscar!". Pero ya sé que es más fácil si yo me ocupo de ello, así que lo he buscado. Se lo permito, pero por mi propia salud mental. Por nuestra propia salud mental, tomamos el control».

Courtney, de 44 años, una profesora de Atlanta con una criatura de 2 años, dijo: «Veo a mujeres que quieren que las cosas se hagan a su manera, así que las hacen y punto. Veo a mi marido hacer las cosas de otra manera, e intento corregirlo solo si es realmente necesario».

Otras mujeres también se han visto obligadas a restringir el control. Laura, la empresaria de Nueva York, me contó: «Antes del

[23] Rebecca Asher, *Shattered: Modern Motherhood and the Illusion of Equality* (Londres: Harvill Secker, 2011), p. 142.

nacimiento de mi hijo asistí a una clase donde me dijeron: "Si tu marido no está dañando a la criatura, no digas una sola palabra". Si no están cambiando el pañal como lo harías tú, te callas y le dejas ayudar. Yo lo aplico».

La historia del control materno es mucho más compleja que la simple parábola de la madre rígida de tipo A. Como visibilizó Kamp Dush, es difícil marcar el límite entre el rechazo pasivo del padre y la restricción activa de la madre. Las mujeres que no pueden contar con sus compañeros para llevar a cabo sus obligaciones con buena fe se ven forzadas a cerrar la puerta. Yana, la madre de tres niños pequeños de California, dijo: «Quiero que seamos puntuales. No quiero que mis hijos lleguen tarde a la escuela. Si un maestro se queja de que nuestro hijo se duerme en clase porque no ha descansado bien, me preocupo y lo soluciono. Me importan estas cosas, y por eso soy yo quien debe estar pendiente de todo».

Laura, en Nueva York, dijo: «Cuando salgo de la ciudad por trabajo, suelo llamar a mi marido a las diez de la noche, y nuestro hijo, que tiene 4 años, siempre está despierto. Y cuando digo: "¿Por qué aún no se ha ido a la cama?", mi marido contesta: "Me ha dicho que no está cansado". Si le insinúo que eso no está bien, ¿estoy siendo puntillosa o le estoy pidiendo que se comporte como un adulto responsable? Es difícil acostar a un niño cuando no quiere. Aceptar que nuestro hijo no está cansado es una buena excusa. Es estar ensimismado. Se priorizan a sí mismos».

Schoppe-Sullivan, de la Universidad Estatal de Ohio, es una de las principales investigadoras sobre el control materno. Le comento la cuestión de la culpabilización cuando hablamos.[24] Es un problema del que ya ha oído hablar. «Es la crítica que sufro en mi trabajo. Pero si dices que los padres deben hacer más, no se reconoce que todos existimos dentro de sistemas. Muchas personas dentro de las familias deben cambiar para que nosotras nos liberemos y avancemos hacia una mayor equidad. Incluidos los niños y las niñas. Mi hija cree que solo Mamá puede hacer ciertas cosas.

[24] Culpar a la madre: *mother blaming* en inglés. Se culpa a las madres de no establecer un vínculo afectivo suficiente con su bebé y, por tanto, de que su hijo sufra problemas de apego de por vida, como teorizó John Bowlby en su teoría del apego. (*N. de la T.*).

Me molesta que haya recibido ese mensaje. En algunas circunstancias puede ser real, pero eso representa únicamente una fracción de todas las veces que acude solo a mí. Sí, los padres deben dar un paso adelante y considerar, al menos, si lo que hacen es lo más adecuado para el desarrollo de sus hijos. Pero ¿qué pasa luego, si el padre da ese paso y la madre se siente amenazada? Si ella lo deja hacer, puede perder la única fuente de validación que le ofrece el mundo exterior». Shoppe-Sullivan comprende esa encrucijada: considera que la crítica excesiva y el comportamiento controlador pueden surgir de la preocupación de la madre por perder el prestigio maternal, lo único por lo que una mujer que ha tenido hijos puede sentirse indiscutiblemente valorada.

En Opting In: Having a Child Without Losing Yourself, la cofundadora de la Tercera Ola, Amy Richards, escribe: «Simplemente decir *criar* en lugar de *maternar* puede amenazar a algunas mujeres, y también se puede vivir como algo irrespetuoso para aquellas personas cuya principal identidad es la maternidad. A algunas madres el uso del término *padres* como sinónimo de progenitores les parece deshonesto, ya que algunas personas pueden tender a pensar que las tareas y las responsabilidades se gestionan de manera recíproca, invisibilizando aún más su trabajo. [...] No todo el mundo cree que las mujeres son tan inteligentes y fuertes como los hombres, pero el instinto materno no suele ser cuestionado; por lo que las mujeres se aferran a esa responsabilidad».[25]

No hay ningún modelo socialmente reconocido de madre como cuidadora secundaria. Danielle, de Boston, lo sabe porque es una de esas madres. Su marido está más presente, y tiene un vínculo más cercano con su hija. Danielle dice: «Por un lado, estoy contenta de que sean tan cercanos. Por otro lado, siento que no pertenezco al club de madres. Tengo la sensación de ser la rara que destaca del grupo. Me genera ansiedad. ¿Hago lo que se supone que debo hacer? Llegan tantos mensajes de fuera... De los programas de televisión. De la forma en la que interactúa la gente... Aunque Jeff haya llevado a Nora a jugar con alguien dos o tres veces, aunque tenga contacto con las otras madres, los correos electrónicos relacionados

---

[25] Amy Richards, *Opting In* (Nueva York: Farrar, Straus & Giroux, 2008), pp. 173-74.

con las fiestas de cumpleaños me siguen llegando solo a mí. La escuela me llama antes a mí que a él. Todas estas cosas me indican que, supuestamente, yo debería estar a cargo».

Al salirse de los límites, Danielle se siente incómoda. La socióloga Lisa Wade cree que los hombres sienten algo parecido al otro lado. Dice: «A la hora de la verdad, los hombres quieren ser parte de las vidas de sus hijos, pero pesa más el anhelo de éxito en el trabajo. Su identidad de proveedor es más importante que su identidad de progenitor paritario. Creo que a los hombres les resulta aún muy difícil imaginarse a sí mismos primero como padres y en segundo lugar como trabajadores. Las mujeres se han visto así durante mucho tiempo».

Para su libro de 2005, *Competing Devotions: Career and Family Among Women Executives,* Mary Blair-Loy analizó tres cohortes de mujeres de alto nivel educativo y alto rendimiento obligadas a decidir qué papel era el primero. Muchas de las mujeres mayores con éxito que entrevistó habían renunciado totalmente a tener hijos o cónyuges, porque pensaban que no podían tener una familia y una carrera a la vez. En la generación más joven, Loy observó que las mujeres con hijos se debatían entre dos opciones: la de trabajadora devota o la de madre abnegada.

Aunque la paternidad y la realización profesional no tienen por qué estar reñidas, Loy señala que los estándares de la maternidad intensiva y del trabajo intenso que dominan nuestra cultura a menudo lo están. Escribe: «Si solo fuera una cuestión de supervivencia, las familias y las empresas no exigirían tanto a sus miembros.[26] La devoción al trabajo y la devoción a los esquemas familiares están institucionalizados: crean normas de pensamiento y comportamiento en la vida cotidiana». Lo que Loy llama el esquema de devoción al trabajo valoriza el compromiso profesional intenso y la dedicación al trabajo o los ingresos. El esquema de devoción a la familia exige que los compromisos primarios permanezcan con la familia y los hijos. Los estereotipos de la madre de tipo A y el padre incompetente están subrayados por la devoción de género

[26] Mary Blair Loy, *Competing Devotions: Career and Family Among Women Executives* (Cambridge: Harvard University Press, 2003), p. 19.

a la familia y la dedicación a los ideales del trabajo. En el orden social, estos ideales se dan por sentados. Estos roles adquieren el carácter de inevitables, sin que se busque una alternativa.

Algunas investigaciones sugieren que, cuando la vida real difiere de los esquemas, hombres y mujeres sienten el impulso de declarar fidelidad a las posturas tradicionales. En las décadas de 1990 y 2000, los investigadores de familia en EE. UU. descubrieron que las mujeres que ganaban más que sus maridos realizaban más trabajos domésticos o una mayor parte de las mismas que otras mujeres. Se entendió que estos hallazgos evidenciaban la llamada neutralización de la desviación de género, o el intento de exacerbar los comportamientos típicos de género para compensar los atípicos.[27]

En 2004, un análisis detallado de las familias de EE. UU. y Suecia descubrió que los hombres que ganaban tanto como sus esposas realizaban más tareas domésticas que los que ganaban menos que sus parejas. Un estudio de 2012 propuso que ya no eran los mayores ingresos de la mujer los que predecían los intentos de neutralizar la desviación de género, sino más bien el hecho de que ella trabajara en campos predominantemente masculinos. En 2015, la socióloga Jennifer Hook, de la Universidad del Sur de California, comparó los estudios sobre el uso diario del tiempo con otros tipos de autoinformes sobre tareas domésticas. A partir de su comparación, llegó a la conclusión de que «las desviadas de género» no dedicaban más o menos tiempo a los trabajos domésticos, sino que simplemente informaban de sus contribuciones de maneras más cercanas a las normas de género.[28]

En 2013, un estudio realizado en siete países (Camerún, Chad, Egipto, India, Kenia, Nigeria y Reino Unido) determinó que las mujeres «alivian el estrés» que les causa tener ingresos más altos realizando más trabajo femenino en casa. Los autores de este estudio concluyen: «Los ingresos de una mujer pueden parecer una carga, más que un regalo para su marido. […] En una sociedad en

---

[27] Saniv Gupta, «Autonomy, Dependence, or Display? The Relationship Between Married Women's Earnings and Housework», en *Journal of Marriage and Family* 69, n.º 2 (mayo de 2007), pp. 399-417.

[28] Jennifer L. Hook, «Women's Housework: New Tests of Time and Money», en *Journal of Marriage and Family* 79, n.º 1 (febrero de 2017), pp. 179-98.

la que ganar el pan es la representación social de la hombría, las esposas cuyos maridos no son buenos proveedores a menudo se someten a la dominación del marido porque se sienten culpables por contribuir a su sentimiento de fracaso».[29]

Mientras que el manejo cuidadoso del ego masculino puede (o no) llevarse a cabo sin problemas en Camerún, resulta más difícil de gestionar en las costas. La comediante Ali Wong responde «con un tono de voz seco» cuando se le pregunta «con cierta preocupación» qué opina su marido de su éxito: «Se siente de maravilla. No es difícil estar contento cuando tu cónyuge gana dinero».[30]

Laura, cuyo negocio en Nueva York es la fuente de los ingresos de su familia, me dice: «Mi marido está resentido por mi éxito profesional. Cuando perdió su trabajo, finalmente aceptó acompañarme a uno de mis eventos de *networking*, un cóctel con gente de alto nivel que ocupaba puestos de prestigio. Le entristecía no tener lo que yo tenía. En lugar de decirme que estaba muy orgulloso de mí, me dijo que le entristecía». Los dos evitan discutir sobre cuánto dinero gana Laura. «No hablamos de ello —dice ella—. Él sabe cuánto llevo a casa, pero no lo bien que va el negocio en todo momento. Le dije al final del año pasado que había tenido un buen año, pero no hablo de ello siempre. Estoy protegiendo su autoestima. No oculto mi éxito, pero hablo de él en otros lugares». Laura no es un caso atípico.

El trabajo de campo de la psicóloga Francine Deutsch con parejas con dos ingresos le llevó a preguntarse: «Si se elogia a los hombres por cambiar pañales, ¿por qué no se elogia a las mujeres por ganar dinero? En la economía de la gratitud, el dinero no hace mucho por las mujeres. Tienen tantas probabilidades de tener que disculparse por sus ingresos como de ser apreciadas por ellos».[31]

---

[29] John Gordon Simister, «Is Men's Share of Housework Reduced by "Gender Deviance Neutralization"? Evidence from Seven Countries», en *Journal of Comparative Family Studies* 43, n.º 3 (mayo de 2013), pp. 311-26.

[30] Jason Zinoman, «The Strategic Mind of Ali Wong», en *The New York Times* (3 de mayo de 2018). <https://www.nytimes.com/2018/05/03/arts/television/ali-wong-netflix-hard-knock-wife.html>.

[31] Francine M. Deutsch, *Halving It All* (Cambridge: Harvard University Press, 1999), p. 96.

Evidentemente, se requiere de cierta gimnasia mental por parte de mujeres y hombres para restaurar un efímero orden legítimo en aquellas vidas que no son del todo tradicionales. Las madres controlan y los padres trastabillan. Los padres ganan y las madres cuidan. Las familias aceptan ver el empleo de la madre como algo menos esencial que la maternidad, incluso cuando ella tiene una fuente de ingresos igual o mayor que el padre. «Está bien que tu madre gane dinero, pero en realidad es solo un extra», recuerdo que nos decía mi padre, abogado del sector público, a mi hermana y a mí cuando éramos niñas. Parecía un motivo de orgullo para él. Y yo lo escuchaba como la regla de género que era. Tomé decisiones financieras imprudentes con veinte años a causa de este mensaje, que en verdad me llegaba de todas partes. ¿Por qué una mujer joven se molestaría en ahorrar cuando algún día tendrá un hombre que lo haga por ella? «Es muy difícil renunciar a la ilusión de que alguien siempre cuidará de nosotras», dijo Betty Friedan. Las reglas de género son piedra, papel y tijera para el comportamiento económicamente racional. En el estudio de Blair-Loy, siempre era la mujer la que dejaba el trabajo para cuidar de los niños, independientemente de quién ganara más en la pareja.

Mujeres y hombres definen sus responsabilidades profesionales a través de una perspectiva de género. En su estudio de ciento cincuenta parejas con doble ingreso, Deutsch descubrió que, independientemente de cuál fuera la profesión de la mujer, los maridos y las esposas describían el trabajo de ellas como más flexible. Pasó un tiempo con una pareja en la que ella era doctora y él profesor. En otro caso, los géneros de esas ocupaciones estaban invertidos. Ambas parejas explicaron que las profesiones de las esposas les daban a ellos más libertad de acción en el trabajo. Gretchen, de 40 años, madre de dos hijos y reportera en Baltimore, a menudo tiene fechas límite de entrega, pero me dijo: «Mi trabajo es más flexible». Su marido trabaja en una empresa de organización de eventos. Al pedirle que hablara de su relativa flexibilidad, prosiguió: «Supongo que, bueno, ya sabes, es interesante. Las mujeres seremos más flexibles cuando se necesite. Y los hombres esperan que otros sean flexibles. Trabajo en las noticias de NPR, que es la radio nacional. Mi editor es comprensivo cuando termino una crónica después de que mis hijos se hayan ido a dormir. Pero mi marido tiene clientes que se volverían locos. Podría decirle que no seré flexible, o que no puedo serlo, pero todo sería mucho más complicado».

Deutsch dijo: «Un hombre que trabajaba en la oficina de correos me dijo que su trabajo no era flexible. Pero una mujer de la misma oficina había logrado conciliar sus horas de trabajo con las horas de cuidados. Los hombres están menos dispuestos a preguntar». Como escribe Deutsch en *Halving It All*, la flexibilidad depende del ojo de quien mira. Y la vemos en el brillo de las miradas vigilantes de las madres.

¿Pueden *paternar* las mujeres?

Las ideologías modernas de la maternidad nos transmiten la idea de que las mujeres deben, de manera natural y entusiasta, destrozar toda personalidad propia por el bien de aquellos a quienes aman intensamente. Es a lo que se refiere la poeta como «la violencia invisible de la institución de la maternidad».[32] La maternidad intensiva se interpone en el camino: un asunto vivo y espinoso que se sitúa entre nosotros y la crianza sin género que desearíamos llegar a ver. Es el sistema de entrega de fantasía que la antropóloga Sarah Hrdy ha llamado turnos de veinticuatro horas de amor incondicional.

La maternidad intensiva impulsa a las madres, pero no a los padres, a esforzarse constantemente por optimizar todas las oportunidades para sus hijos, a diseñar cada movimiento para satisfacer sus necesidades. Dejamos a los padres en evidencia, y ellos no protestan. No estoy sugiriendo aquí que las mujeres sean como los hombres. Ese es un modelo que ha caducado. Pero recordemos que el tiempo que dedican los padres al cuidado de los hijos ha aumentado, y que las madres no se han adaptado al cambio disminuyendo en consecuencia el tiempo que ellas mismas dedican al cuidado de los hijos. ¿Ha sido una oportunidad perdida? ¿Una

[32] Adrienne Rich, *Of Woman Born: Motherhood as Experience and Institution* (Nueva York: Norton, 1986).

oportunidad de redistribuir el 65 por ciento? La ideología lo pone difícil. Erica, de Portland, dijo: «Tengo una dosis "saludable" de culpa como mamá, la sensación constante de que no hago lo suficiente o no lo hago lo suficientemente bien. Si hiciera menos, imagino que me sentiría aún más culpable».

Las madres a toda pastilla son un impedimento para la equidad, pero lo más terrible es la convicción palpitante en el corazón de este sistema insostenible de que las mujeres son más aptas para criar a los hijos. «Como si hubiera algún otro trabajo sobre la faz de la tierra del que se pudiera decir que la mitad de la población, por muy variada que sea, está singularmente cualificada para ejercerlo», dice la socióloga Kathleen Gerson. No hay ninguna prueba que apoye esta afirmación, e incluso algunas la contradicen. En algunos estudios sobre familias monoparentales realizados a finales de los años noventa, se demostró que el sexo del progenitor no guardaba relación con el bienestar de los niños.[33] No estoy sugiriendo aquí que las mujeres sean como los hombres. En nuestro estado actual, pocas familias funcionarían bien. Estoy sugiriendo, más bien, que las madres sean como los padres. Que, al igual que sus compañeros, veneren el hecho de que el niño tiene otro progenitor y que su relación es sacrosanta. Maternar —aquí está Hrdy de nuevo— es un gusto fácil de adquirir.[34] Pero no tiene por qué ser lo más importante. Tal vez sea un honor que es mejor compartir entre dos.

Schoppe-Sullivan dijo: «Podemos acercarnos a la equidad y al padre implicado, pero no hasta el punto en que aceptemos que madres y padres son intercambiables para los hijos. La gente no lo cree. Y esto es un sesgo implícito, sin importar lo que diga la gente en las encuestas».

La creencia generalizada de que la madre sabe lo que hace —la filosofía reinante entre los progenitores de todas las clases económicas— debe reescribirse para que la equidad de género en la familia se enraíce. Sus fundamentos ayudan a explicar por qué las

---

[33] Douglas B. Downey, James W. Ainsworth-Darnell y Mikaela J. Dufur, «Sex of Parent and Children's Well-Being in Single Parent Households», en *Journal of Marriage and Family* 60, n.º 4 (1998), pp. 878-93.

[34] Sarah Blaffer Hrdy, *Mother Nature* (Nueva York: Ballantine Books, 1999), p. 501.

normas han cambiado fuera de la familia, pero se han mantenido inmutables en su interior. La crianza es un proceso privado y público a la vez. Nos responsabilizamos de su correcta ejecución y nos arriesgamos a ser condenados si nos salimos del guion.

Estos guiones son íntimos, pero cada vez más visibles. En 2014, el Centro de Investigaciones Pew descubrió que el 75 por ciento de los progenitores en EE. UU. usan las redes sociales. De ellos, el 80 por ciento de las madres y el 65 por ciento de los padres coinciden en que reciben apoyo parental de sus redes.[35] Las mujeres que se pliegan a las prescripciones culturales también parecen utilizar este medio para presentar evidencias de sus hercúleos esfuerzos parentales en bellas imágenes o vídeos de quince segundos. Facebook e Instagram se han convertido en canales para que las madres que aman maternar compartan con el mundo su amor por la maternidad. Y a menudo tienen decenas de miles de seguidores («haz clic aquí para comprar el producto»).

En 2014, una encuesta a dos mil madres realizada por la página web Baby-Centre descubrió que Facebook estaba fomentando «nuevos niveles de competitividad» entre las madres treintañeras. El publicista Mike Fogarty dijo: «La palabra *competitivo* salió una y otra vez cuando les pedíamos a las madres mileniales que resumieran su experiencia con la maternidad. La presión de ser percibida como una mamá alfa se había disparado desde el momento en que se habían registrado en Facebook. Algunas dijeron que se habían sentido presionadas a ir a clases de natación o de canto para bebés, y que si no lo hacían temían ser vistas como malas progenitoras».[36] La psicóloga social Lisa Lazard, de la Universidad Abierta del Reino Unido, entrevistó a algunas madres acerca de su comportamiento en las redes sociales y descubrió que las exigencias sociales a los progenitores —y, para ser claros, cuando dice

---

[35] Maeve Duggan, Amanda Lenhart, Cliff Lampe y Nicole B. Ellison, «Parents and SocialMedia», Centro de Investigaciones Pew (16 de julio de 2015). <http://www.pewinternet.org/2015/07/16/parents-and-social-media/>.

[36] Deni Kirkova, «Millennial Mothers Take Parental Rivalry to New Levels as They "Obsess over Brands and Success" Thanks to Social Media», en *Daily Mail* (4 de mayo de 2014). <https://www.dailymail.co.uk/femail/article-2619957/Social-media-obsessed-millennial-mothers-parental-rivalry-new-levels.html>.

«progenitores» se refiere a las madres— impulsan las expresiones públicas de orgullo hacia sus hijos. Concluyó: «A través de las redes sociales los progenitores pueden demostrar visualmente cómo satisfacen las exigencias sociales de la crianza». Una tarea más para las madres. En una encuesta, el 87 por ciento de las madres afirman que únicamente ellas comparten fotos en Internet para que puedan ser disfrutadas por toda la familia.[37]

Schoppe-Sullivan, Kamp Dush y sus colegas de la Universidad Estatal de Ohio también analizaron el impacto de Facebook, pero restringieron su muestra a las madres primerizas. Encuestaron a 127 mujeres del Medio Oeste con cuentas de Facebook para ver cómo «las madres primerizas en particular usan Facebook para poner en práctica conductas acordes con su identidad maternal y satisfacer expectativas sociales más amplias o, en otras palabras, para ser madres».[38] Se hicieron las siguientes preguntas: ¿Están las diferencias individuales en las características psicológicas de las madres primerizas asociadas a su nivel de utilización de Facebook y a su experiencia en dicha red social? ¿Están estas características psicológicas asociadas a un mayor riesgo de síntomas depresivos a partir de sus experiencias con el sitio web? El análisis de los datos reveló que las madres preocupadas por la aprobación externa y las que creían que la sociedad era excesivamente exigente con ellas eran las más activas en Facebook; también respondían con más firmeza a los comentarios que recibían. Las madres perfeccionistas y propensas a buscar aprobación externa aumentaban sus síntomas depresivos a medida que pasaban más tiempo en Internet, donde las imágenes de maternidad intensiva viven para siempre.

Cuando «actuamos según la normativa de género», somos recompensados con más «me gusta» y más comentarios positivos. Incluso en los países escandinavos, donde las políticas laborales

---

[37] «Sharenting: Why Mothers Post About Their Children on Social Media», en *The Conversation* (9 de marzo de 2018). <http://theconversation.com/sharenting-why-mothers-post-about-their-children-on-social-media-91954>.

[38] Sarah J. Schoppe-Sullivan, Jill E. Yavorsky, Mitchell K. Bartholomew, Jason M. Sullivan, Meghan A. Lee, Claire M. Kamp Dush y Michael Glassman, «Doing Gender Online: New Mothers' Psychological Characteristics, Facebook Use, and Depressive Symptoms», en *Sex Roles* 76, n.º 5 (marzo de 2017), pp. 276-89.

de conciliación familiar se diseñan específicamente para fomentar un equilibrio equitativo entre la vida laboral y la familiar, la ideología de la maternidad intensiva anima a hacer sacrificios maternos demostrando una determinación insuperable.[39] En Francia, donde las mujeres se han negado ampliamente a adoptar esta ideología, cuentan con las ventajas de su propio recorrido histórico, lo que implica un ancestral reconocimiento de su identidad extramaternal.[40] En el resto del mundo, como me explicó Deutsch, «teóricamente alguien puede pensar que hombres y mujeres deben ser iguales y, al mismo tiempo, considerar que las madres ocupan un lugar especial en la vida de un niño que no puede ser duplicado por el padre». Esto va acompañado de otra serie de consideraciones, como la creencia de que las madres tienen una capacidad especial para criar. Y en el fondo, las mujeres creen que es su responsabilidad. No creen que sea básicamente una responsabilidad compartida.

La posición en la que nos encontramos no es, precisamente, responsabilidad nuestra. Como dice Kamp Dush: «La sociedad es la culpable». La psicoanalista y *podcaster* Tracy Morgan ha ampliado esta idea. Tras describir lo narrado por una paciente sobre una mañana difícil (su niñera se había marchado y ella tenía que ir al dentista), Morgan relató: «Ella dijo: "Nunca se me había ocurrido preguntarle a mi marido si podía dejar el trabajo y venir a vigilar y cuidar a nuestro hijo para que yo pudiera ir al dentista. ¿Qué es lo que hace que no se me ocurra pedírselo? Es una estupidez por mi parte"».[41] Los reproches que se hacía a sí misma eran difíciles de soportar, pero es muy común darle la vuelta a una situación que podríamos entender como instituida y políticamente acordada para personalizarla y decir: «Esto soy yo. ¿Qué me pasa?».

---

[39] Cameron Macdonald, «What's Culture Got to Do with It? Mothering Ideologies as Barriers to Gender Equity», en *The Real Utopias Project: Gender Equality, Transforming Family Divisions of Labor* (Brooklyn: Verso, 2009), p. 424.

[40] Elisabeth Badinter, *The Conflict: How Overzealous Motherhood Undermines the Status of Women* (Nueva York: Picador, 2010), pp. 153-66.

[41] Jacqueline Rose, «Mothers: An Essay on Love and Cruelty», entrevistada por Tracy Morgan, *New Books in Psychoanalysis*, New Books Network, audio 7:20 min. <https://newbooksnetwork.com/jacqueline-rose-mothers-an-essay-on-love-and-cruelty-farrar-straus-and-giroux-2018/>.

El ideal estadounidense de la autosuficiencia de la familia nuclear —en contraposición a la idea de que es necesario un pueblo— requiere un progenitor intensivo, y lo que viene luego es la desigualdad de género inherente a ese sistema. Las mujeres que se quedan en el lugar que les corresponde pueden disfrutar del estereotipo de la mujer fuerte (altruista, cariñosa, alentadora), aquella que sostiene el éxito familiar. Los hombres no lo ponen fácil. Erica dice: «Mi hijo llega a casa cada día con una hoja de deberes y notas del profesor en su carpeta. La reviso todas las noches. En una ocasión, salí de la ciudad por trabajo. Le pedí a mi marido que se asegurara de que hacía los deberes y que los ponía en su mochila. Mi marido no lo hizo. Me dice: "No pienso en esas cosas, tienes que recordármelas". Le facilito las cosas, y aun así siguen sin hacerse». Las mujeres, a pesar de su resentimiento, no siempre pueden imaginarse renunciando a su honor. Dudan a la hora de hacer lo que los padres han sabido hacer durante mucho tiempo: venerar el hecho de que el niño tiene otro progenitor y que la relación es sacrosanta.

Nicole, de Portland, dice: «No estoy segura de que pueda renunciar alguna vez a ser el progenitor principal. El amor incondicional es demasiado adictivo. Me gusta la idea de ser insustituible. Pueden sustituirme en mi trabajo e incluso en la pareja. Nadie puede sustituir a una madre amorosa».

Christine, de Illinois, dice: «Me siento realizada y orgullosa de ser el progenitor principal y una supermamá. Nunca lo había previsto, pero desde que surgió la responsabilidad, he dado el cien por cien y ahora lo asumo como algo propio. Cuando estaba embarazada de mi primer hijo, era muy reacia a cualquier cambio de identidad con respecto a ser madre. Si mi marido hubiera asumido el papel, quizá lo habría aceptado. Sin embargo, como no lo hizo, me metí de lleno. Ahora, siete años después, encuentro mucha valía personal en mi papel de madre, aunque pueda llegar a ser demasiado o injusto, aunque siga habiendo resentimiento».

En todo trabajo, las tareas más importantes son difíciles de compartir. Renunciar a la propia primacía no se consigue sin esfuerzo, por mucho que sea un privilegio cargado de tensión. Aunque sea cierto, me cuesta admitir que disfruto siendo el mejor progenitor de mis hijas (adoran a George, pero la adoración no sustituye a la necesidad). Si George hubiera asumido ese papel, es muy posible que lo hubiera aceptado, pero, como no lo hizo, renuncié a horas de sueño, al tiempo libre y a la sensación de justicia en mi hogar a cambio de la fantasía de que mis hijas me eligieran a mí primero y me quisieran más. Mi marido se ausenta a menudo, y entonces yo también respondo cerrándome a él; no con críticas, sino con omnipresencia. Con tortitas de chocolate, coletas, fiestas de baile y atracones de *Friends.* Los datos apoyan esta afirmación de los estudiosos: debemos desafiar la percepción de que las mujeres son intrínsecamente mejores en la crianza de los hijos para que las cosas cambien. Pero ¿a qué renunciaremos cuando lo hagamos?

Los hombres, por su parte, no parecen entender lo que se pierden. April, la neoyorquina que cría a sus dos hijos con su mujer, era la madre secundaria cuando nacieron sus hijos. Recuerda la experiencia así: «Cuando Jill era la madre principal, yo me sentía muy limitada. Me sentía como la adlátere, la quinta rueda. Se movían juntos a un ritmo y yo me quedaba atrás, sacudiéndome».

Tanto las madres como los padres pueden tener algo que perder cuando los hombres se convierten en progenitores principales. Pero, al mismo tiempo, es mucho lo que ganan.

VI

El éxito de la resistencia masculina

Luz de gas

Los científicos sociales sugieren que el lento cambio de las últimas décadas en la participación de los hombres en la crianza no debe confundirse con un logro igualitario, sino que más bien debe entenderse como «una resistencia masculina ampliamente exitosa». No hay que preguntarse por qué el cambio es tan lento, sino por qué los hombres se resisten. «La respuesta corta es que a los hombres les interesa que sea así», ha escrito el sociólogo Scott Coltrane. Esa resistencia «refuerza una separación de esferas que sustenta los ideales masculinos y perpetúa un orden de género que privilegia a los hombres sobre las mujeres».[1] La vigilia de los privilegiados para mantener un contrato que se desmorona: la sórdida y acerada misión de nuestro tiempo. En el matrimonio, esto requiere un compromiso incondicional con la negación de lo obvio: que los hombres simplemente se sienten con derecho a nuestro trabajo. El resplandor de este derecho brilla intensamente. Christine, de Illinois, me dijo: «Mi marido es un compañero participativo y dispuesto. No es tradicional en el sentido de "Yo no cambio pañales". Pero su atención es limitada. Recuerdo un momento muy especial en el que le pedí que volviera a poner la silla del coche cuando regresara del taller y me dijo: "Te prometo que lo haré". Pasé a otras cosas que tenía que

[1] Scott Coltrane, «Fatherhood, Gender and Work-Family Policies», en *The Real Utopias Project: Gender Equality, Transforming Family Divisions of Labor* (Brooklyn: Verso, 2009), p. 401.

hacer. Cuando fui a llevar a mi hijo al colegio por la mañana, la silla no estaba. Le dije: "Me parece muy bien que quieras ayudarme, pero estoy haciendo malabarismos con naranjas, y si te tiro una y se te cae, mejor que lo haga todo yo". Habíamos tenido esas discusiones: "¿Puedes coger las naranjas y quedarte con ellas? Me está agotando". No puedo confiar en que haga nada, en que se acuerde de hacerlo».

A veces un puro no es solamente un puro, y olvidar no es solo olvidar.[2] Recurrir a la atención limitada es comunicar que uno no está disponible, y cuando en última instancia alguien tiene que realizar la tarea, el olvidadizo hace valer su derecho a no acudir. ¿Quién tiene margen para olvidar en la crianza? ¿Quién soporta la carga de esa falta de atención?

A medida que mis hijas crecían, los olvidos masculinos en el seno de mi propio vínculo matrimonial me molestaban cada vez más. El verano pasado, tras dedicar parte del año a gestionar todo lo necesario para que las dos niñas se apuntaran al campamento, me di cuenta de que me había olvidado del formulario médico de Liv. Cuando faltaban dos meses, le pedí a George que se encargase de ello. Aceptó hacerlo. Un mes más tarde pude comprobar que aún no se había encargado. Una semana antes de que venciera el plazo, volví a preguntarle. «Estaba pensando en ello», me dijo George. «Iré a la oficina este fin de semana». No es así como funciona la recogida de formularios en la consulta del médico. El mero hecho de que no lo supiera cuando se acercaba a su segunda década de paternidad era en sí mismo endémico del problema. Como había ocurrido tantas veces, conseguir su participación había resultado más problemático que provechoso. Llamé a la oficina y solicité el formulario. Me dijeron que estaría listo en cinco o siete días. Siete días después, me acerqué y lo recogí. «Tengo el formulario médico de Liv», le dije a George en un mensaje, aunque no parecía preocupado. De hecho, si no lo hubiera vuelto a mencionar, el tema del formulario se habría desvanecido en la oscuridad. Le envié un mensaje esperando que reconociera su

---

[2] La autora da la vuelta a la célebre frase del médico austrí¡iaco, padre del psicoanálisis, Sigmund Freud: «A veces un puro es solo un puro». (*N. de la T.*).

olvido y se comprometiera a hacerlo mejor la próxima vez. Una disculpa también habría estado bien. En lugar de eso, me contestó: «¡Genial, gracias!». Otro *déjà vu*.

Las necesidades de los niños han cambiado con respecto a cuando Tess era un bebé y todo se convirtió por primera vez en un gran problema; las niñas se han vuelto más fáciles de manejar, al menos durante este periodo misericordiosamente tranquilo entre la dependencia total y la adolescencia. («Los años de gloria son cuando están en primaria», dice Nicole, madre de dos estudiantes de secundaria en Portland. «Luego llega la educación secundaria y es horrible, os lo advierto»). La dinámica con mi marido apenas cambia. Sin proponérselo, sigue perpetuando un orden de género que privilegia a los hombres sobre las mujeres, a él por encima de mí, pero él sigue negando que sea así. Lo que cambia si escribes sobre este tema es que, cuando expones cansinamente tu frustración a tu marido, él te responde de vez en cuando: «¡Ponlo en tu libro!». (Quizá solo esté siendo generoso, dándome material). Últimamente, George tiene en cuenta lo que he dicho, una vez que ha tenido un poco de espacio para pensarlo. Más tarde, después de la pelea que tuvimos sobre el formulario, llegó a casa con flores. Recortó los tallos y las puso en un jarrón sobre mi escritorio.

«¿Alguna vez se le pasó por la cabeza al hombre que la mujer también tenía un derecho inalienable a la vida, la libertad y la búsqueda de su felicidad individual?», preguntó en 1855 Elizabeth Cady Stanton a su primo en una carta.

¿Estás siendo injusto con tu mujer? Es una pregunta que planteé a muchos padres: los maridos de las mujeres con las que había hablado y otros voluntarios variopintos. Algunos de ellos respondieron negativamente, incluso aquellos cuyas esposas lo veían de otro modo. Hablé con una madre que tenía mucho que decir sobre la lucha por la participación de su marido. Su marido me dijo más tarde: «Ambos trabajamos menos cuando nuestros hijos eran pequeños. Eso nos fue muy bien a nosotros. Ella sentía que estábamos juntos en esto. Los dos nos sacrificamos para conseguirlo. Lo negativo era que estábamos muy estresados. Pero creo que valió la pena. Ahora sabemos que cualquiera de los dos está dispuesto a sacrificarse por el bien de la familia».

Puede que no te sorprenda leer que resultó difícil entrevistar a los hombres sobre la división del trabajo en el hogar. Aunque se mostraron generosos con su tiempo, la mayoría de los padres no habían reflexionado mucho sobre el tema e, incluso bajo sugerencia, no les despertó mucho interés. Otras mujeres se habían topado con la misma despreocupación. Laura, de Nueva York, lleva descontenta con el reparto de tareas en su matrimonio desde que su hijo de 4 años era un recién nacido. «Me he esforzado mucho por identificar mi papel y he intentado solucionarlo. Mi marido no ha puesto ningún interés ni energía en ello, ni siquiera cuando le he dicho: "Esto ya es un problema para mí". Se disgustó, lloró y dijo: "Oh, Dios mío", pero no he visto ningún trabajo personal al respecto. Siempre vuelve a repetir esa falta de conciencia de sí mismo». Para los padres, al parecer, la cuestión nunca ha llegado al nivel de preocupación recurrente. El orden de género funciona para ellos. No hay por qué enfadarse. Pueden resistir sin hacer nada. Resisten, literalmente, sin hacer nada.

«Nadie renuncia a sus privilegios voluntariamente —afirma la neurocientífica Lise Eliot—. Hay que ser muy ilustrado para hacerlo». En San Diego, Gabe, de 38 años, marido de Deanna, que al principio de su matrimonio aspiraba a una fantasía televisiva de los años cincuenta sobre la vida conyugal, me habló con ligera irritación de lo que considera sobre todo el carácter estirado de su mujer. «Si estoy ocupado, yo también uso listas, pero cuando se trata de mi vida fuera del trabajo no lo hago. Llevo nuestros planes en la cabeza; ella lo escribe todo. Se levanta ansiosa los sábados por la mañana, lo que a mí me frustra. Puede que yo tenga las mismas ideas sobre lo que hemos de hacer, pero no voy a ponerme nervioso por ello». A los padres les molestan los esfuerzos de las madres, pero también la falta de ellos. La socióloga Annette Lareau observó a los padres para su libro sobre raza, clase y vida familiar: «Descubrí que a algunos padres les enfadaba que las madres inscribieran a sus hijos en tantas cosas. ¿Por qué no podemos simplemente quedarnos aquí? Se enfadaban por ello. Pero también se enfadaban si la madre metía la pata y al niño se le pasaba el plazo para apuntarse a fútbol o a béisbol. Todos decían que era culpa de *mamá*».

Jeremy, de 37 años y residente en el extrarradio de Illinois, salió con sus amigos la noche anterior a nuestra conversación y sacó el tema con el grupo. Me dijo que no tuvo mucho éxito. «No se convirtió en un gran tema de conversación», dijo Jeremy con diplomacia, aunque uno de sus amigos dijo que «si fuera por él, su familia se quedaría sentada en casa. Esa es su personalidad. Nunca ha planeado nada. Ni siquiera en el instituto y la universidad». Resiste sin mover un dedo.

Tras meses posponiéndolo, por fin me senté a entrevistar a George. «Tenemos que hacer esa entrevista», repetía en los momentos oportunos. Si bien este proyecto surgió a raíz de un período sombrío entre nosotros, las cosas habían ido mucho mejor desde hacía algún tiempo.... (Véase más arriba: las necesidades de los niños son cada vez más fáciles de gestionar. Recordemos que los estudios demuestran que las madres de niños menores de 4 años son las que mayor sensación de injusticia manifiestan. Empecé a pensar en este proyecto cuando Tess tenía 3 años. Le faltaba un mes para cumplir los seis cuando terminé). Me resistía a volver a sumergirme en esa vieja oscuridad con él, aunque fuera para una discusión breve y teóricamente académica.

Después de haber reflexionado mucho sobre nuestras pautas («Escribir para encontrar respuestas», como lo ha llamado la autora feminista Roxane Gay), le pregunté a George qué opinaba de ellas.[3] «En mi caso, sé que a menudo tengo muchas cosas en la cabeza. Trabajo cinco días a la semana. Nos han pasado otras cosas. Hemos tenido que lidiar con dos personas nuevas y pensar en ellas. Pasé de tener que pensar en ti y en mí a tener que pensar en varias personas». Sonaba a la defensiva mientras hablaba y, como ocurre a menudo, un rastro de hostilidad en su voz me hizo callar. Nada de lo que decía era falso. Pero sus dilemas se aplicaban igualmente a mí, y yo no había respondido agachando la cabeza. Otra mujer podría haber tenido la fortaleza para comentarlo. Como era de esperar, no lo hice: sabía que provocaría una pelea

[3] Roxane Gay, «The Facts and the Furious», entrevista con Ophira Eisenberg, *Ask Me Another*, NPR (15 de diciembre de 2017). <https://www.npr.org/templates/transcript/transcript.php?storyId=571107993>.

que no quería tener. Esa incapacidad para perseguir mis objetivos de coparentalidad sin descanso se había interpuesto en mi camino a lo largo de los años. Es algo que requiere mucho esfuerzo, y la fortaleza necesaria para ello era aparentemente mayor que la que yo había tenido.

George continuó: «¿Daba por sentado que hacías cosas? Sí, supongo que sí. Pero no me gustaba que las hicieras y luego me criticaras por no hacerlas. Hubiera preferido que no las hicieras y me dijeras que hiciera algo». Le recordé que a menudo se olvidaba de las cosas de las que le pedía que se ocupara, y que tener que pedírselo no era más que otra forma de responsabilidad. «Es probable que los hombres den por hecho el papel que les toca a las mujeres. Quizá los hombres sean mucho más responsables de eso de lo que les gustaría admitir. Hay algo de verdad en ello», admitió finalmente.

Esto es lo que hubiera preferido oír de mi marido, sin ambages y sin vergüenza: «Soy sexista». Ese fue el titular de un artículo de opinión en *The New York Times* del profesor de Filosofía de la Universidad de Emory George Yancy, quien se encargó, a finales de 2018, de implorar a los hombres que se unieran a él «con la debida diligencia y deber cívico para afirmar públicamente: soy sexista», y así asumir su responsabilidad en la misoginia y el patriarcado.[4] El sexismo de Yancy «levanta su fea cabeza» en su propio matrimonio. Escribe: «Deberían darme las gracias cuando limpio la casa, cocino, sacrifico mi tiempo. Estas son las profundas y preocupantes expectativas que están moldeadas por el privilegio masculino». Casi lloro de gratitud por su confesión.

Cuando los hombres niegan su sexismo, hacen luz de gas a sus compañeras, agravando un problema ya de por sí doloroso al insistir en que sus orígenes claros y evidentes son elucubraciones de una mente histérica.

Aunque Yancy hizo que el reconocimiento descarado del privilegio masculino pareciera fácil, no todos los hombres pueden conseguirlo. Una madre a la que había entrevistado se puso en

---

[4] George Yancy, «#IAmSexist», *The New York Times* (24 de octubre de 2018). <https://www.nytimes.com/2018/10/24/opinion/men-sexism-me-too.html>.

contacto conmigo para decirme que le había enseñado el artículo de Yancy a su marido. «Esperaba que la introspección de este escritor le hiciera entender que hay algo en nuestra relación que ha supuesto un gran problema para mí», me explicó. En lugar de eso, se encontró con la indignación. Su marido proclamó que vivían como iguales y que el patriarcado no influía en el reparto del trabajo con sus dos hijos pequeños. «Tuvimos la mayor pelea de nuestra vida», me dijo.

Tiré del hilo del sexismo con los padres con los que hablé. Lowell, 34 años, de Vermont, casado con Miranda, fue el único que lo permitió: «La expectativa entre mis amigos varones sigue siendo tener la vida que tenían antes de tener hijos. En parte me pasa lo mismo. Mi madre tenía una profesión. Dirigía su propio centro de preescolar. A día de hoy, cocina para mi padre. Él apenas ha cocinado una sola comida. Creo que me he alejado de eso. Pero, inconscientemente, lo que te motiva a dar un paso adelante y hacer algo cuando no te lo piden... Tengo cómo justificarme, es una evasiva».

Escaquearse

Debido al éxito contraproducente de la resistencia masculina, librarse del trabajo pesado sigue siendo una opción viable si uno es hombre. Esto es cierto no solo en casa, con relaciones basadas en el amor, sino también en el trabajo, donde apenas se percibe amor. En 2018, un titular de *Harvard Business Review* ironizaba: «Por qué las mujeres se ofrecen voluntarias para tareas que no conducen a la promoción». He aquí la respuesta, según la investigación: porque alguien tiene que hacerlas y ningún hombre está dispuesto a hacerlas, al menos si hay mujeres delante. En una serie de estudios de laboratorio, las economistas Linda Babcock, Maria Recalde y Lise Vesterlund, junto con la especialista en comportamiento organizativo Laurie Weingart, descubrieron que las mujeres tienen un 50 por ciento más de probabilidades que los hombres de ofrecerse voluntarias para realizar un trabajo que nadie más quiere hacer. Las mujeres también son más propensas a que se les pida que realicen este trabajo (independientemente del género del solicitante), y a decir que sí cuando se les pide.[5]

En una entrevista con NPR, Vesterlund explicó: «La creencia o la expectativa de que las mujeres darán un paso al frente es un factor bastante importante en todo esto. La razón por la que las mujeres lo hacen, al menos en nuestro estudio, es que se espera que lo hagan. Los hombres entran en la sala, ven a las mujeres, conocen las reglas del juego. Saben que las mujeres van a ofrecerse voluntarias.[6] Y las mujeres miran a su alrededor, ven a los hombres y también conocen las reglas del juego. Sabemos que serán las mujeres las que levanten la mano». En los grupos exclusivamente masculinos del estudio, los hombres se ofrecieron voluntarios tan fácilmente como las mujeres. Solamente en los grupos mixtos los hombres aplazaban la responsabilidad. Muchas de las madres que entrevisté hicieron hincapié en que sus maridos podían hacerse cargo cuando ellas no estaban en casa. La asignación de tareas poco gratificantes a las mujeres en beneficio de los hombres no parece una cuestión situacional, sino más bien universal.

Marla, una trabajadora social de Chicago, me dijo: «Cuando me mudé al piso de Brian, en cuanto había abierto las cajas, me convertí en la responsable de todo. "Marla, dónde guardamos el bla, bla, bla...". Un día estaba en la cocina y me preguntó: "¿Dónde está la mantequilla de cacahuete? ¡Está exactamente donde la has estado guardando los últimos cuatro años! Un interruptor se enciende en el cerebro de un hombre una vez que hay una mujer: "Ya no soy responsable de nada"».

Lo sabemos sin saberlo. En el verano de 2018, tras dos fiestas *tie-dye* (una al final del colegio y otra en mitad de los campamentos de las niñas), me reí a carcajadas con lo siguiente en Twitter: «Son las 15:00 del miércoles y el campamento acaba de enviar un correo electrónico para decir que mañana todos los campistas tienen que traer una camiseta blanca para teñirla y luego casi me tiro por el

---

5 Linda Babcock, Maria P. Recalde, Lise Vesterlund y Laurie Weingart, «Gender Differences in Accepting and Receiving Requests for Tasks with Low Promotability», *American Economic Review* 107, n.º 3 (marzo de 2017), pp. 714-47.

6 Lise Vesterlund, «Why Women "Volunteer" at Work», entrevista con Jonathan Capehart, *Midday on WNYC*, New York Public Radio (23 de julio de 2018).

balcón». Cuando dejé de reírme y miré más de cerca la foto de perfil de quien escribía, vi que el tuit había sido escrito por un hombre. Esto me desconcertó. Claro, George había sido el que había pasado por Kmart a por el paquete de seis camisetas blancas extra pequeñas para niños después de que yo se lo pidiera, pero la idea de que un padre 1) leyera ese correo electrónico, 2) se sintiera obligado por sí mismo a preocuparse por ese correo electrónico y 3) hubiera tenido claramente suficiente experiencia previa con ese tipo de correos electrónicos como para entender su atractivo tragicómico... Bueno, me desconcertaba. Busqué al hombre en Google para ver si era padre soltero; como era una especie de figura pública, fue fácil averiguar que lo era. Sin una mujer que se ocupara de todo por él, había sido él quien había dado un paso al frente.

Las dinámicas de género escriben las reglas de lo que Vesterlund llama «estos juegos». El concepto de justicia llega a dominar las mentes de las madres, pero no las de los padres, que son voluntariamente ciegos a sus propios escaqueos. La antropóloga Sarah Hrdy expone: «Socializadas durante mucho tiempo para desempeñar papeles subordinados, las mujeres pueden estar más inclinadas a ver el mundo desde más de una perspectiva, tanto masculina como femenina, tanto dominante como subordinada. Sin embargo, para quienes están acostumbrados a las prebendas del patriarcado, sería menos útil ver el mundo desde el punto de vista de esas subordinadas femeninas. Y pocos hombres —sin guía y esfuerzo adicional— parecen estar dispuestos a hacerlo».[7]

La investigación económica avanza en paralelo. En el popular experimento de laboratorio conocido como «juego del dictador» existen efectos de género fundamentados en el comportamiento de hombres y mujeres. El juego consiste en que un participante apodado «el dictador» distribuye un bien, a menudo un premio en metálico, entre él mismo y otro jugador invisible con poca o ninguna autoridad para tomar decisiones. En todo el mundo, las mujeres distribuyen el dinero de forma más justa que los hombres, teniendo en cuenta la experiencia del otro jugador (menos poderoso). Desde Asia Oriental hasta Estados Unidos, las mujeres

[7] Sarah Blaffer Hrdy, *Mother Nature* (Nueva York: Ballantine Books, 1999), p. 497.

tienden a igualar los repartos, mientras que los hombres se quedan con más. Los hombres no se detienen a considerar la experiencia del otro, o al menos parecen impasibles ante ella.[8]

Pensar en las experiencias del otro se llama empatía. Seguramente habrás oído que las mujeres son empáticas por naturaleza y que en cambio los hombres difícilmente lo son. Y cuando los resultados de la investigación coinciden con los estereotipos sexistas, se les da mucha publicidad y se quedan grabados para siempre en nuestras mentes. De hecho, en múltiples experimentos, cuando se dice explícitamente a hombres y mujeres que están participando en tareas que miden la empatía, los hombres obtienen peores resultados que las mujeres. Excepción: haz el mismo experimento y cambia las condiciones. No digas que estás midiendo la empatía (un rasgo femenino conocido), llámalo de otra manera. De repente, los hombres rinden igual de bien. O sigue llamándolo empatía, pero asigna un premio monetario a los mejores resultados.[9] De nuevo, los resultados de los hombres aumentan hasta igualarse con los de las mujeres. Hasta aquí la historia sobre el código genético de las mujeres y el hecho de que hayan nacido para tener en cuenta a los demás en todo momento.[10]

En relación con la mayor disposición de las mujeres a la empatía, los estudios de género revelan que las mujeres gestionan los conflictos de forma diferente a los hombres. Las mujeres son más proclives a la cooperación y la colaboración para resolver los desacuerdos. Los hombres adoptan una postura competitiva. En 2014, *The Silent Sex: Gender Deliberations and Institutions*, su libro sobre el comportamiento típico de cada sexo en el lugar de trabajo, los politólogos Christopher Karpowitz y Tali Mendelberg explican que esta diferencia también se debe a normas culturales. Los antropólogos han comparado la competencia en las culturas masai y khasi,

---

[8] David L. Dickinson y Jill Tiefen- thaler, «What Is Fair? Experimental Evidence», *Southern Economic Journal* 69, n.º 2 (2002), pp. 414-28.

[9] Kristi J. K. Klein y Sara D. Hodges, «Gender Differences, Motivation, and Empathic Accuracy: When It Pays to Understand», *Personality and Social Psychology Bulletin* 27, n.º 6 (1 de junio de 2001), pp. 720-30.

[10] Nancy Eisenberg y Randy Lennon, «Sex Differences in Empathy and Related Capacities», *Psychological Bulletin* 94, n.º 1 (julio de 1983), pp. 100-31.

dos sociedades de cazadores-recolectores que difieren en el estatus de la mujer y las expectativas sobre su papel. Como en la mayor parte del mundo, la cultura masai es patrilineal; la khasi es matrilineal. En la sociedad femenina, las mujeres son el sexo más competitivo. Son literalmente más propensas a participar en competiciones. Sobre las sociedades dominadas por los hombres, Karpowitz y Mendelberg escriben: «Las mujeres están socializadas para ser más cooperativas e interdependientes con los demás, luego [...] pueden no gustarles las situaciones en las que hay conflicto o competencia, o incluso simplemente falta de cooperación. Cuando se encuentran en tales situaciones, las mujeres tienden a retirarse de la interacción para distanciarse del conflicto. El denominador común de estas preferencias puede ser la aversión a las situaciones en las que se resquebrajan los lazos sociales de los participantes».[11] Si las mujeres de las sociedades patriarcales están orientadas a mantener los lazos sociales y los hombres de las sociedades patriarcales están orientados a ganar, ambos ni siquiera se cruzarán. Las mujeres intentarán colaborar y los hombres abandonarán el campo sin luchar. La exitosa resistencia masculina gobierna el mundo.

Comportamiento progresista e ideales retrógrados

Escribe bell hooks: «Ciertamente, muchas mujeres que se relacionan con hombres se encuentran a menudo con que el hecho de tener un recién nacido hace que sus relaciones vuelvan a caer en picado hacia roles definidos de forma más sexista. Sin embargo, cuando las parejas se esfuerzan por mantener la equidad en todas las esferas, especialmente en el cuidado de los hijos, puede llegar a hacerse realidad; la cuestión clave, sin embargo, es trabajar duro. Y la mayoría de los hombres no han elegido trabajar duro en el cuidado de los hijos».[12]

---

[11] Christopher Karpowitz y Tali Mendelberg, *The Silent Sex: Gender, Deliberation, and Institutions* (Princeton, NJ: Princeton University Press, 2014), p. 63.

[12] bell hooks, *Feminism Is for Everybody* (Nueva York: Routledge, 2015), p. 82.

Cuando los hombres deciden trabajar duro en el cuidado de los niños, puede ser desorientador incluso para ellos. «¿Por qué no hay más padres en esta cadena de mensajes?», oí por casualidad preguntar a Pete, cuyo hijo en edad preescolar juega al fútbol con Tess. La pregunta iba dirigida a las madres que estaban sentadas cerca de él en el entrenamiento un fresco sábado de otoño mientras agitaba su teléfono en el aire para parecer más enfático. Se refería a una cadena de mensajes enviados durante dos años entre algunos padres locales (y por «padres» quiero decir madres) que cubría actividades escolares, reuniones de grupo y otras preocupaciones de la vida. Participaban unas quince familias del antiguo centro de preescolar de su hija.

Ninguna de las madres respondió a Pete. Yo no formaba parte de la cadena en cuestión, pero le pregunté qué opinaba. Me dijo: «Al menos en este barrio, las madres se encargan de la planificación, y los padres acuden si se trata de un asunto de padres. En última instancia, los padres participan, pero las madres llevan la voz cantante, se ocupan de la logística y se aseguran de que todo el mundo esté de acuerdo».

Esto no complació a Pete, contable con un hijo, que llevaba mucho tiempo pidiendo una mayor implicación de otros padres. «He mencionado la cadena de mensajes delante de ellos unas cuantas veces intencionadamente, normalmente usando el humor para ver cómo se lo tomaban. Y simplemente no tienen ningún interés en formar parte de ella».

Pete describe una motivación intrínseca para participar en las actividades de su hija. Lo que él y su mujer parecen tener en común con otras parejas con las que he hablado o sobre las que he leído es que no dividen y conquistan; simplemente prefieren no hacerlo. Pete dice: «Nuestro objetivo es hacer siempre las cosas juntos. La matrícula del colegio, sus visitas al médico. Hay algunas áreas en las que nos gusta dividir las cosas, para aliviar la carga. Pero cuando se trata de experimentar cosas como planear una fiesta de cumpleaños o apuntarse al fútbol, la idea del cincuenta/cincuenta me entristece. Entonces una persona se pierde la mitad de los acontecimientos. Para nosotros, en esas cosas, es mejor el compromiso total de ambas partes. Alguien puede tomar la iniciativa, por ejemplo, en la planificación de una fiesta, pero el otro se implicará igualmente. Habrá momentos en que nuestros horarios conlleven diferentes responsabilidades. En preescolar, Sherry se encargaba de dejar a los niños y yo de recogerlos. Yo no controlaba la rutina de la mañana. Pero este año, con la escuela primaria, me encargo de dejar a los niños. Así que he mejorado en el cuidado del cabello, la ropa, el desayuno. Antes me sentía completamente impotente con todo eso, pero fue una destreza aprendida. Una vez que te metes en una nueva rutina y aprendes un nuevo conjunto de habilidades, no existe el cuidado por defecto».

Matthew, un padre de las afueras de Detroit con dos hijos adolescentes, decidió trabajar más en el cuidado de los niños tras el nacimiento de su segundo bebé. Cuando terminó la baja por maternidad de su mujer, se tomó las doce semanas de permiso familiar no retribuido que garantiza la Ley de Baja Familiar y Médica. El tiempo libre le hizo replantearse su papel de cuidador secundario y, al volver al trabajo, pidió que le redujeran las horas. Matthew dice: «He pasado todo este tiempo con Isaac, y ha sido muy agradable, y mientras lo hacía, pensaba: no creo que pueda volver a trabajar de la misma forma». Su empresa le permitió reducir la jornada, pero Matthew recuerda que lo recibieron con recelo. «Incluso ahora, más de diez años después y con la mejora de mi empresa en cuanto a permisos de paternidad y cosas así, nadie hace eso. Ningún padre lo hace. En cuanto dije: "No trabajo a tiempo completo", me pusieron un asterisco junto al nombre, literalmente. Me señalaron como el tío que no está aquí todos los días, que no está subido del todo al tren corporativo. A partir de ese momento, no me promocionaron y me marginaron. Pero ni me importó entonces ni me importa ahora».

Matthew y su mujer habían vivido de forma más tradicional cuando nació su hijo mayor, pero fueron padres coprimarios desde que Isaac era un bebé. En mi investigación, descubrí que la coparentalidad igualitaria tendía a darse solo en tres condiciones, que a menudo se solapan: cuando había un compromiso explícitamente firme por parte de ambos miembros de la pareja de mantener la paridad; cuando los hombres disfrutaban realmente del tipo de contacto regular e íntimo que solo las madres suelen tener con sus hijos; y después de que los padres se hubieran tomado un permiso de paternidad considerable. Las investigaciones han revelado que los hombres que viven con hijos en países donde pueden disfrutar de un permiso parental retribuido siguen realizando 2,2 horas más de trabajo doméstico a la semana que los hombres que viven con hijos en países que no ofrecen ese tiempo, mucho después de que sus hijos sean mayores y ellos vuelvan a trabajar.[13]

Matthew dejó a un lado su ambición profesional para disfrutar de su familia y contempló plácidamente, aunque no sin cierta envidia, el despegue de la carrera de su esposa. Puede que él sea la excepción, no la regla. La evidencia anecdótica y el trabajo empírico sugieren que los hombres se han sentido amenazados durante mucho tiempo por las esposas con más éxito. En los años sesenta y setenta, los matrimonios en los que la mujer ganaba mucho representaban un mayor riesgo de divorcio, lo que se consideraba una prueba de la incomodidad de los hombres al verse superados.[14] Esta correlación desapareció en la década de 1990, pero para algunos hombres el éxito femenino sigue siendo un factor disuasorio.

Al estudiar los historiales matrimoniales y de convivencia de los nominados y ganadores del premio a la mejor actriz y al mejor actor entre 1936 y 2010, los investigadores de las escuelas de negocios Johns Hopkins y de la Universidad de Toronto determinaron que, tras la ceremonia de entrega, las ganadoras del premio a la mejor actriz seguían emparejadas la mitad de tiempo que las nominadas que no ganaban: 4,3 años frente a 9,5 años. Los ganadores del premio al mejor actor, por el contrario, mantuvieron su relación durante una media de doce años, igual que los actores nominados y perdedores. Los autores del estudio escriben: «La norma social de las relaciones matrimoniales es que los ingresos y la situación profesional del marido superen a los de la mujer. De acuerdo con esta norma, los hombres pueden

---

[13] Jennifer Hook, «Care in Context: Men's Unpaid Work in 20 Countries, 1965-2003», *American Sociological Review* 71 (agosto de 2006), pp. 639-60.

[14] Christine R. Schwartz y Pilar Gonalons-Pons, «Trends in Relative Earnings and Marital Dissolution: Are Wives Who Outearn Their Husbands Still More Likely to Divorce?», *RSF*: *Russell Sage Foundation Journal of the Social Sciences* 24, n.º 4 (2016), pp. 218-36.

rechazar a compañeras cuya inteligencia y cuya ambición superen las suyas. Violar esta norma puede causar malestar en ambos cónyuges y poner a prueba su matrimonio».[15]

Una mujer que consigue alcanzar un cargo político se encuentra en una situación similar. Una investigación realizada en Suecia ha descubierto que, para las candidatas, ganar unas elecciones a un cargo público duplica el riesgo básico de divorcio posterior, mientras que hacer campaña y luego perder no lo duplica. El hecho de que un candidato masculino gane o pierda unas elecciones no influye directamente en su futuro matrimonial. El mismo estudio sueco descubrió que las mujeres casadas que se convierten en consejeras delegadas tienen el doble de probabilidades de divorciarse en los tres años siguientes a este logro que los hombres que consiguen lo mismo.[16]

Mientras realizaban entrevistas para su libro de 2003 *Women Don't Ask*, la economista Lisa Babcock (véase más arriba la investigación sobre las mujeres y las tareas de poca categoría) y la periodista Sara Laschever escucharon repetidamente lo mismo de mujeres de éxito: es importante comportarse con deferencia y sin pretensiones.[17] Ganar un Óscar, unas elecciones o un puesto de liderazgo de alto nivel no tiene nada de deferente. Algunos indicadores de éxito son más difíciles de negar que otros. Un experimento realizado a principios de la década de los años ochenta en la Universidad de Columbia reforzó la idea de que los hombres que salen con mujeres prefieren a las compañeras con menos éxito (o, más concretamente, se sienten obligados a ocupar el lugar tradicional en el orden social del amor romántico). Los economistas conductuales reclutaron a estudiantes de posgrado para participar en un evento de citas rápidas con una docena de parejas potenciales.

---

[15] H. Colleen Stuart, Sue Moon y Tiziana Casciaro, «The Oscar Curse: Status Dynamics and Gender Differences in Marital Survival», *SSRN Electronic Journal* (enero de 2011). <https://papers.ssrn.com/sol3/papers.cfm?abstract_id=1749612>.

[16] Valentina Zarya, «Being Promoted May Double Women's Odds of Getting Divorced», *Fortune* (5 de marzo de 2018). <http://fortune.com/2018/03/05/promotion-women-divorce/>.

[17] Christopher Karpowitz y Tali Mendelberg, *The Silent Sex: Gender, Deliberation, and Institutions* (Princeton, NJ: Princeton University Press, 2014), p. 60.

Tras una serie de interacciones de cuatro minutos, se pidió a los participantes que valoraran, entre otras cualidades, su propia inteligencia y su ambición, así como las de las personas que habían conocido, en una escala del uno al diez. A continuación, los participantes debían decidir si querían tener una cita en condiciones con esa persona en el futuro. Por cada punto de inteligencia adicional que daban a su cita masculina, las mujeres tenían un 4,6 por ciento más de probabilidades de esperar volver a verle. En cambio, por cada punto de inteligencia que los hombres daban a las mujeres, solo tenían un 2,3 por ciento más de probabilidades de querer volver a verla. La respuesta de los hombres a la ambición femenina fue similar. A los hombres no les molestaban las mujeres ambiciosas, pero solo en la medida en que la puntuación de ella no fuera superior a la de él.[18]

Los investigadores concluyeron: «En promedio, los hombres no valoran la inteligencia o la ambición de las mujeres cuando superan la suya; además, es menos probable que un hombre seleccione a una mujer a la que percibe como más ambiciosa que él».

En el mundo real de las citas, los hombres, al igual que las mujeres, a veces se relacionan con personas un poco más inteligentes o un poco más ambiciosas que ellos. La ambición, como mínimo, es probable que fluctúe a lo largo de la vida. Las aspiraciones extrafamiliares de una mujer pueden verse interrumpidas durante el periodo en el que se encuentra en gran medida a cargo de sus hijos. Sería demasiado cínico sugerir que los hombres mantienen intencionadamente a las mujeres en su lugar evitando el trabajo familiar (y de oficina), pero hacerlo apoya sin duda su propia posición en la cima de la jerarquía de estatus. La socióloga Claire Kamp Dush me contó la historia de una ambiciosa amiga suya: «Mi amiga es bombera y estaba pensando en pedir un ascenso. Los bomberos le decían que debería quedarse en casa con sus hijos. Se sentía culpable. Yo le dije: "¡Ellos quieren ese ascenso! No son tus amigos". Utilizaban la culpa materna para intentar que no lo consiguiera».

[18] Raymond Fisman, Sheena S. Iyengar, Emir Kamenica y Itamar Simonson, «Gender Differences in Mate Selection: Evidence from a Speed Dating Experiment», *Quarterly Journal of Economics* 121, n.º 2 (mayo de 2006), pp. 673-97.

O como escribe Sharon Hays: «La ideología de la maternidad intensiva sirve a los hombres en el sentido de que el compromiso de las mujeres con esta tarea socialmente devaluada ayuda a mantener su posición subordinada en el conjunto de la sociedad».[19]

El efecto Pigmalión

En la década de 1960, el psicólogo Robert Rosenthal y la directora de escuela Lenore Jacobson se propusieron probar el «efecto experimentador» en aulas de niños de primaria. El efecto experimentador sugiere que las expectativas del experimentador pueden influir en los resultados del experimento. Como joven profesor, Rosenthal había demostrado el efecto experimentador con ratas. Engañó a un grupo de trabajadores de laboratorio diciéndoles que algunas ratas a su cargo habían sido criadas para ser excepcionalmente buenas corredoras de laberintos y que otras habían sido criadas para ser excepcionalmente malas. Las jaulas de las ratas estaban etiquetadas en consonancia. Después de que los experimentadores engañados entrenaran a las ratas para recorrer el laberinto, las ratas del grupo etiquetado como «laberinto brillante» actuaron con más velocidad y precisión que las ratas del grupo etiquetado como «laberinto aburrido». Las creencias de los investigadores sobre el potencial de las ratas influyeron en el éxito de los roedores.

Rosenthal imaginó que si las ratas eran vulnerables a las expectativas humanas, lo mismo podría ocurrir con los niños. Al comienzo de un curso académico en un colegio público de California, se realizaron pruebas de capacidad general a los alumnos de primero a sexto curso. El 20 por ciento de los alumnos de cada clase fueron seleccionados al azar para formar parte del grupo experimental; se dijo a sus profesores que eran los niños «con más probabilidades de progresar» a lo largo del curso. Al final del curso, se volvió a examinar a todos los niños y los del grupo experimental habían progresado notablemente más que los demás, para los que

[19] Sharon Hays, *The Cultural Contradictions of Motherhood* (New Haven: Yale University Press, 1996), p. 163.

las expectativas eran menos altas. Con el paso de los años, lo que se conoció como el efecto Pigmalión —llamado así por el mito griego sobre el escultor Pigmalión, cuyo deseo por la bella estatua de mujer que había esculpido hizo que esta cobrara vida— se descubrió que influía en todas partes, desde los hogares a los centros de formación militar, pasando por las empresas.[20] Dondequiera que las expectativas sociales o relacionales ejerzan influencia, sus nociones preconcebidas se vuelven poderosas. Las personas rinden mejor cuando se espera mucho de ellas y peor cuando no es así.

Al principio imaginé que George conseguiría el formulario médico de Liv. Pero también sabía que tendría que recordarle que lo hiciera. ¿Estoy contribuyendo a su mediocre actuación con el suave fanatismo de mis bajas expectativas? ¿Es el mundo? En Nueva Zelanda, algunos investigadores de los procesos de aprendizaje han filmado a profesores interactuando con alumnos como parte de un estudio denominado Proyecto de Expectativas de los Profesores.[21] Al verse a sí mismos en vídeo, los profesores comentaron que no tenían ni idea de lo mucho que comunicaban con señales no verbales: una ceja levantada, una expresión de aburrimiento, una mirada errante. Un proyecto similar de la Universidad de Virginia enseña a los profesores a ser conscientes de su lenguaje corporal para ayudarles a establecer relaciones más productivas con sus alumnos, y los estudiantes a los que han enseñado han mostrado un mejor rendimiento en los exámenes estandarizados.[22] A menudo siento temor cuando le pido a George que se encargue de algo. No confío en que se acuerde. Le comunico mis dudas.

Las normas de crianza son tan engorrosas porque lo que las sustenta es completamente circular. Cuando partimos de una presunción generalizada de capacidad masculina inferior, los hombres no consiguen dominar el laberinto. La profecía autocumplida

[20] Katherine Ellison, «Being Honest About the Pygmalion Effect», *Discover* (diciembre de 2015). <http://discovermagaz ine.com/2015/dec/14-great-expectations>.

[21] Christine M. Rubie-Davies, «Teacher Expectations and Student Self-Perceptions: Exploring Relationships» (Defensa de tesis doctoral, Universidad de Auckland, 2004).

[22] Katherine Ellison, «Being Honest About the Pygmalion Effect», *Discover* (diciembre de 2015). <http://discovermag azine.com/2015/dec/14-great-expectations>.

se repite una y otra vez. Créelo y así será. Gabe, el marido de Deanna, vive así la experiencia de su mujer: «Creo que existe la creencia de que si ella no va a hacerlo, entonces no se hará». Deanna lo confirma, pero subraya que su creencia se basa en experiencias pasadas. «Caímos en esta pauta fácil en la que él aprendió a no darse cuenta y yo aprendí a estar resentida con él», dice.

La teoría de la amenaza de los «estereotipos» no es muy diferente del efecto Pigmalión: los estereotipos sustituyen al papel del experimentador y contribuyen al resultado de una tarea. La amenaza del estereotipo es el miedo a «ser juzgado y maltratado en entornos en los que se aplica un estereotipo negativo sobre el propio grupo». Cuando se desencadena la ansiedad por el rendimiento, el miedo suele manifestarse en estereotipos que se confirman en la realidad.[23] La investigación sugiere que la conciencia de un estereotipo negativo sobre el propio grupo puede interferir en el rendimiento de los miembros de ese grupo siempre que se invoque el estereotipo. Por ejemplo, si distribuimos un examen de matemáticas en una clase llena de alumnos y alumnas con niveles de habilidad similares, obtendremos resultados parecidos. Si repartimos el mismo examen, pero lo introducimos con la frase «Este examen ha sido diseñado para determinar por qué algunas personas son mejores que otras en matemáticas», las puntuaciones de las mujeres caerán en picado. La noción de que a las mujeres se les dan mal las matemáticas se activa con la introducción, provocando en ellas una sensación de incertidumbre sobre su propia capacidad.[24] En experimentos similares, los hombres caucásicos obtienen peores resultados cuando se les dice que van a ser comparados con hombres asiáticos.[25] Un grupo de investigadores plantea la hipótesis de que el efecto del estereotipo es «asegurar que se identifica y suprime cualquier indicio que pueda confirmar el estereotipo. Irónicamente, esta mayor vigilancia y control secuestra el mismo procesador ejecutivo central (es decir, la memoria de

---

[23] Cordelia Fine, *Delusions of Gender* (Nueva York: W.W. Norton & Company, 2010), p. 30.

[24] Ibíd.

[25] Toni Schmader, «Stereotype Threat Deconstructed», *Current Directions in Psychological Science* 19, n.º 1 (marzo de 2010), pp. 14-18.

trabajo) necesario para sobresalir en tareas cognitivas complejas, produciendo el mismo resultado (un peor rendimiento) que intentan evitar».[26] La investigación sobre la amenaza de los estereotipos se ha llevado a cabo en múltiples ámbitos, desde el académico al atlético, pasando por el afectivo. Las expectativas creadas por los estereotipos influyen en los resultados. La investigación también ha descubierto que las personas se boicotean a sí mismas para reducir la aplicabilidad de un estereotipo negativo a su rendimiento. Es decir, no se esfuerzan tanto (por ejemplo, dejando de practicar una habilidad) para evitar que su autoestima se resienta. Cuando fracasan, pueden atribuir su fracaso a la falta de esfuerzo personal y no a una insuficiencia natural. La investigación sobre la amenaza de los estereotipos advierte de que los miembros de grupos con capacidades marginadas (en este caso, llamémosles padres) se ven obstaculizados por su propio conocimiento de cómo se les percibe popularmente. La amenaza ni siquiera tiene que ser explícita. Las mujeres que son especialmente buenas en matemáticas obtienen peores resultados en los exámenes de matemáticas cuando la proporción de hombres en la clase es alta.[27] Cuantos más hombres se presenten al examen en comparación con las mujeres, más intensa será la preocupación de la mujer sobre su pertenencia al grupo. La combinación de familiaridad con un estereotipo y pertenencia a un grupo estigmatizado perjudica el rendimiento. Incluso el sexo del experimentador puede desencadenar la amenaza del estereotipo, aumentando la ansiedad y agotando los recursos cognitivos.[28] Imagínate que eres padre en una clase de «Mamá y yo».[29] Imagínate esa clase como una metáfora de la vida paternal.

---

[26] Ibíd.

[27] Cordelia Fine, *Delusions of Gender* (Nueva York: W.W. Norton & Company, 2010), p. 35.

[28] Sabrina Solanki y Di Xu, «Looking Beyond Academic Performance: The Influence of Instructor Gender on Student Engagement and Atti- tudes in STEM Fields», *American Educational Research Journal* 55, nº. 4 (2018), pp. 801-35.

[29] *Mommy-and-me class* (clase de «mamá y yo») es un tipo de clase en la que participan tanto las madres como sus hijos de 0 a 3 años. Estas clases suelen tener lugar en un centro preescolar o de educación infantil, aunque algunas también se organizan en centros comunitarios locales. Están diseñadas para ayudar a aumentar

Toni Schmader, psicóloga social de la Universidad de la Columbia Británica, estudia la amenaza de los estereotipos. Le pregunté si creía que los estereotipos sobre los padres podían ser un obstáculo para que los hombres se convirtieran en los padres más eficaces e implicados que podrían llegar a ser. «Es una hipótesis sensata», dijo, antes de añadir más dubitativa: «Creo que todos tenemos nuestras áreas de ignorancia fingida que pueden ayudarnos a librarnos de ciertas cosas que en realidad no queremos hacer».

El Experimento de la Prisión de Stanford de 1971 es uno de los más conocidos de la historia de la psicología social. Veintiún voluntarios de un periódico de California aceptaron participar en un simulacro de cárcel en el que la mitad de ellos actuarían como presos y la otra mitad como guardias. Los guardias asistieron a una sesión de formación laboral, mientras que los presos fueron detenidos en sus domicilios y alojados en habitaciones que parecían celdas. Aunque el estudio debía durar dos semanas, se interrumpió prematuramente a los seis días, ya que los guardias se volvieron abusivos y los presos se derrumbaron.

Se creía que el estudio demostraba la banalidad del mal, la idea de que el poder institucional podía convertir a cualquier hombre en explotador e inhumano. Sin embargo, en el tiempo transcurrido desde el experimento carcelario, se han revisado las conclusiones extraídas del mismo. Parece que no es el mal lo que es tan banal, sino más bien nuestro deseo de satisfacer las expectativas de nuestro entorno social. Las llamadas características de la demanda del experimento carcelario influyeron en el comportamiento de los participantes.[30] Los guardias y los presos dedujeron el resultado esperado del estudio y actuaron en consecuencia, como hacen las personas cooperativas.

Las expectativas, los estereotipos y las características de la demanda flotan en el aire mientras nos adaptamos a la vida familiar. Pero quien avisa no es traidor. Toni Schmader ha escrito sobre la

---

las habilidades de socialización de los niños pequeños a través de actividades divertidas. (*N. de la T.*).

[30] Jared M. Bartels, «The Stanford Prison Experiment in Introductory Psychology Textbooks: A Content Analysis», *Psychology Learning & Teaching* 14, n.º 1 (2015), pp. 36-50.

posibilidad de eliminar la amenaza de los estereotipos: «Estas diferencias pueden reducirse, si no eliminarse, cambiando la naturaleza de estos entornos de rendimiento para fomentar opiniones más positivas del propio grupo o de las propias capacidades, o mediante una mayor transparencia de los efectos perniciosos que pueden tener los estereotipos. Al deconstruir la amenaza de los estereotipos, podemos difuminar el daño que pueden causar».[31] Lo que Schmader quiere decir es que el poder de la amenaza de los estereotipos reside en su invisibilidad. Podemos contrarrestarla de dos formas (no independientes): poniendo fin a las formas en que marginamos a los padres o arrojando luz sobre la falacia de los estereotipos.

Lise Vesterlund, de la investigación sobre mujeres y tareas poco gratificantes, sugiere una tercera vía: «Hemos pasado mucho tiempo pensando en el extremo superior del espectro: ¿cómo romper el techo de cristal, cómo ser firmes? Hemos pasado mucho menos tiempo pensando en este extremo del espectro. Cualquiera puede hacer estas tareas. En lugar de pedir voluntarios, deberíamos hacer turnos. Es una manera fácil. Ni siquiera es necesario reducir los sesgos de nadie. Basta con tomar conciencia de que tenemos un problema sistemático [...] y luego hacernos cargo». Aquí Vesterlund se hace eco de Elizabeth, la madre del norte de California que de los 20 a los 30 años estuvo considerando cuidadosamente la división del trabajo. Armados con el conocimiento sobre el problema sistemático, ella y su marido resolvieron estar al tanto de sus prejuicios. No tuvieron que reducir el sesgo de ninguno. En su lugar, elaboraron un documento Excel. Se encargaron de la logística.

La inmunidad al cambio

Los sesgos implícitos, los estereotipos y las características de la demanda son impedimentos para el progreso adquiridos socialmente. Lisa Lahey es profesora de la Harvard Graduate School of Education y cofundadora de Minds at Work, un grupo de consultoría

[31] Toni Schmader, «Stereotype Threat Deconstructed», *Current Directions in Psychological Science* 19, n.º 1 (marzo de 2010), pp. 14-18.

especializado en facilitar el cambio organizativo. En *Immunity to Change: How to Overcome It and Unlock the Potential in Yourself and Your Organization*, ella y su coautor Robert Kegan proponen que las motivaciones inconscientes más idiosincrásicas y personales también suelen impedir la transformación. Lahey y Kegan utilizan el sistema inmunitario del cuerpo como metáfora del intento automático de nuestra psique de luchar contra el cambio, esa amenaza percibida. Por ejemplo, un directivo que exprese explícitamente su deseo de ser más receptivo a las ideas de los demás puede alienar a los empleados con comentarios bruscos debido a un compromiso subyacente e inconsciente de salirse con la suya. Sin saberlo, el cambio que desea se convierte en el mismo virus que intenta evitar. En pleno conflicto, socava sus mejores intenciones con un comportamiento contraproducente que mantiene un sistema disfuncional pero familiar.[32]

El trabajo de Lahey se basa en conceptos de mi propio campo sobre objetivos conscientes frente a deseos desconocidos y prohibidos. Hablé con ella cuando estaba dándole vueltas al formulario médico de Liv y le pedí que me diera su opinión. «Es un buen ejemplo de un sistema que se ve reforzado por el hecho de que tú asumes la responsabilidad y actúas de un modo que no es eficaz», me dijo. «Y lo que ocurre es que sigues microgestionando, y él sigue sabiendo que puede contar contigo. La responsabilidad no recae en él. El cambio requiere que todos seamos mucho más explícitos sobre las causas del fracaso».

Lahey sugirió que expresara lo siguiente: «Si esto no sale adelante, es tu responsabilidad». Me preguntó: «¿Cuáles son las posibles consecuencias? Sería estupendo llevarlo a ese punto». Si hubiera dejado que la situación con el formulario siguiera su curso, Liv no habría podido empezar el campamento en su importantísima primera mañana. George habría tenido que quedarse en casa con ella, perturbando a nuestros dos hijos, renegando por sus compromisos profesionales y perdiendo un día de ingresos.

---

[32] Robert Kegan y Lisa Laskow Lahey, *Immunity to Change: How to Overcome It and Unlock the Potential in Yourself and Your Organization* (Boston: Harvard Business School Publishing, 2009).

Podría haberle expuesto esas consecuencias cuando le pedí el formulario. George estuvo de acuerdo en que eso le habría ayudado a recordar, y si bien también consideró que esa forma de hablarle era «irritante y conflictiva», ¿acaso no tenía yo derecho a sentirme así? Nuestra orientación social hacia la ira femenina complica aún más la situación. A falta de una mayor comodidad con nuestra propia ira humana, solo nos queda buscar un tibio consuelo en nuestros amigos.

Lahey preguntó: «¿Cuáles son las complejidades de cada uno de vosotros que deberían ser vistas y no ocultadas bajo la alfombra?». Era un tema que sin duda había considerado: nuestras respectivas inmunidades al cambio. En pocas palabras, George creció resentido por las quejas de su agobiada madre soltera; yo crecí con la sensación de que mis preocupaciones caían en saco roto. Las narrativas personales que tejemos en torno a la dinámica de crianza que hemos establecido se fusionan en viejas formas familiares. A él le molestan mis quejas y yo me siento siempre desoída.

Nuestra situación también estaba sobredeterminada, y no en menor medida, por nuestros géneros. Este mismo escenario, alimentado por un sinfín de historias vitales idiosincrásicas, se decanta con demasiada fiabilidad en una sola dirección. Si yo me hubiera criado en casa de George y él en la mía, nuestras respectivas posiciones en la familia adulta que habíamos construido difícilmente se habrían invertido. Estos puntos de fricción de género no se invierten casi nunca. Esto se debe a que el sistema inmunológico que invoca Lahey no solo se activa en respuesta a la historia personal, sino también en respuesta al mundo social en general. Así lo reconoce ella misma: «Hay distintos niveles de análisis. Los hombres sienten que necesitan una esposa que esté al mando en casa. Las mujeres no se sienten con derecho a pedir más y entonces no lo piden a conciencia».

Al igual que el jefe que, sin darse cuenta, desalienta la colaboración mutua, los hombres que dicen querer ser padres igualitarios tienen otras motivaciones menos conscientes. No aprovechan lo que Lowell llamó «la cosa que te hace dar un paso adelante motivado y hacer algo cuando no te lo piden». Temen, como dice George Yancy, «la "pérdida" de su propio "derecho" como hombre». Sus sistemas inmunológicos trabajan para mantener su privilegio patriarcal sin obligarlos a reconocer el hecho de que lo tienen de entrada.

En *Couples, Gender and Power*, Carmen Knudson-Martin y Anne Rankin Mahoney afirman sin rodeos: «El comportamiento discriminatorio se mantiene en parte por el poder latente e invisible que corresponde a los hombres en una sociedad basada en una jerarquía de género. Esto es difícil de identificar y abordar».[33]

Un nuevo paradigma de masculinidad

Vivimos en una época de masculinidad asediada, y hemos visto que se cobra un peaje rancio. Los estereotipos masculinos son rígidos y cambian con lentitud. Confieren estatus y poder, pero tienen un reverso oscuro. La virilidad, una vez ungida, también debe ser defendida. Los dominantes necesitan a alguien a quien someter. Vivir de otra manera puede aislarte. Derek, de 29 años, padre amo de casa en Carolina del Norte, se ha sentido avergonzado por su elección de ser el padre principal de sus hijos pequeños. «Cuando dije por primera vez que me quedaba en casa, mi padre me dijo: "Me alegro mucho de que puedas hacerlo", pero sé que después se puso a hablar de ello con su mujer. Mi hermano es cuatro años menor que yo. Tuvo un hijo hace un año. Cree que el que gana el pan solo gana el pan y que al volver a casa no debe hacer nada más. Cree que me estoy rebajando al quedarme en casa con los niños. Me dijo: "Al menos yo puedo cuidar de mi familia". Ha afectado a nuestra relación. No nos hablamos. Mi mujer y yo nos hemos mudado hace poco y no siento la necesidad de hacer amigos. No es por vergüenza, pero siempre tengo la sensación de que los demás me juzgan. Esa es la cuestión. No quiero ser juzgado, ni siquiera por otro padre que se queda en casa».

---

[33] Anne Rankin-Mahoney y Carmen Knudson-Martin, «Beyond Gender: The Process of Relationship Equality», en *Couples, Gender and Power*, eds. Carmen Knudson-Martin y Anne Rankin-Mahoney (Nueva York: Springer Publishing Company, 2009), p. 73.

Se ha dicho que la labor del feminismo queda incompleta en parte por prestar poca atención al avance de una masculinidad más igualitaria. Una solución podría consistir en animar a los hombres a abrazar plenamente la identidad de papá. En su investigación, la psicóloga social de la Universidad de Colorado en Boulder Bernadette Park y sus colegas han descubierto que las actitudes cínicas que llueven sobre los hombres como categoría no se extienden a los padres. Cuando se les pidió que asociaran adjetivos a los dos grupos, los participantes caracterizaron negativamente a los «hombres» pero favorablemente a los «padres», tan favorablemente como a las «mujeres», que, a su vez, están mejor consideradas como «madres».

Park sugiere que el papel social de padre podría aprovecharse para cambiar los estereotipos de género de los hombres. Escribe: «Una definición menos rígida de la hombría y la masculinidad probablemente permitiría una mayor flexibilidad en la forma de "ser un hombre", un resultado deseable no solo para los hombres, sino como un medio para disminuir las demarcaciones rígidas entre los géneros en general».[34] En Suecia, donde noventa días de permiso parental retribuido se asignan específicamente a los padres, que deben utilizarlos o perderlos, los *latté pappas*, también conocidos por el acrónimo DILF, son alabados por su pavoneo sexi y masculino con cochecito.[35] Desde 1995, año en que la política gubernamental alentó por primera vez a los padres a acogerse al permiso parental, las tasas de divorcio y separación también han descendido en ese país, en un momento en que han aumentado en gran medida en otros lugares.[36]

Park me dijo: «Ha habido un aumento bastante reciente de las conversaciones sobre los hombres en este país, la noción de que

---

[34] Bernadette Park y Sarah Banchefsky, «Leveraging the Social Role of Dad to Change Gender Stereotypes of Men», *Personality and Social Psychology Bulletin* 44, n.º 9 (septiembre de 2018), pp. 1.380-94.

[35] Andrea Doucet, «Can Parenting Be Equal? Rethinking Equality and Gender Differences in Parenting», en *What Is Parenthood?*, eds. Linda C. McClain y Daniel Cere (Nueva York: New York University Press, 2013), pp. 251-75.

[36] Katrin Benhold, «In Sweden, Men Can Have It All», *The New York Times* (9 de junio de 2010). <https://www.nytimes.com/2010/06/10/world/europe/10iht-sweden.html?action=click&contentCollection=Europe&module=Related Coverage&region=EndOfArticle&pgtype=article>.

los hombres blancos en particular se sienten privados de derechos y no ven un papel para sí mismos. No tienen el viejo papel tradicional de ser el único proveedor, el cabeza de familia. La idea es que los hombres, debido a todos estos problemas que vemos (problemas de salud, tasas de graduación más bajas, niveles más altos de abuso de drogas y encarcelamiento) han perdido su sentido de identidad y, en cierto modo, están tratando de encontrar un lugar en el mundo». Park propone combatir la llamada masculinidad tóxica concediendo a los hombres un acceso mayor y más profundo a la paternidad. «En pruebas de asociación implícita, los padres están más relacionados con el mundo profesional que con el de la paternidad, lo cual es una locura, dado que un padre también es padre, pero es un resabio del prototipo de los años cincuenta de lo que debe ser y hacer un padre». Algunas pruebas sugieren que las asociaciones implícitas como las que menciona Park no cambian tan lentamente como cabría suponer. Un estudio sobre estudiantes universitarias de una universidad exclusivamente femenina reveló que las alumnas tardaban en asociar la palabra *mujer* con términos de liderazgo. La situación cambió al cabo de un año en el mismo centro.[37]

Park afirma: «Ha habido cambios tanto en el comportamiento como en los estereotipos sobre los padres y su implicación, pero no ha habido un cambio tan fuerte en la conexión con los hombres en general. Existe este grupo llamado *padres*, y ellos hacen esto, pero, desde el punto de vista de la percepción social, los hombres como grupo siguen estando menos estrechamente conectados con la paternidad en la mente de la gente. [...] Cuando la hombría se ve amenazada, la agresión tiende a ser la respuesta. Pero si se pudiera responder a una amenaza a la hombría invocando el papel social de la paternidad, eso podría reparar la amenaza y mejorar la respuesta agresiva. La paternidad puede ser una parte importante de tu identidad. Te permite sentirte realizado y con un propósito y pensar en formas constructivas y positivas de influir en el mundo».

---

[37] Nilanjana Dasgupta y Shaki Asgari, «Seeing Is Believing: Exposure to Counterstereotypic Women Leaders and Its Effect on the Malleability of Automatic Gender Stereotyping», *Journal of Experimental Social Psychology* 40, n.º 5 (2004), pp. 642-58.

Sam, de 32 años, es un padre amo de casa en Nueva York. Dejó su trabajo hace un año para cuidar de sus hijas pequeñas después de que su niñera renunciara y él y su mujer se dieran cuenta de que podían salir adelante solo con el sueldo de ella. «Me criaron mujeres, mi abuela y mi madre. Estoy muy agradecido por ello. Fueron mi padre y mi madre. Si hubiera tenido un padre machista, creo que no tendría esta actitud de estar en casa. Sentiría que no soy un hombre. Tengo una visión más redondeada de las cosas gracias a la influencia femenina. Para mí, personalmente, eso es lo más importante que me permite hacer esto». Sin un hombre en el hogar de su infancia que le alejara sutilmente de sus propios rasgos femeninos, Sam nunca experimentó vergüenza por su impulso de cuidar de los demás, impulso que su imaginado padre machista podría haber ridiculizado.

Michael Kimmel, director del Centro para el Estudio de los Hombres y las Masculinidades de la Universidad Stony Brook de Nueva York, es partidario de ayudar a los hombres a abrazar sus impulsos femeninos, cambiando su enfoque de ser «hombres de verdad» a ser «buenos». En una clase sobre agresiones sexuales impartida en 2017 en West Point, pidió a los cadetes que definieran a cada uno de ellos. Los hombres de verdad, le dijeron, son duros, fuertes, «nunca muestran debilidad, ganan a toda costa, se aguantan, juegan de forma brusca, son competitivos, se hacen ricos, tienen relaciones sexuales».[38] Un buen hombre, en cambio, se define por el sacrificio.

«Honor, deber, integridad, hacer lo correcto, defender al más pequeño, ser un proveedor, ser un protector». Kimmel dijo después: «No estaba allí para decirles que sus comportamientos eran tóxicos. Estaba allí para decirles que ya están experimentando un conflicto interno entre sus propios valores y esta actuación homosocial. Así que mi trabajo cambió. También trabajo mucho para que los hombres apoyen la igualdad de género en las empresas. Así que mi trabajo ha consistido en encontrar cuáles son los puntos de entrada para los hombres en esta conversación sobre la igualdad de género. Uno de ellos resulta ser la paternidad implicada».

---

[38] Michael Kimmel y Lisa Wade, «Ask a Feminist: Michael Kimmel and Lisa Wade Discuss Toxic Masculinity», *Signs*. <http://signsjournal.org/kimmel-wade-toxic-masculinity/>.

Kimmel, autor de libros sobre masculinidad, es un conferenciante popular precisamente porque las inquebrantables exigencias de la actuación masculina son difíciles de dejar de lado. Patrick Coleman es editor de Fatherly, un sitio web para padres. A sus cuarenta y pocos años, también es padre de dos niños pequeños. «No creo que los hombres pasen alegremente sus días en familia sin entender que hay una división desigual del trabajo. Muchos sí lo reconocen. Me considero un hombre progresista, pero incluso cuando mi mujer trabajaba a tiempo completo, había una división desigual del trabajo en casa. Está muy arraigado. No pretendo decir que los hombres sean víctimas —es evidente que tienen poder de decisión; si fuéramos más conscientes, podríamos superarlo—, pero muchos hombres siguen interiorizando esta idea de la masculinidad. Está en nuestra cara todos los días. Se supone que somos un fuerte pilar de autoridad, pero ¿qué pasa si lavo los platos o cocino? Ya no tendré esta autoridad en mi hogar. Creo que eso puede resultar muy frustrante para los hombres. Ese carácter autoritario, fuerte, independiente y tranquilo se ha interiorizado tanto que, incluso si un hombre quiere ser progresista y quiere hacer estas cosas, hay un miedo que nos bloquea».

En 1970, el abogado, sacerdote y activista por los derechos civiles Pauli Murray dijo: «Los hombres se han convertido en esclavos tanto de su dependencia como de su dominio. Pagan un alto precio en forma de vidas más cortas, bajas militares, hogares rotos y la angustia de unos padres cuyos hijos se alejan de ellos. Muchos hombres se ven incapaces de estar a la altura de las expectativas de masculinidad que los hombres han definido para sí mismos, y muchos se sienten contrariados al comprobar que las mujeres ya no están dispuestas a aceptar el papel de feminidad que los hombres han definido para las mujeres».

Y no retrocederemos. Las mujeres, dijo Kimmel en una entrevista con la revista feminista *Signs*, «no van a tener un momento Ann Coulter en el que digan: "Oh, sabes qué, tienen razón.[39] Dejemos de

---

[39] Ann Coulter (Connecticut, 1961), abogada, escritora y columnista conservadora estadounidense. Es contraria al matrimonio entre personas del mismo sexo, aboga por políticas migratorias como las de Israel con la Franja de Gaza en la frontera mexicana,

votar, dejemos de formar parte de jurados, dejemos de trabajar, dejemos de conducir coches, dejemos de tener orgasmos". Quiero decir, eso no va a suceder. El apaño está hecho. La elección de los hombres es: ¿vamos a ser arrastrados pataleando y gritando hacia ese futuro, o vamos a decir: "Muy bien, este es el trato, vamos a comprobarlo, puede que incluso nos convenga"? Y no creo que sea malo decirlo».

Las recompensas de vivir al margen de los guiones culturales no son desdeñables. A pesar de sus inseguridades, Derek encuentra satisfacción en el tiempo que pasa con sus hijos. Matthew, que se tomó el permiso según la Ley de Baja Familiar y Médica y luego redujo su jornada laboral, dice: «Cuando nació nuestra hija mayor y yo seguía trabajando a jornada completa, mi mujer estaba de baja maternal e iba a todos esos grupos de madres. Pasó mucho tiempo con Leah y conoció un nuevo ambiente social que le encantó. Esas mujeres siguen siendo sus mejores amigas. No es que yo quisiera pasar el rato en la cafetería con un grupo de mamás, pero ella estaba en ese otro mundo del que yo no formaba parte. No me sentía bien. Después de un tiempo, no quería saber nada al respecto. Estaba celoso, sobre todo con la primera niña. Solo quería jugar con ella durante todo el día y, en cambio, llegaba a casa a las siete y conseguía verla durante cuarenta y cinco minutos antes de que se durmiera. Después de que naciera Isaac, reduje mi jornada laboral y al final fue fatal para mi carrera, pero, durante esos años, cada viernes iba al parque con mi hijo, y cuando estaba en primaria podía recogerle tres días a la semana».

Mientras los guiones culturales permanezcan en gran medida intactos, las pruebas sugieren que incluso el padre moderno e implicado seguirá teniendo menos probabilidades que su pareja femenina de considerar su transición a la paternidad como un acontecimiento vital importante. La antropóloga Sarah Hrdy señala que, en los países industrializados, prácticamente la mitad de los niños pierden el contacto con sus padres poco después de que estos se divorcien, y en un plazo de diez años esa cifra se dispara a dos tercios.[40]

---

por deportar a extranjeros condenados y otras políticas supremacistas y antiizquierdistas que la han llevado a ser censurada incluso en su propio país. (*N. de la T.*).

[40] Sarah Blaffer Hrdy, *Mothers and Others,* (Cambridge: Harvard University Press, 2011), p. 150.

El relativo fracaso a la hora de considerar la paternidad como un importante desarrollo vital pone de relieve todo tipo de desgracias. La educación puede ofrecer una solución. En los años sesenta surgieron las clases de preparto, cuyo objetivo era enseñar a las mujeres y a sus parejas a gestionar el parto con una intervención médica mínima. Hospitales y obstetras se movilizaron en torno a estas clases. En el año 2000, según la organización sin ánimo de lucro Childbirth Connection, el 70 por ciento de las madres primerizas que daban a luz en hospitales habían participado en una clase de preparto, la mayoría de las veces junto a sus parejas. Sin embargo, lo que hay que hacer una vez finalizado el parto es algo que los padres tienen que resolver por su cuenta.

La socióloga Anne Rankin Mahoney y la psicóloga Carmen Knudson-Martin han propuesto que la educación formal de los padres podría ayudar a las parejas a lograr una mayor paridad. El plan de estudios que proponen incluye hacer hincapié en el hecho de que la crianza de los hijos es un talento neutro desde el punto de vista del género, reforzar la necesidad de que las parejas hablen de sus planes para compartir responsabilidades y ayudarles a desarrollar formas de mantener la colaboración.[41]

La investigación de los psicólogos Carolyn y Philip Cowan, marido y mujer, señala los beneficios potenciales de una intervención de este tipo. En una serie de estudios que culminaron en el Proyecto de Apoyo a la Participación del Padre, los Cowan han demostrado que las parejas que asistieron durante cuatro meses a grupos semanales sobre los posibles retos de la vida familiar mostraron aumentos significativos tanto en la participación del padre como en la satisfacción de la relación.[42] Entre las familias en situación de riesgo remitidas por el sistema de bienestar infantil, la

---

[41] Randi S. Cowdery, Carmen Knudson- Martin y Anne Rankin Mahoney, «Mothering: Innate Talent or Conscious Collaboration?», en *Couples, Gender, and Power*, eds. Carmen Knudson-Martin y Anne Rankin Mahoney (Nueva York: Springer Publishing Company, 2009), p. 137.

[42] «Supporting Father Involvement: An Evidence Based Program», Supporting Father Involvement Program. [Consultado el 30 de octubre de 2018]. <http://supportingfatherinvolvementsfi.com/supporting-father-involvement-an-evidence-based-program/>.

asistencia a estos grupos también redujo el consumo de alcohol, los conflictos y la violencia de pareja, así como los comportamientos problemáticos de los hermanos mayores.

El Instituto Gottman de Seattle imparte el taller Bringing Baby Home, que también ha dado resultados prometedores. Ofrece una educación familiar prenatal no sexista. Esto sigue siendo poco frecuente. Los libros de crianza más populares continúan insistiendo en el papel especial y exclusivo de la madre. El taller, que como las clases de preparto suele impartirse en formato de curso de dos días, prepara a los futuros padres para la tensión de la relación, ofrece manuales sobre desarrollo infantil y habilidades de interacción y subraya la importancia de la participación del padre en la vida familiar en condiciones de igualdad. En 2018, los Gottman habían formado a más de dos mil educadores de todo el mundo para impartir Bringing Baby Home.[43] En un estudio de seguimiento realizado con padres primerizos, los padres que habían asistido al taller obtuvieron mejores resultados en cuanto al apego entre el bebé y el padre, se mostraron más satisfechos con sus arreglos domésticos, demostraron una mejor coparentalidad en un estudio de juego, se mostraron más receptivos a las señales de su bebé, eran menos propensos a mostrar signos de depresión y ansiedad, informaron de una calidad de relación más estable y sus bebés respondieron más positivamente a sus caricias. (Las madres del estudio también obtuvieron beneficios). Los hombres que participaron en estas clases, y que por tanto se vieron expuestos a vías alternativas al privilegio patriarcal, vieron los frutos de una paternidad reimaginada.[44]

Michael Kimmel dice: «Quiero vender el feminismo a los hombres. Porque una mayor igualdad de género, que abarque una gama más completa de rasgos, actitudes y comportamientos, no puede sino ser buena tanto para los hombres como para las mujeres. Las mujeres nos han dicho en los últimos cincuenta años: "Esto es realmente bueno, esto funciona realmente bien. Mira, ¿no

---

43 Hannah Eaton, correo electrónico a la autora (27 de julio de 2018).

44 Alyson F. Shapiro y John M. Gottman, «Effects on Marriage of a Psycho-Communicative-Educational Inter- vention with Couples Undergoing the Transition to Parenthood, Evaluation at 1-Year Post Intervention», *The Journal of Family Communication* 5, n.º 1 (2005), pp. 1-24.

somos increíbles? ¿No somos más interesantes ahora?". Así que ahora son los hombres quienes tienen que ser seres humanos completos. Me habéis preguntado qué podemos ofrecer, cómo se puede vender esto. Lo vendemos diciendo: "Te has aislado de la mitad de la experiencia humana al abrazar esta noción tradicional de masculinidad, que calificamos de tóxica. Tendrías una vida mejor si abrazaras la totalidad de la experiencia"».

¿Estás siendo injusto con tu mujer?

Un estudio de 2014 de la Universidad George Washington reveló que cuando los hombres hablan con mujeres interrumpen un 33 por ciento más que cuando hablan con otros hombres. Ese mismo año, la lingüista y directora ejecutiva del sector tecnológico Kieran Snyder empezó a catalogar las interrupciones de las que a menudo era testigo en reuniones mixtas. En quince horas de conversación a lo largo de cuatro semanas, descubrió que los hombres interrumpían más que las mujeres en general, y que también era casi tres veces más probable que interrumpieran a mujeres que a otros hombres.[45] Cuando las mujeres interrumpen, también es mucho más probable que interrumpan a mujeres. El 87 por ciento de las interrupciones femeninas se produjeron cuando estaba hablando otra mujer.[46] El estatus relativo inferior de las mujeres se ve reforzado de forma apabullante. Casi parece igualdad. No fue hasta que sus hijas fueron prácticamente adultas cuando Barack Obama dijo: «Ahora puedo mirar atrás y ver que, aunque ayudé, normalmente fue en mi horario y bajo mis condiciones. La carga recaía desproporcionada e injustamente en Michelle».[47]

---

[45] Adrienne Hancock y Benjamin Rubin, «Influence of Communication Partner's Gender on Language», *Journal of Language and Social Psychology* 34, n.º 1 (diciembre de 2014), pp. 46-64.

[46] Kieran Snyder, «How to Get Ahead as a Woman in Tech: Interrupt Men», *Slate* (23 de julio de 2014). <https://slate.com/human-interest/2014/07/study-men-interrupt-women-more-in-tech-workplaces-but-high-ranking-women-learn-to-interrupt.html>.

[47] Irin Carmon, «What Women Really Think of Men», *The New York Times* (9 de diciembre de 2016). <https://www.nytimes.com/2016/12/09/opinion/sunday/what-women-really-think-of-men.html/>.

Porque ¿cómo podría saberlo un hombre implicado en esto? Si un árbol cae en el bosque y esto se da por hecho, ¿a quién le importa que haga ruido? Los hombres utilizan lo que se ha llamado poder oculto para resistir. El poder oculto no es el poder manifiesto: decirle a una mujer lo que tiene que hacer. Tampoco es poder encubierto: ignorar a propósito algo que hace infeliz a tu mujer para mantener tu cómoda posición. Más bien, el poder oculto existe bajo la superficie, en ideologías que dan ventajas a una persona sobre otra, por ejemplo el derecho a interrumpir o a dormir hasta tarde el fin de semana. Ethan, padre de dos hijos en Brooklyn, me dijo: «Supongamos que los dos tenemos que ir a trabajar y los niños se ponen enfermos. Lamento decir esto: no le dedico ni un segundo a pensar que mi trabajo es lo primero. Es un derecho que siento». Él y su mujer no discuten. Con el poder oculto a sus espaldas, Ethan se viste y sale por la puerta.

A principios de la década de los años ochenta, el psicólogo clínico Joshua Coleman, residente en San Francisco, era padre de tres niños pequeños y colaboraba como redactor en una revista para padres de múltiples hijos. En este último puesto, recibía muchos correos de mujeres que se quejaban de la resistencia de sus maridos al trabajo familiar. Al oír quejas similares de su propia esposa y de las parejas que veía en terapia matrimonial, decidió escribir un libro que tituló *The Lazy Husband: How to Get Men to Do More Parenting and Housework*. En el libro, publicado en 2005, Coleman sugiere estrategias que las mujeres pueden adoptar para mitigar el letargo de sus maridos. Le pregunté, basándome en su experiencia personal y clínica, qué facilita que los hombres sean tan perezosos. Me contestó: «Yo, como cualquier hombre, nunca me definiría como perezoso. Creo que eso es lo que las mujeres piensan de nosotros. No nos consideramos perezosos. Cuando criaba a mis hijos, ganaba más dinero. Tenía la arrogancia propia de los hombres que ganan más dinero. Podía comprar mi falta de compromiso. Ese tipo de cosas. También creo que, como muchos hombres, me siento menos culpable por ser más egocéntrico. Tengo un mayor sentimiento de derecho a cuidar de mí mismo. Las mujeres tienen una identidad más colaborativa, y por eso son más fáciles de manipular en ese sentido, es más fácil aprovecharse de ellas. Las mujeres también son más sensibles a los sentimientos, al mundo interno del niño, que los hombres, yo incluido, aunque sea un padre muy implicado. No me fijo en las cosas, pero no es porque no las vea. No creo que valga la pena prestar atención a esas cosas. Un cierto porcentaje de la implicación paterna que hizo mi mujer yo lo podría considerar valioso pero innecesario. Hubo muchas ocasiones en las que, si hubiera podido elegir ese nivel de implicación frente a algo más egoísta, probablemente habría elegido hacer lo más egoísta».

Llamé a Coleman porque sabía que había reflexionado mucho sobre la coparentalidad y esperaba que estuviera dispuesto a hablar libremente. Y así fue. La resistencia de los hombres sería un abyecto fracaso si hubiera más hombres que hablaran como él lo hizo (para ser claros, él no estaba aprobando su propio comportamiento). Imagina que el padre de tus hijos te dijera estas cosas, directamente y en voz alta: «Es fácil aprovecharse de las mujeres; tus esfuerzos son, en última instancia, innecesarios; las necesidades de nuestra familia no merecen mi atención y elegiré lo más egoísta. Los padres insinúan todo esto con su resistencia todo el tiempo. Eres fácil de manipular. Estas cosas no merecen mi atención. Elegiré lo más egoísta».

En *Love's Executioner*, su libro de ensayos de 1989 sobre su trabajo clínico, el psicólogo Irvin Yalom incluye un fragmento sobre el tratamiento de pareja que se me ha quedado grabado. Un hombre llamado Marvin acude solo a terapia marital porque su mujer, Phyllis, ha desarrollado agorafobia y rara vez sale de casa. Después de muchas sesiones, Yalom intuye que la dependencia no expresada de Marvin hacia su esposa está sirviendo para aprisionarla virtualmente. La agorafobia (su síntoma) no es solo de ella, sino de ellos. Yalom instruye a Marvin para que pase las próximas semanas repitiendo lo siguiente a su esposa cada dos horas: «Phyllis, por favor, no salgas de casa.[48] Necesito saber que estás ahí en todo momento para cuidarme». Phyllis se libera de la indignación y la falta de cooperación solo cuando se articula de forma clara y regular la

[48] Irvin D. Yalom, *Love's Executioner & Other Tales of Psychotherapy* (Nueva York: Basic Books, 1989), pp. 267-68.

demanda implícita que Marvin le ha hecho durante tanto tiempo. Su agorafobia se ha curado.

El éxito de la resistencia masculina ha requerido necesariamente que los hombres razonables opaquen las demandas irrazonables. Su derecho flota en el aire, omnipresente e indiscernible. En respuesta, las mujeres se vuelven como la esposa agorafóbica que consiente peticiones gratuitas, directivas claramente formuladas y nunca del todo cumplidas.

VII

¿Qué queremos conseguir?

La búsqueda del poder femenino

A lo largo de la historia, la actividad científica, como casi todas las actividades salvo la crianza de los hijos, ha estado dominada por hombres. Los prejuicios esencialistas de género se reflejan en su trabajo. La ciencia evolutiva no está exenta de esos prejuicios, así que históricamente ha determinado que la promiscuidad masculina tiene ventajas evolutivas (léase: predisposición innata), contrariamente a la femenina. Según la teoría masculina, los machos de todas las especies evolucionaron hacia una sexualidad indiscriminada porque les confería una ventaja reproductiva. Cuantas más hembras insemines con tu inagotable suministro de esperma, más hijos puedes engendrar, realizando así tu propósito evolutivo. Pregúntale a cualquiera.

Se suponía que los machos de varias especies eran promiscuos, mientras que las hembras, cuyo éxito reproductivo estaba limitado por el número finito de óvulos que podían producir o de retoños que podían gestar, eran siempre hurañas. No se solía cuestionar el dogma en torno a las hembras selectivas y los machos oportunistas, ni siquiera cuando las pruebas en la naturaleza lo contradecían. Llegó a sustentar la doble moral sexual (a la vez que se servía de ella para seguir desarrollándose) y su expectativa de que el varón ejerciera el poder de las prerrogativas masculinas.

A finales de los años cuarenta, un experimento del genetista inglés Angus John Bateman apoyó las ideas esencialistas de género. Observó moscas de la fruta en cautividad y contó sus parejas y sus crías. Llegó a la conclusión de que cuanta más variedad de parejas tenían los machos (pero no las hembras) mayor era el éxito reproductivo de los mismos, lo que para él era una prueba del imperativo evolutivo de la voracidad masculina. Su experimento fue elogiado, convirtiéndose en la base para trabajos posteriores que postularon que el sexo que soporta la mayor parte de los costes de la reproducción (en todos los mamíferos son las hembras) sería objeto de competencia y el sexo de mayor inversión, o el que hacía todo el trabajo. Los machos son hedonistas y competitivos. Las hembras son tímidas y selectivas.

En la década de los años noventa, la hipótesis de Bateman se convirtió en el principio de Bateman, que, como escribió posteriormente la distinguida profesora de Biología Patricia Gowaty, apoyaba la idea de que «no hay beneficios físicos para la hembra por aparearse con más de un macho». Algunas primatólogas observaron evidencias de lo contrario en el campo (evidencias que sus colegas varones no veían), pero, durante décadas, las perspectivas que ponían el organismo femenino en el foco de la selección sexual fueron ampliamente menospreciadas y descartadas. Era como si la selección sexual, o la variación dentro del género que surge de la competencia intrasexual, solo pudiera tener lugar entre machos. Gowaty escribe: «Sospecho que los esquemas de género típicos han ocultado los estudios visionarios en antropología y biología evolutiva acerca del entusiasmo femenino por el apareamiento y el apareamiento múltiple.[1] Además, las implicaciones del apareamiento femenino múltiple se suelen pasar por alto, ignorando el imperativo de estudiar los potenciales beneficios físicos para las hembras que copulan con varias parejas, y no solo los costes».

Los esquemas de género típicos tienen el poder de oscurecer muchas cosas. El experimento seminal de Bateman resultó ser erróneo. Gowaty explica que dominar las matemáticas de tercer grado era todo lo que se requería para entender que sus cálculos eran incorrectos. Había exagerado el número de hijos de los padres, entre

[1] Patricia Adair Gowaty, «Biological Essentialism, Gender, True Belief, Confirmation Biases, and Skepticism», en *APA Handbook of the Psychology of Women: History, Theory, and Battlegrounds* (Washington, DC: American Psychological Association, 2018), pp. 145-64.

otros errores más complejos. El experimento no podía ser replicado. Fue la teoría de la tenacidad (la creencia persistente en una teoría a pesar de todas las pruebas de lo contrario) lo que garantizó a los principios de Bateman su longevidad. Sus conclusiones tenían tal sentido intuitivo para tantos hombres de ciencia que pocos se molestaron en examinar de cerca los datos. Esto nos recuerda la obstinación en torno a la primacía materna y la irrelevancia paterna, así como la tenacidad de esa teoría.

En la actualidad, y dependiendo de condiciones externas, las hembras pueden ser hedonistas y competitivas, y los machos pueden ser tímidos y selectivos. Quizá tú hayas sido ambas cosas. Los hombres de ciencia intentaron explicar sus propias experiencias vividas a través de la biología, y sus teorías no siempre fueron alteradas con hechos desconocidos. «Agradezco no ser mujer», ha dicho George en más de una ocasión, en un intento de ser empático con alguna cuestión; creo que lo dijo cuando yo estaba embarazada, aunque a mí me encantara estar embarazada. Imaginaos que George fuera el único científico. Para todos los efectos y propósitos, lo ha sido.

Aristóteles consideraba que la naturaleza femenina adolecía de una deficiencia natural, mientras que Darwin sostenía que las mujeres eran intelectualmente inferiores, y Freud que lo que más deseaban era tener sus propios falos. En este sentido, una perspectiva tradicionalmente masculina de la reproducción considera que tener hijos es solo un coste y no un beneficio. Si nuestro único propósito como animales es procrear, propulsando nuestros genes hacia la siguiente generación, la gestación interna es a su vez una ventaja evolutiva otorgada a las mujeres. Controlamos los medios de producción.

Gowaty me ofrece esta opinión sobre los costes reproductivos: «Si sacudimos un poco los "saberes", es fácil ver que la gestación y la lactancia no son solo grandes "costes" reproductivos, sino que, al mismo tiempo, otorgan a las madres el control, tanto fisiológico como epigénetico, de la descendencia, lo que puede tener grandes beneficios para un sexo de progenitores, en este caso para las madres, en comparación con los padres. La observación de los patrones de cuidado parental en los mamíferos sugiere que ha habido una selección extremadamente fuerte entre las hembras para controlar muchos resultados reproductivos, incluyendo la calidad de sus hijos a través de la duración de la gestación, que puede variar, y también de la lactancia, por no mencionar probablemente otros aspectos de los cuidados. Estoy harta de los típicos escenarios evolucionistas que se refieren a los "costes diferenciales de la reproducción" sin ninguna caracterización de los "beneficios diferenciales de la reproducción" para los sexos. Las madres tienen mucho más poder e influencia que los padres porque las madres gestan, amamantan y se encargan de la educación de sus hijos».

Especifica que se siente como una traidora de la causa feminista cuando añade: «¿Cómo veo la distribución de los cuidados de los niños en las familias modernas? ¡Las madres siguen ganando! Sí, también trabajan muy muy duro para hacerlo todo. Si tuviéramos otras metáforas para hablar sobre el tiempo invertido por madres y padres, ¿veríamos esta típica distribución del cuidado de los niños entre los progenitores como algo que todos queremos igualar? En otras palabras, ¿por qué nos estamos peleando realmente, y quién gana y quién pierde si las cosas cambian?».

La crítica cultural Jacqueline Rose cree que es precisamente el hecho de que los hombres no puedan tolerar conocer de verdad el desorden visceral de la maternidad y la complejidad emocional que requiere lo que les hace seguir afirmando su escaso privilegio en la escurridiza forma en que lo hacen. Citando el libro *Of Woman Born*, de Adrienne Rich, Rose subraya que el miedo de los hombres a la dependencia (a reconocer su propia vulnerabilidad humana) contribuye a que no se esfuercen por aliviar la carga de las madres.

Rose dice: «Los hombres no pueden superar el hecho de que nacieron de una mujer. Hay algo en ese hecho irreductible, [...] en esa irreductible procedencia física, [...] que es imposible de aceptar para el hombre. Y creo que esto desempeña un papel importante en el fracaso de las mujeres, una y otra vez, a la hora de lograr que los problemas de la maternidad sean reconocidos como algo social e institucionalmente organizados. Y, por ello, debería abordarse y reorganizarse para mejor».[2] Tanto en la vida pública

[2] Jacqueline Rose, «Mothers: An Essay on Love and Cruelty», entrevistada por Tracy Morgan, New Books en *Psychoanalysis, New Books Network*, audio 10:50 min.

como en la vida privada los hombres se niegan a apreciar plenamente las arraigadas complejidades de la maternidad, y luego a trabajar para aliviarlas.

¿Será por esto que las parejas lesbianas tienen menos problemas? Algunos estudios han descubierto que las madres biológicas de parejas lesbianas, mujeres cuyas compañeras también podrían dar a luz una criatura, afirman su poder en la relación implicándose en el trabajo doméstico (y no aplazándolo). En un mundo en el que las dinámicas de poder convencionales han disminuido, las mujeres enamoradas definen su rol sobre una hoja prácticamente en blanco.

Mignon Moore, socióloga de Barnard College, ha estudiado familias reconstituidas de lesbianas negras de clase trabajadora. A diferencia de otras lesbianas con mayores ingresos, que son el centro de la mayoría de estudios sobre las familias homosexuales, Moore descubrió que sus sujetos ponían menos énfasis en establecer objetivos de cuidados igualitarios —un acto que en sí mismo es una reacción al marco típico patriarcal— y un mayor énfasis en el sustento que aportan ambos miembros de la pareja. Y por último, el poder de decisión solía asignarse al miembro de la pareja que asumía más responsabilidad en la esfera doméstica.[3] Moore me dice: «Una cosa que quisiera que consideraran las parejas heterosexuales es que el poder en una relación matrimonial puede encontrarse fuera de los bienes económicos o de quién perciba mayor salario. En ausencia de las diferencias entre sexos que nos dicen cómo valorar los diferentes aspectos de las relaciones, podemos observar cómo la división del trabajo puede explorarse de formas alternativas. La habilidad de tener la última palabra sobre ciertas decisiones del hogar es un tipo de poder que se puede pasar por alto en otras circunstancias».

Mientras que los sujetos del estudio de Moore solían compartir el rol de proveedor, las madres biológicas asumían significativamente

---

<https://newbooksnetwork.com/jacqueline-rose-mothers-an-essay-on-love-and-cruelty-farrar-straus-and-giroux-2018/>.

[3] Mignon R. Moore, «Gendered Power Relations Among Women: A Study of Household Decision Making in Black, Lesbian Stepfamilies», *American Sociological Review* 73, n.º 2 (2008), pp. 335-56.

más labores domésticas. Esto, sin embargo, no se entendía únicamente como un coste. Más bien, la responsabilidad de las tareas se utilizaba como compensación por una mayor autoridad sobre el hogar en general. Moore observa: «A diferencia de los hogares de matrimonios heterosexuales, donde los maridos delegan las decisiones familiares en sus esposas, las madres biológicas en relaciones lesbianas quieren tomar el control de esta actividad; no son sus parejas las que se lo asignan». Además, la investigación ha demostrado que, mientras los hombres de parejas heterosexuales con dos ingresos subestiman el número de horas que sus esposas dedican al cuidado de la familia, las lesbianas que participaron en la investigación de Moore sobrestimaron lo mismo. Moore especula que apreciar el esfuerzo de la pareja en el cuidado de la familia, en lugar de sentirse con derecho a ello, respalda esta sobrestimación.

Gowaty y Moore nos explican que el paradigma puede invertirse. El trabajo de Gowaty destaca las ventajas biológicas de la maternidad, un papel decretado por el sexo, pero definido por el patriarcado. Por eso enmarcamos el debate sobre la reproducción como si fuera únicamente un coste. «Agradezco no ser mujer», podrán decir todos los hombres. Para aquellas de nosotras cuyas vidas románticas están también delineadas por el patriarcado, solo tiene sentido que lo que suceda sea visto bajo el lente sepia. El punto de partida de Moore es una opción. Con el poder (o la impotencia) de género fuera de la discusión, uno se convierte en progenitor principal no por defecto, sino por diseño. Entonces se hace más evidente que ese rol es también un beneficio. Para que se convierta en una elección, debe quedar totalmente libre de la influencia de género: una preferencia que cualquiera de los miembros de la pareja puede adoptar.[4]

[4] Harry Brighouse y Erik Olin Wright, «Strong Gender Egalitarianism», en *The Real Utopias Project: GenderEquality, Transforming Family Divisions of Labor* (Brooklyn: Verso, 2009), p. 86.

Racismo sexual interiorizado

El filósofo político Harry Brighouse y el sociólogo Erik Olin Wright escribieron acerca de lo que consideran las escasas perspectivas para el futuro del cuidado igualitario. Afirman que el apoyo social inadecuado a los cuidadores, junto con los sesgos de género en el trabajo, conducen a la desigualdad de ingresos entre hombres y mujeres, y que la desigualdad de ingresos refuerza las normas sociales. Las normas refuerzan los estereotipos, que a su vez refuerzan las normas. Y acabamos en un callejón sin salida en el que «es más probable que las mujeres se vean obligadas a ceder en el juego de la gallina del reparto de las responsabilidades familiares».

Gretchen, de Baltimore, juega así al juego de la gallina: «Una noche hice lo que mi marido me hace a menudo. Le dije que no estaría en casa por la mañana y que tendría que preparar a los niños y llevarlos a los distintos colegios, incluido el de preescolar de nuestra hija, que no abre hasta las nueve, lo que haría que llegara tarde al trabajo, como me sucede a mí a diario. Me miró como si estuviera loca. Exhaló ruidosamente. No dijo nada. Por supuesto, me sentí culpable. Cogí el teléfono y conseguí que dejara a nuestra hija pequeña en la casa de una amiga».

No me molesté en hacer más preguntas. Yo también soy una mujer que vive con un hombre. ¿Qué más podría decir? Gretchen imaginó la presión a la que se enfrentaba su marido y actuó para ahorrarle esa molestia, que ella sin embargo gestiona con regularidad. Este juego de la gallina se resuelve en una única dirección. Lo juego todo el tiempo, para al final desviarme siempre de mi camino y aliviar a mi marido de alguna molestia mundana que los progenitores —y me refiero a las madres— enfrentan a diario. He reforzado repetidamente mi comportamiento: es algo que solo yo debería tener que gestionar hasta el final. Representar el privilegio masculino no es una tarea exclusivamente masculina.

La filósofa de Cornell Kate Manne se refiere a este juego de la gallina como *himpathy*, la excesiva e inapropiada comprensión hacia un hombre en detrimento de la mujer. En su libro *Down Girl: The Logic of Misogyny* recurre a la orden canina «¡Abajo!», enfatizando que no solo controla al perro, sino que también lo calma. En 2018,

Manne le dijo a *Jezebel:* «La misoginia puede tener muchas maneras distintas de poner a las mujeres en su lugar, de castigarlas o de amenazarlas por subvertir o violar las normas y expectativas patriarcales.[5] Pero el significado secundario y lúdico de *down girl* ("abajo, chica") apunta a la dificultad de desprenderse de los movimientos interiorizados de *down girl* que hacemos automáticamente u obedeciendo esas indicaciones sociales y poniéndonos a cuatro patas. Incluso para un perro de carácter fuerte o muy luchador —en mi caso, un corgi que disfruta mucho de la vida—, la ansiedad de la libertad pura significa a veces que en realidad es muy agradable tener una orden que obedecer. Si está ansiosa, pedirle que toque tu mano con el hocico o que se acueste es algo que alivia su ansiedad. Quería señalar la manera en que puede ser aterrador para las mujeres renunciar a algunas de esas formas de obediencia patriarcal. Puede dejarnos con la sensación de estar desprovistas de sentido y requiere creatividad llenar un vacío que a menudo se cubre con un "buen comportamiento"». ¿Cómo podríamos Gretchen y yo emplear nuestro tiempo si no lo organizáramos en torno a las necesidades de nuestros maridos y nuestros hijos?

Durante mi crianza, las cenas de las festividades eran preparadas y servidas por mujeres. Mi tía abuela cocinaba y también ponía la mesa. Los hombres se sentaban expectantes, con las servilletas de tela sobre las rodillas, mientras la tía Margaret, mi abuela y mi madre salían de la cocina, como en un número de danza coreografiado, con tazones de caldo de pollo. Una vez acabada la comida, pero antes de servir los postres, las mujeres se levantaban para limpiar la mesa. Se esperaba que yo participara de este *buen comportamiento*, pero nunca estuve segura de si se debía a una cuestión de género o de edad. Sin un hermano o un primo varón local, podía preguntármelo, pero nunca lo sabría.

Sin embargo, me daba cuenta de lo que la edad adulta confería a las mujeres, y comprendía que era una posición inferior. Los hombres se sentaban expectantes, las servilletas de tela sobre las

---

[5] Stassa Edwards, «Philosopher Kate Manne on "Himpathy", Donald Trump, and Rethinking the Logic of Misogyny», *Jezebel* (2 de agosto de 2018). <https://jezebel.com/philosopher-kate-manne-on-himpathy-donald-trump-and-r-1822639677>.

rodillas y la comida servida, como si fueran reyes. Desde ese sentimiento de empatía había que ahorrarles a los hombres la molestia. A mi madre le gusta decir que el judaísmo es una religión feminista porque las mujeres son veneradas por su lugar especial en la familia. Una es honrada por traer la sopa a la mesa. Pero la oración matutina de los hombres judíos dice: «Bendito eres, Tú, ¡oh!, Señor, nuestro Dios, Rey del Universo, por no haber nacido mujer». El Corán y el Nuevo Testamento expresan un sentimiento similar.

¿El género femenino es una carga o una ventaja? Si las mujeres son tan veneradas, ¿por qué se pide a los hombres que den las gracias cada mañana por no haber nacido mujer? ¿Y por qué permiten que sus hijas escuchen sus rezos?

En su libro *An Unconventional Family*, la psicóloga Sandra Bem, ya fallecida, comparte un sermón que ella y su marido Daryl empezaron a pronunciar a finales de los años sesenta en un intento por dar a conocer lo que ellos llamaban racismo sexual (el término *sexismo* aún no se había acuñado). En 1998, Bem escribió: «En la actualidad, muchas personas llegan a la conclusión de que la ideología expresada en pasajes religiosos es una reliquia del pasado. No es así. Simplemente se ha oscurecido con una pátina de igualdad, y esa misma ideología es ahora inconsciente».

Las actitudes igualitarias siguen siendo comunes, pero el inconsciente es la fuerza motriz. Para medir esto, los psicólogos utilizan un test de asociación implícita. Estas pruebas informatizadas piden a los participantes que clasifiquen rápidamente palabras o imágenes en grupos. La velocidad relativa con la que realizan los ejercicios muestra si sus asociaciones son automáticas o construidas. En 2010, Bernadette Park, psicóloga de la Universidad de Colorado en Boulder, y sus colegas utilizaron ejercicios de asociación para medir si las madres, en comparación con los padres, se asocian más fácilmente con las fiambreras y los cochecitos de bebé que con los maletines y los ordenadores portátiles. Habréis adivinado que así es. Cuanto más fuertes eran estas asociaciones inconscientes entre las madres y el cuidado, y entre los padres y el sustento, más probable era que los participantes dijeran que las madres deben resolver los conflictos de conciliación familiar y que los padres deben hacer justo lo contrario. Park y sus colegas escriben:

«Los resultados diferenciales de los géneros, tanto en la esfera del trabajo como en la de la familia, pueden deberse en parte a asociaciones culturales bien aprendidas que emparejan a las mujeres con el cuidado de los hijos y a los hombres con el mundo laboral. Aunque las normas sociales apoyan explícitamente la importancia de la igualdad entre los géneros, los mensajes aprendidos a través de las representaciones de los medios de comunicación, así como a través de observaciones directas, transmiten sutilmente que la visión "natural" del trabajo se ajusta a los estereotipos de género. Los conceptos de madre y progenitora se tienen más en cuenta de manera simultánea que el de madre y profesional, mientras que ocurre exactamente lo opuesto en el caso de los padres».[6]

Cuando Laura, la empresaria neoyorquina que a menudo se siente madre soltera, conoció a la familia del hombre con el que se casaría, recuerda: «Vi a sus padres interactuar y me preocupé. Él es de una familia cien por cien italiana, en la que se sirve al hombre en todo momento, física y emocionalmente. Cada comida es lo que ellos quieren. Una vez que vi aquello, le dije: "Para que lo sepas, no te serviré". Él se puso muy a la defensiva. Dijo: "Mi padre es un buen hombre". Tomó lo que le dije como una crítica a su padre».

En la casa de mi tía abuela, llena de alfombras, abalorios y otras reliquias del pasado, habría sido una clara violación de las reglas implícitas si yo me hubiera quedado sentada tras la comida. Habría sido útil para criticar a los hombres. Ojalá hubiera sido una chica a la que se le ocurriera hacer eso. ¿Acaso no merecían mi abuelo y mi tío abuelo (así como también el futuro suegro de Laura) un poco de crítica?

Aprecio tanto la perspectiva de Gowaty como la de Moore. Claramente, hay otras maneras de verlo. Hay una pizca de poder en todo control, incluso en el que no hemos buscado. Pero también está la perspectiva de la filósofa francesa del siglo XX Simone de Beauvoir, cuyos pensamientos reflejan la forma en que yo entendía de niña lo que significaba ser mujer. Las mujeres son el segundo

---

[6] Bernadette Park, J. Allegra Smith y Joshua Correll, «The Persistence of Implicit Behavioral Associations for Moms and Dads», *Journal of Experimental Social Psychology* 46 (2010), pp. 809-15.

sexo. Como escribe Jennifer Hockenberry Dragseth en *Thinking Woman*: «Los hombres son considerados el observador humano normal, el sujeto típico. En cambio, a las mujeres se les enseña desde pequeñas que son divergentes, atípicas. No son humanas; son mujeres. Por eso, las mujeres están acostumbradas a considerarse como *lo otro*».[7] Lo extraño de este escenario, según De Beauvoir, no es que los hombres cosifiquen a las mujeres de esta manera. Es que las mujeres participan también en ello.[8]

Tess tenía 4 años cuando la maestra de preescolar empezó a introducir el dinero en el plan de estudios de matemáticas y Tess comenzó a guardar las monedas que George dejaba sobre el escritorio al final del día. Con pilas de monedas de un penique, cinco, diez y veinticinco centavos alineadas ante ella, me preguntó: «Mamá, ¿quién es ese?». Le dije que eran Abraham Lincoln, Franklin Roosevelt, George Washington. ¿A cuántas comidas festivas tiene que asistir mi hija y cuántas monedas tiene que introducir en su hucha en forma de cerdito antes de comprender su posición inferior en el mundo?

En 2018, un hombre que no conocía publicó en Twitter una conversación con su joven hija. Hablaban sobre estatuas y ella le preguntó para qué servían. «Para dar reconocimiento a las personas que hicieron cosas importantes», respondió él. «Entonces las chicas no hacemos cosas importantes», dijo ella con cierta convicción. Porque, por supuesto, todas aquellas estatuas eran de hombres. El Instituto Smithsoniano informa que de las 5.193 estatuas públicas de personajes históricos de los Estados Unidos, solo 394, o menos del 8 por ciento, son de mujeres.[9] En la ciudad de Nueva York, el 3 por ciento, o cinco de ciento cincuenta. Y en Central Park, el parque urbano más visitado de los Estados Unidos, hay veintitrés estatuas históricas de hombres, mientras que las únicas

---

[7] Jennifer Hockenberry Dragseth, *Thinking Woman: A Philosophical Approach to the Quandary of Gender* (Eugene, OR: Cascade Books, 2015), p. 88.

[8] Ibíd., p. 86.

[9] Elana Lyn Gross, «The Five Female Historical Statues in New York City Are Decorated for International Women's Day», *Forbes* (8 de marzo de 2018). <https://www.forbes.com/sites/elanagross/2018/03/08/the-five-female-historical-statues-in-new-york-city-are-decorated-for-international-womens-day/#116866077c26>.

representaciones femeninas se muestran en forma de ángel, de Alicia en el país de las maravillas y de Mamá Oca.[10] Las mujeres, como ha señalado la socióloga Gaye Tuchman, también se «aniquilan simbólicamente» en los medios de comunicación,[11] donde el análisis de las noticias descubrió que los hombres son citados tres veces más que las mujeres, sin importar el género del periodista que firmaba el reportaje.[12]

Más mujeres con agencia, más hombres con agencia

Los sociólogos han seguido la evolución de los estereotipos de género a lo largo de las décadas. En los últimos treinta años, la forma en que las mujeres se describen a sí mismas se ha vuelto menos estereotipada. Es más probable que las mujeres informen que se sientan con más agencia. La agencia es un rasgo convencionalmente masculino que engloba competencia, asertividad e independencia. Lo que no ha cambiado en las mujeres es su percepción de la comunidad. La idea de comunión es un rasgo convencionalmente femenino definido por la expresividad, la calidez y la preocupación por el bienestar de los demás. Las mujeres de hoy en día se sienten con más agencia, pero no menos comunitarias que sus hermanas de los años setenta. Del mismo modo, los hombres contemporáneos manifiestan un mayor sentido de agencia (aunque con un incremento menos pronunciado que las mujeres) que en el pasado, sin cambios en la comunidad, de la que nunca se preocuparon mucho desde el principio.

---

[10] Andy Battaglia, «New York City Launches "She Built NYC" Commission for Public Art on Women's History», *Art News* (20 de junio de 2018). <http://www.artnews.com/2018/06/20/new-york-city-launches-built-nyc-commission-public-art-womens-history/>.

[11] Gaye Tuchman, «The Symbolic Annihilation of Women by the Mass Media», en *Culture and Politics*, ed. por Lane Crothers y Charles Lockhart (Nueva York: Palgrave Macmillan, 2000), pp. 150-74.

[12] Ed Yong, «I Spent Two Years Trying to Fix the Gender Imbalance in My Stories», *The Atlantic* (6 de febrero de 2018). <https://www.theatlantic.com/science/archive/2018/02/i-spent-two-years-trying-to-fix-the-gender-imbalance-in-my-stories/552404/>.

Como vemos reflejado tanto en el trabajo como en el hogar, las mujeres se han vuelto más parecidas a los hombres, los hombres se han vuelto más parecidos a los hombres, los hombres no se han vuelto más parecidos a las mujeres y las mujeres no se han vuelto menos parecidas a las mujeres.[13] «Por supuesto, me sentí culpable», me dijo Gretchen, preocupada por el bienestar de los demás; una preocupación que su marido, como mínimo, no manifiesta del mismo modo. «Una noche hice lo que mi marido me hace a menudo».

¿Qué es lo que ha impedido que, a medida que las mujeres adquirían más agencia, los hombres abrazaran rasgos más comunitarios o que, en resumidas cuentas, se parecieran más a las mujeres? Pocos han mostrado interés en resolver esa X. En un artículo de 2015, la psicóloga social Toni Schmader y sus colegas señalaron que, si bien muchas investigaciones se han dedicado a comprender y mitigar «las barreras psicológicas que bloquean el interés, el rendimiento y el avance de las mujeres en los roles más agenciales y de dominio masculino (por ejemplo, ciencia, tecnología, ingeniería y matemáticas), no se ha examinado en la misma medida la infrarrepresentación de los hombres en las funciones comunitarias (por ejemplo, las carreras dentro del ámbito de la salud, la educación infantil y los trabajos domésticos, incluido el cuidado de los niños)».[14] Así son los prejuicios de la ciencia: se debe animar a las mujeres a parecerse más a los hombres.

La idea no carece de lógica. La agencia se asocia con una autoestima más sana. O, mejor dicho, la autoestima tiende a ser más alta en las personas que dicen sentirse fuertes, independientes y seguras de sí mismas. Por otro lado, tener sentido de comunidad se asocia con una autoestima más baja, es decir, la autoestima tiende a ser menor en las personas que se perciben a sí mismas como cálidas, expresivas y sumisas.

---

[13] Elizabeth L. Haines, Kay Deaux y Nicole Lofaro, «The Times They Are a-Changing… or Are They Not? A Comparison of Gender Stereotypes, 1983-2014», *Psychology of Women Quarterly* 40, n.º 3 (2016), pp. 353-63.

[14] Alyssa Croft, Toni Schmader y Katharina Block, «An Underexamined Inequality: Cultural and Psychological Barriers to Men's Engagement with Communal Roles», *Personality and Social Psychology Review* 19, n.º 4 (2015), pp. 343-70.

En todas las etapas de la vida, la autoestima de los hombres es ligeramente superior a la de las mujeres, una diferencia que alcanza su punto álgido durante la escuela secundaria y disminuye a partir de entonces, pero nunca desaparece por completo.[15] Tampoco se trata necesariamente de una autoestima realista, como decimos en mi campo. Las estudiantes de Princeton, por ejemplo, tienen más posibilidades de graduarse con matrícula de honor, pero sus compañeros varones califican su propia «autoestima intelectual en comparación con la media de su edad» como mayor que la de las mujeres.[16] Esto no puede disociarse del valor que asignamos a la agencia y al sentido de comunidad, rasgos que no tienen por qué estar en desacuerdo.

Puede haber comprensión en la agencia y poder en lo comunitario, como lo atestiguan los éxitos de las asociaciones Madres contra la conducción bajo los efectos del alcohol o Madres que exigen acción contra la violencia armada, por nombrar un par de ellas. Recordemos el espíritu decimonónico del Día de la Madre, que honraba la actividad política transformadora de las madres fuera del hogar, el trabajo de las mujeres como organizadoras de la comunidad.[17] En 1914, el Congreso hizo «oficial» la festividad, reduciendo la conciencia comunitaria de la importancia de la acción social de las madres a una celebración miope de su devoción familiar.

Como han observado las sociólogas de Stanford Cecilia Ridgeway y Shelley Correll: «Lo interesante del sistema de género de la sociedad occidental no es que nunca cambie, sino que se sostenga redefiniendo continuamente quiénes son y qué hacen los hombres y las mujeres, preservando al mismo tiempo el supuesto fundamental de que, independientemente de cuáles sean las diferencias, los hombres son, en conjunto, legítimamente más poderosos».[18] A

---

[15] Lise Eliot, *Pink Brain, Blue Brain: How Small Differences Grow into Troublesome Gaps—and What We Can Do About It* (Nueva York: Mariner Books, 2010), p. 258.

[16] Christopher Karpowitz y Tali Mendelberg, *The Silent Sex: Gender, Deliberation, and Institutions* (Princeton, NJ: Princeton University Press, 2014), p. 54.

[17] Stephanie Coontz, *The Way We Never Were* (Nueva York: Basic Books; Revised, Updated edition, 2016), p. 200.

[18] Cecilia L. Ridgeway y Shelley J. Correll, «Unpacking the Gender System: A Theoretical Perspective on Gender Beliefs and Social Relations», *Gender & Society* 18, n.º 4 (agosto de 2004), pp. 510-31.

medida que las mujeres sobrepasan a los hombres en muchos indicadores tradicionales de éxito, como la educación, el empleo y los ingresos, la maternidad puede ser la última frontera en esa lucha de poder. Las mujeres nunca serán tan poderosas como los hombres mientras sus esfuerzos y sus comodidades estén más limitados que los de los hombres en el hogar.

En 2018, la brecha salarial de género en las universidades británicas se situaba en una media del 15 por ciento. Pese a que la población estudiantil femenina en Gran Bretaña ronda el 56 por ciento y su personal académico femenino el 40 por ciento, apenas una cuarta parte de los profesores titulares son mujeres. En Wonkhe, un sitio web dedicado a la política de enseñanza superior, Bruce MacFarlane, catedrático de Educación de la Universidad de Bristol, escribió que atribuye esta «grave fuga en la tubería» a las responsabilidades que las académicas suelen asumir en mucha mayor medida que sus homólogos masculinos. Señala que las mujeres están sobrerrepresentadas en el ámbito de las «tareas domésticas académicas». El asesoramiento, las tutorías y el trabajo de coordinación hacen que las comunidades universitarias sean prósperas, pero esas actividades comunes no son las que conducen al ascenso. El trabajo empírico ha demostrado que las mujeres tardan más tiempo en convertirse en catedráticas y profesoras asociadas. En cambio, los hombres dedican su tiempo a la investigación y la escritura, que impulsan sus carreras.

Las mujeres contribuyen más a la comunidad universitaria, pero con cierto coste en cuanto a tener mayor poder e influencia. MacFarlane sugiere que las mujeres pueden resolver por sí solas el problema de la titularidad resistiéndose a la presión de implicarse tanto en trabajos académicos de ciudadanía; ya sabéis, tienen que ser más asertivas.[19] No reconoce que cualquier trabajo que elijan las mujeres tiende a ser marginado, o que las mujeres a menudo son penalizadas en entornos profesionales por no adoptar comportamientos altruistas. Tampoco intenta persuadir a los

---

[19] Bruce MacFarlane, «Women Professors, Pay, Promotion, and Academic Housekeeping», *wonkhe.com* (4 de junio de 2018). <https://wonkhe.com/blogs/women-professors-pay-promotion-and-academic-housekeeping/>.

hombres para que se esfuercen más en las funciones comunitarias, que suelen evitar. Estos son los sesgos de las profesiones: hay que animar a las mujeres para que se parezcan más a los hombres.

Toni Schmader tiene otra idea: hacer que los hombres se parezcan más a las mujeres. Con su trabajo, ofrece una forma de comprender y combatir la reticencia de los hombres a asumir el sentido de comunidad. Señala que algunas barreras son externas, por ejemplo en términos de costes financieros. El trabajo comunitario se paga menos (o nada, si se trata de cuidar a los propios hijos). Otras barreras son internas e invocan amenazas a la identidad masculina. Las investigaciones revelan que «los hombres que se ausentan del trabajo por motivos familiares son percibidos de forma menos positiva [...] y ganan menos dinero a lo largo de su carrera». Haced como las mujeres, asumid las consecuencias que ellas asumen.

Citando el éxito del acrónimo «CTIM» (para las disciplinas académicas de ciencia, tecnología, ingeniería y matemáticas) en la captación de un mayor apoyo de la opinión pública para que las chicas de dediquen a las ciencias, Schmader sugiere hacer que «HEED» forme parte de nuestra lengua vernácula: atención sanitaria, educación primaria y esfera doméstica.[20] Schmader me menciona que el problema que encontró es que «la gente considera que las carreras científicas y tecnológicas tienen más valor para la sociedad que las del ámbito educativo o sanitario. Los hombres, más que las mujeres, consideran que las carreras HEED tienen menos valor social. Esta diferencia de género se explica en parte por el menor apoyo de los hombres a los valores comunitarios centrados en el cuidado de los demás. Dado que las carreras HEED no se consideran de gran valor para la sociedad, y que los hombres no están intrínsecamente interesados en ellas, parece haber menos mercado para fomentar un mayor equilibrio de género en los empleos y las funciones orientadas a los cuidados». Ahí radica el problema de nuestros prejuicios: los hombres no ganan nada pareciéndose más a las mujeres.

---

[20] «HEED», acrónimo que en inglés corresponde a *health care, elementary education and the domestic sphere*. (*N.* de la *T.*).

El problema del sexismo benevolente

Las mujeres cuidan más de sus padres. Las hijas adultas con padres ancianos son más propensas que los hijos adultos a ayudar en las actividades de la vida diaria, como bañarse, vestirse y alimentarse. Los hijos varones son más propensos a realizar las llamadas tareas instrumentales, como hacer la compra o trabajar en el jardín. La investigación concluye que aunque tanto hombres como mujeres participan del cuidado de los ancianos, las mujeres son más propensas a realizar tareas que son físicamente agotadoras y que interrumpen su vida cotidiana, mientras que la asistencia y la participación de los hombres son más periódicas, circunscritas y flexibles.[21] Cuando se trata de dejar a un lado sus prioridades personales, ya sea por sus hijos o por sus padres, las mujeres son el sexo generoso.

Disponer de una mirada que tiene en cuenta lo comunitario es algo positivo. Nos halaga la invocación de nuestra calidez. No habrá ningún movimiento en contra, ningún #MeToo por rechazar la presunción de munificencia. A diferencia del sexismo hostil, que inspira protestas, el sexismo benevolente gana la aceptación generalizada, inhibiendo la acción colectiva para el cambio social. De hecho, aunque las mujeres rechazan el sexismo hostil más que los hombres, son igual de propensas a respaldar el sexismo inocuo. Como ha dicho la jueza del Tribunal Supremo Ruth Bader Ginsburg: «Muy pocas de nosotras estamos dispuestas a renunciar a nuestro lugar en el pedestal, aunque sea una jaula». Sonreímos cuando elogian nuestra generosidad, aunque terminemos hechas un desastre.

El sexismo benevolente, «una expresión afectuosa o caballeresca de la dominación masculina», promueve la creencia de que las mujeres tienen una brújula moral superior, pero requiere también cuidar y proteger a los hombres, ya que existen para satisfacer sus necesidades. Detrás de cada hombre exitoso hay una mujer. Sigue

---

[21] Margaret B. Neal y Leslie B. Hammer, «Working Couples Caring for Children and Aging Parents», *Journal of Marriage and Family* 70, n.º 2 (mayo de 2008), pp. 565-66.

la línea y obtendrás tu recompensa. No te llames feminista, al menos no delante de los oídos masculinos. Como ha señalado la periodista Rebecca Traister: «Cada vez que las mujeres hacen algo sin estar al servicio de los demás, son rápidamente percibidas como perversas».[22]

Actuad perversamente y afrontad las consecuencias. Las mujeres encontramos recordatorios diarios de que nuestro trabajo es hacer que los hombres se sientan bien. «Sonríe», dicen los desconocidos en la calle.

Todo empieza cuando somos pequeñas. Subiendo a un avión detrás de Tess, que entonces tenía 5 años, vi como un hombre mayor sentado en primera clase le sonreía cuando avanzábamos por el pasillo. Ella probablemente frunció el ceño, como suele hacer con los extraños que la miran. «¡¿Por qué me miran?!», suele preguntarme con los dientes apretados. Sin desanimarse, el hombre procedió a darle un golpecito en el hombro mientras la exhortaba: «¡Sonríe!». Tess no obedeció. Automáticamente, y para mi propio horror, me vi a mí misma disculpándome con el hombre por la negativa de mi hija a obedecer sus instrucciones. La socialización es muy profunda. Rápidamente recuperé mi cordura y le dije a Tess que no tenía por qué sonreír a nadie y que lamentaba no haber frenado a ese hombre.

Recientemente, un servicio de listados que utilizo para mi consulta (un servicio que pago) me llamó para pedirme que participara en una entrevista de diez minutos para ayudarles a mejorar su producto. Dije que no. Sin desanimarse, el joven vendedor insistió desde el otro lado del teléfono. Volví a negarme y expresé mi irritación por la llamada, ya que en el pasado habían intentado convencerme de que vendiera su servicio a mis amigos. Expresar mi impaciencia era innecesario. Podría haber colgado. Pero su respuesta fue mordaz. «No hace falta que seas tan antipática», me dijo… ¡A mí!, una cliente que paga. Colgué sintiéndome culpable. Debería haber sido más amable. Porque, evidentemente, ser amable es mi trabajo. ¿Habría respondido a George de la misma

---

[22] Rebecca Traister, *All the Single Ladies: Unmarried Women and the Rise of an Independent Nation* (Nueva York: Simon & Schuster, 2016), p. 132.

manera? No puedo saberlo. Al menos a cierto nivel, ese joven debió de sentirse merecedor de mi conformidad o mi amabilidad, y se enfadó cuando no se la di. ¡Sonríe!

Las mujeres que descuidan las normas, que no se comportan como deben hacerlo, son castigadas. La investigación en psicología aplicada, tanto en el laboratorio como en el lugar de trabajo, ha demostrado que aceptar el comportamiento altruista mejora los índices favorables de los hombres, pero no de las mujeres. Por el contrario, decir «No» a un comportamiento altruista aumenta las evaluaciones negativas de las mujeres, pero no de los hombres. «A las mujeres no se les dio tanto crédito por su altruismo, ni fueron tratadas con la misma tolerancia por su falta de altruismo que los hombres que se comportaban de forma idéntica», escriben los autores de un estudio de 2005 de la Universidad de Nueva York.[23] Este es el lado hostil del sexismo benevolente. «Benevolente» empieza a parecer un término equivocado.

Para evitar la evaluación negativa, actuamos de común acuerdo con estereotipos raramente cuestionados, y a veces incluso los adoptamos. La activista conservadora Phyllis Schlafly se opuso a la Enmienda de Igualdad de Derechos argumentando que alteraría la «hermosa manera en que los hombres tratan a las mujeres en este país». Laura, de Nueva York, dice: «Muchas de nosotras tenemos un conflicto interno. Me encanta mi trabajo. Es mi lugar seguro. Es muy importante para mí. Fuimos a sesiones de terapia, donde mi marido dijo: "Te importa más tu trabajo que todo lo demás". Fue una decisión consciente. Allí me siento respetada y me gusta. Pero hay una parte de nosotras que quiere que la cuiden. Puede parecer fragilidad o, bueno, no sé cómo llamarlo. Tengo ese aspecto tradicional. Quiero ser tratada como una dama. Incluso que pidan la comida por mí a veces».

Si abrazar nuestra cálida naturaleza no debería ser una empresa que requiere veinticuatro horas al día, siete días a la semana, sentirse dueña de la gestión de la casa podría satisfacer otros deseos

---

[23] Madeline E. Heilman y Julia J. Chen, «Same Behavior, Different Consequences: Reactions to Men's and Women's Altruistic Citizenship Behavior», *Journal of Applied Psychology* 90, n.º 3 (mayo de 2005), pp. 431-41.

femeninos vedados. Los psicólogos sugieren que una mujer que se cree dueña de su hogar es menos propensa a buscar influencia fuera de ella. En 2014, Serena Chen y Melissa Williams, psicólogas sociales de las universidades de Berkeley y Emory, pusieron a prueba esta teoría en el laboratorio pidiendo a hombres y mujeres que imaginaran cómo se sentiría una persona al realizar una serie de obligaciones domésticas, desde hacer un presupuesto hasta barrer el suelo. Ambos sexos informaron que los adultos que realizaban tareas de toma de decisiones seguramente se sentían más poderosos que aquellos que se dedican al mantenimiento del hogar. A continuación, se pidió a los participantes que se imaginaran en una serie de situaciones en las que eran o bien los únicos gestores de su hogar o bien cogestores junto a su cónyuge. Las mujeres asignadas al escenario de la gestión doméstica en solitario expresaron menos interés por el poder en el lugar de trabajo que las coadministradoras. El interés de los hombres por el poder en el trabajo no se vio afectado por su (imaginado) papel doméstico.

«Ejercer el poder sobre las decisiones domésticas puede aportar cierto estatus y control al papel tradicional de la mujer, hasta el punto de tener menos deseos de luchar contra los obstáculos para conseguir más poder fuera del hogar —explican Williams y Chen—. Planteamos que el poder sobre la toma de decisiones, en el que las mujeres tienen la última palabra en lo que respecta a la vida diaria de los demás, sirve para crear una ilusión de igualdad en el dominio del poder». El poder de las mujeres en el hogar parece compensar la falta de poder en el lugar de trabajo o en la esfera pública. Sin embargo, en última instancia las mujeres deben renunciar, al menos parcialmente, a su papel como agentes decisorios en el hogar (y los hombres deben aceptar compartir esa autoridad) para lograr una verdadera igualdad de género tanto en la esfera pública como en la privada».[24]

Lo que Chen y Williams destacan es que el sexismo benevolente es la cucharada de azúcar que ayuda a rebajar el patriarcado.

---

[24] Melissa J. Williams y Serena Chen, «When 'Mom's the Boss': Control over Domestic Decision Making Reduces Women's Interest in Workplace Power», *Group Processes & Intergroup Relations* 17, n.º 4 (2014), pp. 436-52.

Las mujeres son maravillosas pero infantiles, más adecuadas para papeles de bajo estatus. Como expresaron el sociólogo Stephen Wright de la Universidad Simon Fraser y la psicóloga social Julia Becker de la Universidad de Osnabrück: «A pesar de la naturaleza claramente condescendiente de las creencias sobre el sexismo benevolente, también puede interpretarse como la expresión de un afecto positivo hacia las mujeres. Tanto los hombres como las mujeres pueden verlas como proveedoras de beneficios personales y colectivos para las mujeres y, por tanto, pueden motivarlas a ser cómplices del mantenimiento del actual *statu quo* de género».[25]

Wright y Becker decidieron comprobar si la exposición al sexismo benevolente y al sexismo hostil influiría en el deseo de las mujeres de participar en la acción social. Noventa y nueve mujeres de un programa de formación de docentes en Alemania se ofrecieron voluntarias para un experimento, supuestamente sobre la memoria. En primer lugar, se les pidió que leyeran seis frases sobre «creencias comunes». Algunas participantes leyeron frases que apoyaban el sexismo benevolente, como por ejemplo: «Las mujeres tienen una manera de cuidar que los hombres no tienen». Otras leyeron frases que apoyaban el sexismo hostil, como por ejemplo: «Cuando las mujeres deben colaborar entre ellas, suelen entrar en una pelea de gatas». Un tercer grupo leyó frases neutras sobre mujeres y hombres. Luego, las noventa y nueve participantes completaron un puñado de cuestiones sobre la equidad del sistema de género, las ventajas de ser mujer y las probabilidades de que llegaran a participar en alguna protesta social, como por ejemplo: «Participaría en una manifestación que reivindicara salarios iguales para hombres y mujeres». Por último, debían seleccionar seis frases del conjunto de veinticuatro frases que habían leído al inicio.

Al final, las mujeres que habían leído las afirmaciones de sexismo benevolente eran las menos propensas de los tres grupos a decir que firmarían una petición relacionada con el género o que

---

[25] Julia C. Becker y Stephen Wright, «Yet Another Dark Side of Chivalry: Benevolent Sexism Undermines and Hostile Sexism Motivates Collective Action for Social Change», *Journal of Personality and Social Psychology* 101, n.º 1 (febrero de 2011), pp. 62-77.

distribuirían octavillas diseñadas para aumentar la conciencia sobre la desigualdad de género. Por el contrario, la exposición al sexismo hostil aumentó la probabilidad de realizar ambas acciones. La exposición a solo seis frases de sexismo benevolente aumentó la percepción de las mujeres de que el sistema de género es justo y que ser mujer es ventajoso. Entonces, después de todo, ¿por qué hay que protestar? Las frases sexistas benevolentes también aumentaron el afecto positivo de las mujeres, reduciendo el número de octavillas que estaban dispuestas a coger y la probabilidad de firmar esa petición en nombre de las mujeres. Una vez más, en contraste, la exposición al sexismo hostil disminuyó la percepción de que el sistema de género es justo, disminuyó la percepción de las ventajas de ser mujer y aumentó el afecto negativo, incrementando la disposición a participar en acciones colectivas relacionadas con el género.[26]

Esto parece decirnos algo sobre nuestra incapacidad para levantarnos en masa —para responder a nuestras crecientes expectativas insatisfechas con la revolución, la insurgencia y los disturbios civiles—, dando el visto bueno a nuestra posición como gestoras de todas las cosas. «Eres una muy buena mami», es todo lo que los hombres tienen que decir. Wright y Becker señalan: «Las mujeres adoptan sistemas de creencias que sirven para justificar la desigualdad de género existente, al menos en parte para sacar lo mejor de una situación desfavorable, en lugar de cuestionarla. Los hombres halagan a las mujeres para que cooperen activamente con el sistema patriarcal, reforzando la ilusión de [...] las ventajas individuales y colectivas de ser mujer. Así, el sexismo benevolente crea una identidad social más positiva para las mujeres y ofrece unos medios con los que las mujeres como individuos pueden desenvolverse dentro de un sistema sexista». El sexismo hostil es sórdido y desagradable, pero al menos anima a luchar. El sexismo benevolente es mucho más insidioso. Elogiadas por su bondad amorosa, las madres no se sienten inspiradas para resistir.

[26] Ibíd.

Cuentos con moraleja

En 2017, *Newsweek* publicó el siguiente titular: «Las mujeres mayores de 85 años son más felices porque para entonces su pareja ya ha muerto, según los psiquiatras». El artículo que seguía informaba sobre un estudio inglés del Servicio Nacional de Salud, que había solicitado a ocho mil participantes que respondieran a afirmaciones como «Me he sentido relajada» y «Me he sentido bien conmigo misma» en una escala de cinco puntos, que iba de siempre a nunca. Basándose en las respuestas de las encuestadas, el Servicio Nacional de Salud determinó que, aunque las mujeres informaron de crecientes niveles de felicidad a partir de la edad de jubilación, son menos felices que los hombres durante la mayor parte de su vida. Sin embargo, a los 85 años, la diferencia de género cambia. En la vejez, las mujeres son más felices que los hombres. Para explicar este hallazgo, Kate Lovett, decana del Real Colegio de Psiquiatras del Reino Unido, explicó que las mujeres «siguen siendo más propensas a cargar con el peso de las responsabilidades domésticas y asistenciales».[27] Con el tiempo, esas cargas disminuyen. A los 85 años, es probable que sus parejas hayan fallecido. Ya no son responsables del cuidado constante de otra persona, según Lovett, y son más felices una vez que sus parejas han muerto. ¡Muerto!

El estudio es un cuento con moraleja. Me encontré con versiones más suaves de esa actitud entre las no octogenarias de mi grupo de entrevistadas y en los artículos que leí. Kristin, madre de dos hijos en Ann Arbor, Michigan, dijo: «Tengo una amiga que es madre soltera. Ella dice que sería más duro estar casada. Como madre soltera, no debe frustrarse con nadie. Simplemente tiene que hacerlo todo. Cuando mi marido está de viaje y yo debo hacerme cargo de todo, básicamente lo asumo. No hay ningún punto de discordia bajo la superficie. En cierto modo, es más agradable».

---

[27] Sydney Pereira, «Women over 85 Are Happier Because Their Partner Is Dead by Then, Psychiatrists Say», *Newsweek* (14 de diciembre de 2017). <https://www.newsweek.com/women-over-85-are-happier-because-their-partner-dead-then-psychiatrists-say-748067>.

«¿Por qué las madres primerizas odian a sus maridos?», preguntó una mujer trabajadora que se hacía llamar Ingrate New Mom a una columnista de consejos en *The Cut*, una rama digital de la revista *New York*. Siguió explicando: «Me encantaría bajar las escaleras un sábado por la mañana y ser yo quien se dejara caer en el sofá con el café, en lugar de tener que dedicarme a evitar que mi hijo de quince meses se mate. Me encantaría que Jim se preocupara de las cosas importantes o de si el bebé necesita un gorro o no. Supongo que estoy cansada de pedir y de sentir que dirijo a un empleado entusiasta que no toma la iniciativa».

Heather Havrilesky, de *Ask Polly*, respondió: «Créeme, la actual separación de tareas os está haciendo infelices a ambos. Tu marido puede parecer relajado ahora, pero no lo está. Sabe que le odias. Está receloso. Le preocupa que le odies para siempre. A él tampoco le sienta bien. Vuestra vida desigual y desequilibrada le puede parecer razonable ahora. Seguramente, él cree que hace mucho. Y sí, ¡hace cosas! ¡Hace muchas cosas realmente bien! Pero el equilibrio de las tareas no está bien y no le beneficia a largo plazo. A la larga, acabará con una esposa malhumorada y silenciosamente resentida, que le echa la culpa de respirar oxígeno y que preferiría comer un plato de gusanos vivos que tener sexo con él».[28] Como escribió bell hooks: «No puede haber amor cuando hay dominación».[29]

Mi abuela viuda tuvo un novio durante los últimos quince años de su vida. Se llamaba Hans. Ambos habían huido de la Alemania nazi, y sus condominios del sur de Florida no estaban demasiado lejos. Hans quería mudarse con mi abuela, pero ella se negó rotundamente, y recuerdo que le pregunté por qué. «NO voy a cuidar de otro hombre», dijo tajantemente y con rabia. Yo tendría unos 25 años. Creo que me pareció divertido en ese momento.

Ahora ya no me parece divertido. No quiero esperar a que mi pareja esté muerta para ser «más feliz». No quiero desear ser madre

---

28 Heather Havrilesky, «Ask Polly: Why Do New Mothers Hate Their Husbands», *The Cut* (6 de junio de 2018). <https://www.thecut.com/2018/06/ask-polly-why-do-new-mothers-hate-their-husbands.html>.

29 bell hooks, *Feminism Is for Everybody* (Nueva York: Routledge, 2015), p. 103.

sola. No quiero preferir la ingestión de gusanos vivos al sexo con mi marido. En todas las culturas, las mujeres se casan con menos expectativas de realización que los hombres. Aunque ambos sexos muestran un optimismo poco realista sobre sus relaciones —y predicen que tienen menos probabilidades que la media de acabar en un matrimonio infeliz o divorciados—, los hombres son más idealistas que las mujeres.

Al principio de sus uniones, en comparación con las mujeres, los hombres creen que tienen menos probabilidades de divorciarse; también estiman que tienen una mayor probabilidad de tener una relación feliz.[30] Las investigaciones han demostrado que los hombres y las mujeres tienen diferentes expectativas en cuanto a las relaciones románticas de pareja y que, en última instancia, es más probable que los hombres se sientan más satisfechos que las mujeres. Una de las explicaciones es que las mujeres tienen mayores expectativas en cuanto a la intimidad y el apoyo emocional, expectativas que los hombres, socializados para la distancia, no pueden cumplir. Otra de las explicaciones es que el papel de cada cónyuge es diferente, siendo las tareas de la mujer casada más estresantes y menos gratificantes que las del hombre casado. Ella no solo prepara su cena y cuida de sus hijos. La investigación también ha demostrado que las mujeres se esfuerzan más por generar o mantener el buen humor de sus cónyuges (¡Sonríe!).[31] Gretchen, Ingrate New Mom y yo podemos dar fe de ello. Representar el privilegio masculino no es una tarea exclusivamente masculina.

Lo hacemos juntos. Los hombres pueden elegir ser ciegos a la magnitud del *himpathetic* de las mujeres, y las mujeres pueden permitirles que mantengan esa ceguera. Los hombres han sido educados para competir por el poder; las mujeres, para mantener la boca cerrada. Un estudio de 1998 analizó a doce parejas recién casadas que declararon disfrutar de una relación igualitaria. Sin embargo, a pesar de sus propias estimaciones, los investigadores

---

[30] Ying-Ching Lin y Priya Raghubir, «Gender Differences in Unrealistic Optimism About Marriage and Divorce: Are Men More Optimistic and Women More Realistic?», *Personality and Social Psychology Bulletin* 31, n.º 2 (2005), pp. 198-207.

[31] Eleanor E. Maccoby, *The Two Sexes: Growing Up Apart, Coming Together* (Cambridge: Harvard University Press, 1999), p. 218.

descubrieron que ni una sola pareja se ajustaba al modelo de igualdad que habían esbozado antes de iniciar el estudio.

La socióloga Anne Rankin Mahoney y la terapeuta familiar Carmen Knudson-Martin definieron así la igualdad (miraos en el espejo): los miembros de la pareja tienen el mismo estatus, la atención al otro en las relaciones es mutua, la avenencia en la relación también, y existe un bienestar compartido.[32] En cambio, incluso entre ese grupo de parejas que se ofrecieron voluntarias para el estudio porque creían de verdad que habían alcanzado la paridad marital, Mahoney y Martin descubrieron que las mujeres en cada una de las parejas estaban más predispuestas a acomodarse a los deseos de la pareja, a encajar su vida en torno al horario de la pareja, a preocuparse por no molestarle y a hacer lo que él quisiera. Hallaron que «la mayoría de las parejas creaban una imagen o un mito de igualdad coherente con sus expectativas e ideales. Parecía servir como consuelo, como representación simbólica de su compromiso con una relación paritaria. Para algunas era un sustituto de la práctica.[33]

Deslegitimadas

Los derechos tienen mala fama, pero la escasez de ellos puede dejarnos con las ganas. Kyla, de 34 años, madre de un niño de un año en South Salem, Nueva York, trabaja desde casa con la ayuda de una niñera a tiempo parcial. La oficina de su marido está a poca distancia en coche. Dice: «En mi cabeza, el hecho de que John tenga un trabajo físico justifica que descanse más. Así que yo me siento con menos derecho a descansar y relajarme. Hablo de esto con mi terapeuta todo el tiempo porque es una locura que yo piense así. Trabajo con clientes mientras cuido de Zoey toda la semana y a menudo estoy igual de agotada. Así que John es siempre el que

---

[32] Anne Rankin Mahoney y Carmen Knudson-Martin, «Gender Equality in Intimate Relationships», en *Couples, Gender, and Power,* ed. por Carmen Knudson-Martin y Anne Rankin Mahoney (Nueva York: Springer Publishing Company, 2009), p. 11.

[33] Anne Rankin Mahoney y Carmen Knudson-Martin, «The Myth of Equality», en *Couples, Gender, and Power*, ed. por Carmen Knudson-Martin y Anne Rankin Mahoney (Nueva York: Springer Publishing Company, 2009), p. 50.

sugiere que necesito descansos, que es casi la única razón por la que me los tomo. Él fue quien me sugirió que fuera a una clase de *spinning* cada viernes por la mañana, que me corte el pelo o que me eche una siesta. Es raro decirlo, pero a veces creo que me pasa algo internamente que me hace pensar que nunca debería tomarme tiempo para mí. John se dio cuenta pronto de que tenía que obligarme a relajarme, así que lo hace».

Cuando no se les anima explícitamente a darse un respiro, las madres no suelen hacerlo. Algunos estudios han demostrado que las mujeres tienen menos derecho que los hombres a ciertas ventajas, incluidas las mejoras salariales. Estos estudios muestran también que las mujeres piden menos dinero que los hombres y afirman que ellas deberían trabajar más y mejor que ellos a cambio de su salario.[34] Esto parece trasladarse al ámbito de los cuidados y las tareas del hogar: un análisis de datos de 2018 de BusyKid, una aplicación que permite a los padres pagar en línea a sus hijos por las tareas domésticas, descubrió que los niños recibían el doble de dinero por semana que las niñas.[35]

En un estudio de 2003 con estudiantes del máster de Administración de Empresas en el que se simulaba una entrevista de trabajo, el 85 por ciento de los hombres afirmaron conocer su valía, mientras que prácticamente el mismo porcentaje de mujeres manifestaron no conocerla. En el mismo estudio, el 70 por ciento de los hombres expresaron la convicción de que merecía un salario superior a la media, mientras que solo el 30 por ciento de las mujeres hicieron lo mismo.[36]

La norma de género se manifiesta en la juventud. Un estudio de 1979 descubrió en niños y niñas de tan solo 6 años la misma brecha en la confianza en sí mismos y en sus derechos.[37] Los psicólogos familiares Philip y Carolyn Cowan consideran que esto

---

[34] Christopher Karpowitz y Tali Mendelberg, *The Silent Sex: Gender, Deliberation, and Institutions* (Princeton, NJ: Princeton University Press, 2014), p. 55.

[35] «Gender Pay Gap Starts with Kids in America», en el blog *Making News* de BusyKid (29 de junio de 2018). <https://busykid.com/2018/06/29/gender-pay-gap-starts-with-kids-in-america/>.

[36] Christopher Karpowitz y Tali Mendelberg, *The Silent Sex: Gender, Deliberation, and Institutions* (Princeton, NJ: Princeton University Press, 2014), p. 61.

[37] Ibíd., pp. 55-56.

ha ocasionado una distribución desigual del trabajo familiar. Lo llamaron «falta de legitimidad».[38]

La falta de legitimidad de la mujer es omnipresente. En 2009, en *Still Failing at Fairness*, los educadores David Sadker y Karen Zittleman observaron que las niñas en edad escolar tienen menos oportunidades que los niños para levantar la mano en clase; los profesores de su estudio también instaban a los niños a responder con una frecuencia ocho veces mayor.[39] En el libro *Girls & Sex*, de 2016, la periodista Peggy Orenstein informó que las adolescentes y universitarias creen a menudo —o al menos se comportan como si lo creyeran— que el sexo se enfoca exclusivamente en el placer masculino (los chicos con los que se relacionan no protestan).[40] En *The Silent Sex*, el politólogo Christopher Karpowitz y Tali Mendelberg sugieren que en la esfera pública las mujeres se sienten con menos derecho, no solo al salario, sino también a la autoridad.[41] Y luego, además, está el hogar.

La socióloga de Stanford Aliya Rao estudia el desempleo y cómo las parejas de clase media con dos sueldos afrontan el reto de la pérdida del puesto de trabajo. Observando a familias con hijos en las que uno de los miembros de la pareja había sido despedido, Rao descubrió que incluso cuando se trataba de encontrar trabajo las mujeres se comportaban como si tuvieran menos derecho que los hombres al apoyo familiar.[42] Me dice: «Cuando los hombres pierden su trabajo, el desempleo se convierte en un aspecto central de la vida familiar. Maridos y mujeres hablan de ello a diario, especialmente de su actividad de búsqueda de empleo.

---

[38] Carolyn Pape Cowan y Philip A. Cowan, *When Partners Become Parents* (Nueva York: Routledge, 1999), p. 196.

[39] David Sadker y Karen R. Zittleman, *Still Failing at Fairness: How Gender Bias Cheats Girls and Boys in School and What We Can Do About It* (Nueva York: Scribner, 2009), pp. 7-11.

[40] Peggy Orenstein, *Girls & Sex: Navigating the Complicated New Landscape* (Nueva York: HarperCollins, 2016), pp. 7-11.

[41] Christopher Karpowitz y Tali Mendelberg, *The Silent Sex: Gender, Deliberation, and Institutions* (Princeton, NJ: Princeton University Press, 2014), p. 51

[42] Aliya Rao, «Unemployed: What Men's and Women's Divergent Experiences Tell Us About Gender Inequality». (Defensa de tesis doctoral en la Universidad de Pensilvania, 2016).

Da forma al hogar. En las familias con hombres en paro, se crean despachos en los hogares para facilitar la búsqueda de empleo de los maridos, incluso en una época en la que disponen de menos recursos. Se levanta una pared en la sala de estar para que él pueda estar en casa sin estar en casa, sin que le molesten los niños. Eso no pasa cuando se trata de mujeres desempleadas. Su desempleo es un problema periférico. Se habla de ello, pero sin énfasis. No se crea un espacio para ella. En una de las familias, el hijo se quejó: "Lo único que ha cambiado desde que mi madre está en casa es que utiliza mi escritorio como su espacio de trabajo"».

«Lo otro es que las esposas ofrecen mucho aliento a sus maridos en la búsqueda de empleo. Enfrentarse al rechazo diario es un proceso duro. Las esposas desempeñan un papel decisivo a la hora de sostener a sus maridos. En el caso de las mujeres desempleadas, sus maridos no hacen este trabajo emocional. El desempleo de las mujeres no es visto como un problema que necesita ser rectificado inmediatamente. "Puedes ser la madre que no pudiste ser antes". Los padres en paro cuidan un poco más a sus hijos que cuando trabajaban, pero no mucho más. La razón que dan es que necesitan buscar trabajo, y sus esposas están de acuerdo con ello. No hay un gran cambio. Podríamos pensar que papá iría a recoger siempre a los niños. Eso no pasará. Mi opinión es que las parejas trabajan duro para mantener las desigualdades de género en una época en la que sería muy fácil desmantelarlas». Incluso cuando los miembros masculinos están desempleados y son ellas las que trabajan, las mujeres no parecen sentirse con el derecho de pedir más ayuda con los niños, y no se permiten un descanso similar del trabajo familiar cuando están buscando trabajo.

Tanto el derecho masculino como la falta de derecho femenino se apoyan en nuestra fe en un universo justo. Si imaginamos que el mundo es justo —una actitud más fácil de asumir que la opuesta—, podemos digerir el sexismo, el conjunto de creencias que legitiman el papel subordinado de la mujer. Los hombres son merecedores de su poder e influencia, y las mujeres, de su alta estima moral. La teoría de la justificación del sistema sugiere que las personas tienen una necesidad psicológica fundamental de creer que el sistema en el que viven es justo.

La apariencia de «complementariedad en la igualdad» del sistema de género confiere aceptabilidad a los roles sexuales que benefician mayoritariamente a los hombres. Cumple una función paliativa. El psicólogo social John Jost, de la Universidad de Nueva York, ha dedicado su carrera a estudiar la justificación del sistema, una tendencia que, según él, «nace de un intento de reducir la disonancia cognitiva o ideológica que se despierta cuando los ciudadanos profesan el valor de la igualdad mientras viven en una sociedad claramente jerarquizada».[43] Cuando me puse en contacto con él, me envió un puñado de artículos recientes de los que es coautor. Los artículos detallaban experimentos que demuestran cómo los miembros de grupos de bajo estatus adoptan rasgos socialmente deseables a cambio de su propia subordinación. No se les puede decir a las mujeres que son demasiado tontas para hacer otra cosa que quedarse en casa y hacer bocadillos —eso sería hostil—, pero puedes recalcar cómo su naturaleza entrañable las hace especialmente adecuadas para esa tarea. La psicología social lo denomina «justificación de roles» y «contribuye a la legitimidad del *statu quo* percibido, calificando la división de los trabajos no solo como justa, sino incluso como natural e inevitable», añade Jost.[44]

Pasé un día inmersa en la obra de Jost antes de hablar con él, y le dije lo desanimada que me sentía tras leer su hallazgo. «Es un asunto delicado por varias razones. Nadie quiere ser infeliz o estar deprimido. Y es realmente deprimente pensar en lo difícil que es cambiar la desigualdad o la injusticia. Precisamente porque la gente prefiere sentirse bien y no mal, responde a la defensiva y se implica en los sistemas de justificación cuando les señalas los problemas. No es fácil. Es lo que hacen los activistas. Ponen ante tus ojos las cosas en las que prefieres no pensar. Eventualmente, calan.

---

43 Jaime L. Napier, Hulda Thorisdottir y John T. Jost, «The Joy of Sexism: A Multinational Investigation of Hostile and Benevolent Justifications for Gender Inequality and Their Relations to Subjective Well-Being», *Sex Roles* 62, n.º 7/8 (abril de 2010), pp. 405-19.

44 John T. Jost y Aaron C. Kay, «Exposure to Benevolent Sexism and Complementary Gender Stereotypes: Consequences for Specific and Diffuse Forms of System Justification», *Journal of Personality and Social Psychology* 88, n.º 3 (abril de 2005), pp. 498-509.

Como sociedad, vamos poco a poco progresando, pero no es un avance lineal. A veces, da tumbos hacia delante. El #MeToo salió de la nada. Expresa claramente los cambios que se han producido y cómo los comportamientos que se toleraban son ahora objeto de una indignación moral masiva. Y algunas personas sienten que se mueve muy deprisa y que va demasiado lejos».

Ha pasado medio siglo desde que Betty Friedan publicó *The Feminine Mystique*. ¿Está el vaso medio vacío o medio lleno? ¿El cambio ha sido demasiado rápido o demasiado lento? Seguimos afirmando que las mujeres son muy buenas cuidando de los niños, aceptando esa compensación, cómplices de nuestra propia subordinación. Para seguir en paz en un sistema que somos incapaces de cambiar, nos tragamos justificaciones que apoyan nuestra servidumbre.

Los experimentos de laboratorio han demostrado que los participantes asignados al azar al menos remunerado de dos grupos llegan a creer no que su grupo está siendo arbitrariamente perjudicado, sino más bien que son menos competentes. Mejor ser un demonio en el cielo que un ángel en el infierno. Del mismo modo, cuando se incita a los participantes a creer en la equidad de un sistema, se producen efectos mensurables en sus actitudes. En un experimento de psicología social de Tulane y la Universidad de California, en Santa Bárbara, los hombres que leyeron afirmaciones que apoyan la creencia en la meritocracia, como por ejemplo «La perseverancia lleva al éxito» o «Los ricos se lo merecen», exigieron un salario más alto por el trabajo que habían realizado que los hombres que no habían sido motivados de forma similar.

Los enunciados que justificaban el sistema apenas influyeron en la cuantía salarial solicitada por las mujeres. En consonancia con otros estudios, las mujeres simplemente pidieron menos que los hombres en general. Los autores del estudio concluyeron: «Un sentimiento elevado de tener derecho puede [...] hacer que los hombres no se den cuenta de que reciben beneficios excesivos, les permite justificar su posición privilegiada y les lleva a considerar los esfuerzos por "nivelar el campo de juego" como injustos. Por el contrario, un reducido sentimiento de legitimidad por parte de las mujeres puede impedirles ver cuándo son objeto de discriminación y reducir la probabilidad de que emprendan acciones colectivas para cuestionar la distribución de los bienes sociales. De este modo, las diferencias de género en los sentimientos de derecho personal pueden servir para perpetuar y mantener la desigualdad de género».[45] Como escribe Susan Faludi en *Backlash:* «En lugar de atacar la injusticia, muchas mujeres han aprendido a adaptarse a ella».[46]

Ha llegado el momento de dejar de adaptarse, de aceptar el hecho de que es mejor vivir incómodos con verdades evidentes que cómodamente con tergiversaciones trilladas. Renegar de nuestro descontento no ha conducido al cambio. Tampoco negarlo con gritos de «¡Al menos él ayuda!». Solo cuando empecemos a ver todo sexismo como abiertamente hostil habrá contraataque y acabaremos con la justificación que se da en todos los hogares no paritarios. Jost propone: «Solo podemos suponer, y quizá esperar, que tales comodidades ideológicas serán menos necesarias dentro de cincuenta años».

Dentro de cincuenta años

Carissa, de Seattle, operada del pie, me dijo: «Mi madre me dice a menudo: "Hemos luchado para que tengas lo que tienes, y, sin embargo, es una locura insostenible ser una mujer que trabaja a tiempo completo". Las normas sociales no han cambiado tanto. Nosotros no hemos creado el equilibrio necesario. Es una experiencia cotidiana para mí y para la mayoría de mis amigos».

La hipótesis del retraso cultural nos dice que las actitudes de grupo siempre van por detrás de los cambios de la sociedad. Pero ¿cuánto tiempo se supone que dura exactamente? ¿En qué momento es razonable dejar de llamarlo retraso? Han pasado veinte años desde que la proporción de cuidados por parte de los hombres aumentó en respuesta a las mayores demandas de las madres

---

[45] Laurie T. O'Brien, Brenda Major y Patricia Gilbert, «Gender Differences in Entitlement: The Role of System Justifying Beliefs», *Basic and Applied Social Psychology* 34, n.º 2 (2012), pp. 136-45.

[46] Susan Faludi, *Backlash: The Undeclared War Against American Women* (Nueva York: Broadway Books; Anniversary Edition, 2006), p. 72.

trabajadoras. Aun así, quizá seamos demasiado impacientes. Tal vez se produzca un cambio. Lo más probable, como sugieren Harry Brighouse y Erik Olin Wright, es que las normas «sean lo suficientemente sólidas y estén lo bastante arraigadas como para mantenerse en pie, a menos que sean directamente socavadas».[47]

¿Recordáis la investigación que demuestra que la igualdad conyugal promueve el éxito matrimonial y que la desigualdad lo socava? Una relación similar se ha encontrado entre hombres y mujeres y la sociedad en general. La igualdad entre los sexos está relacionada positivamente con la felicidad general de los ciudadanos.[48] A escala nacional, a medida que aumenta la primera, también lo hace la segunda, tanto para los hombres como para las mujeres. Los avances en la condición de la mujer no parecen tener ningún coste para los hombres. Puede que a los hombres les cueste creerlo. Recordad: «Estoy de acuerdo con algunas cosas, igual salario por igual trabajo, me parece justo... Pero no vas a decirme que la liberación de la mujer significa que tenga que fregar los platos, ¿verdad?».

Las parejas varían en su compromiso de acabar con el retraso. En algunos estudios, los cónyuges que aspiran a la paternidad igualitaria expresan ser conscientes de la política de género, comparten el doble compromiso hacia el trabajo y la familia y se sienten mal atendidos por los roles de género tradicionales. Intentan alcanzar sus objetivos negociando activamente la vida familiar, cuestionando los derechos de género, desarrollando nuevas competencias y prestando atención mutua a las tareas familiares. La igualdad no es una meta, sino más bien un proceso.[49]

La responsabilidad de ese proceso puede recaer con demasiada facilidad en las madres. La psicóloga social Francine Deutsch me

---

[47] Harry Brighouse y Erik Olin Wright, «Strong Gender Egalitarianism», en *The Real Utopias Project: Gender Equality, Transforming Family Divisions of Labor* (Brooklyn: Verso, 2009), p. 87.

[48] Ozlem Yorulmaz, «Relationship Between Happiness and Gender Inequality Index», *Research in World Economy* 7, n.º 1 (2016), pp. 11-20.

[49] Anne Rankin Mahoney y Carmen Knudson-Martin, «Beyond Gender», en *Couples, Gender, and Power*, ed. por Carmen Knudson-Martin y Anne Rankin Mahoney (Nueva York: Springer Publishing Company, 2009), p. 70.

dice: «Las mujeres que lograron una relación igualitaria fueron bastante implacables en la mayor parte de los casos a la hora de articularla. Creo que la mayoría de los hombres no son horribles, que tienen sentido de la justicia y que pueden oírlo, pero, aun así, en ocasiones hay que repetirlo varias veces». La dinámica que vi —mujeres haciendo y haciendo y haciendo, para luego estallar y que el hombre intente controlarlo con un «Haré algunas cosas»— no es igualdad ni se convierte en igualdad. Siempre pienso en esa mujer que cuando se casó por primera vez era muy tradicional. Pero intentó cambiar esa dinámica y me dijo: «Lo senté y le dije: "Tiene que ser así, y voy a presionar hasta que las cosas cambien". Es la persistencia, la creencia de que esto es lo correcto, y la voluntad de comunicar repetidamente al respecto».

O, como ha escrito la psicóloga de género Sandra Bem, las mujeres también pueden empoderarse tomando en serio sus propias preferencias, objetivos y experiencias. «Las mujeres deberían empezar a considerar sus actividades, independientemente de lo que hagan o deseen, como actividades que tienen el mismo valor que las que realizan los hombres de su vida». Frente a lo que Simone de Beauvoir describe como «socialización constante para considerarse a sí misma como el objeto que existe para el placer y la comodidad del hombre».

Por supuesto, todo lo anterior es cierto. Pero la responsabilidad del proceso debe ser compartida. No se trata de algo más que las madres deben encabezar solas. Patrick Coleman, editor de *Fatherly*, dijo: «Me gustaría ver a los hombres ocuparse realmente de esto. Integrarlo de verdad. Porque hacer pequeños cambios y esperar a que la sociedad nos empuje a cambiar nuestro papel llevará generaciones y generaciones. Creo que podemos transformar las cosas más rápidamente si somos dueñas de esos procesos. Esperar que las mujeres nos impongan una lista de exigencias que luego aceptamos no creo que funcione. Los hombres tienen que decir: "Tenemos que hacer esto ahora". Está en nuestras manos ponerle fin». Cuando la crianza es una colaboración consciente, los hombres, al igual que las mujeres, piensan con antelación en lo que necesitan sus hijos. No esperan a que sus esposas les den órdenes o instrucciones. Un fuerte igualitarismo de género implica una vida familiar libre de suposiciones acerca de las actividades que se consideran más apropiadas para los padres o para las madres.

Se ha sugerido que el momento político y social en el que nos encontramos exige de cada uno de nosotros que sustituyamos nuestro compromiso con el beneficio individual por una ética del cuidado y la responsabilidad colectiva. ¿Pueden los progenitores encabezar esa rebelión? La crianza le da la vuelta a nuestra devoción por el egoísmo. Requiere el tipo de atención generosa hacia el bien de los demás que raramente se adopta en la vida posmoderna, o, mejor dicho, que solo adopta la maternidad. La paternidad aún tiene que llegar ahí, pero es un imperativo si queremos alcanzar nuestros objetivos.

La periodista Martha Weinman Lear recuerda: «A principios de los años sesenta, conocí a muchas mujeres que, como yo, hacían exactamente los mismos trabajos que los hombres por mucho menos dinero. Lo asimilábamos como una desigualdad natural. Hoy en día, incluso la gente que se autodefine como antifeminista insiste en que se pague el mismo salario por el mismo trabajo. Ha pasado a la conciencia nacional como un principio básico, no del feminismo, como lo era entonces, sino de pura justicia».[50]

En los primeros años del siglo XXI conocí a muchas madres que, como yo, trabajaban tan duro como los padres fuera del hogar, y al mismo tiempo hacían muchísimo más en casa. En ese momento, lo asimilamos como una desigualdad natural.

Si lo observamos exhaustivamente veremos que la pátina «natural» se ha velado. Ha habido un cambio de conciencia. Hoy en día, maternar y paternar son indiscernibles. La justicia social ha triunfado y la crianza se ha puesto de moda.

---

[50] Martha Weinman Lear, «You'll Probably Think I'm Stupid», *The New York Times* (11 de abril de 1976). <https://www.nytimes.com/1976/04/11/archives/youll-probably-think-im-stupid-era.html>.

AGRADECI-
MIENTOS

Con profunda gratitud, a mi amiga Megan Abbott y a mi agente, Dan Conaway, sin cuyo entusiasmo y aliento este proyecto nunca habría sido más que otra idea fugaz. A mi hermana, Cori Carr, a mis amigos Nana Asfour y Mark Swartz, y a Andrea Vedder, de Writers House, por ser unos lectores tan amables, generosos y atentos siempre que los he necesitado (así como a Kerri Kolen, por su apoyo desde el principio). Y también, y no en último lugar, a mi editora, Stephanie Hitchcock, y a todos en HarperCollins por no vacilar nunca en su pasión y compromiso con este libro; ha sido un placer y una suerte para mí poder vivir esta experiencia con vosotros.

Estoy muy agradecida a todos los progenitores, académicos y otros expertos citados ampliamente en estas páginas. Nuestras conversaciones fueron esclarecedoras y divertidas. Más personas de las que puedo nombrar me ayudaron a reclutar sujetos de estudio; gracias especialmente a Rona Kobell, Lisa Goren, Marla Garfield, Adrienne Lapidos, Emily Grey Berman, Anjali Naik Polan, Liz Greenberg y Sarah Granatir Bryan (y a Facebook, por permitirme lanzar una red más amplia). Lizzie Fassler, Kate Zolotkovsky e Ivy y Davin Hatsengate: no podría haber pedido mejores compañeras mientras debatíamos estas y otras cuestiones apremiantes a la hora de hacer los deberes y cenar durante los ya muchos años de tardes de juegos. Soy muy afortunada por haber podido compartir todo ese tiempo con vosotros.

A mis padres, Michael y Helene Lockman, por no tratar nunca de ocultar que el matrimonio es duro y por seguir adelante con entereza y alegría (¡feliz quincuagésimo aniversario!). Aunque ya no organizáis fiestas de envío de correos a la Unión Estadounidense por las Libertades Civiles en el sótano, vuestro activismo y vuestros valores me enseñaron a usar mi mente y a decir lo que pienso, y os quiero mucho.

Por último, a mi marido, George Kingsley, cuyo espíritu y buen humor quedan bien ilustrados por el hecho de haber empezado a llamarse a sí mismo «mi musa». No todos los hombres ofrecen su apoyo incondicional a un libro que relata los momentos más difíciles de su matrimonio, y saber que tú lo hacías me permitió escribir sin vacilar. En realidad no eres mi musa, sino algo mejor.